HISTÓRIA DAS IDEIAS E MOVIMENTOS ANARQUISTAS

VOLUME 2
O MOVIMENTO

Leia também na Coleção **L&PM** POCKET:

História das ideias e movimentos anarquistas – vol. 1 – A ideia – George Woodcock
História das ideias e movimentos anarquistas – vol. 2 – O movimento – George Woodcock
A desobediência civil – Henry David Thoreau
A propriedade é um roubo – Pierre-Joseph Proudhon
Textos anarquistas – Bakunin

George Woodcock

HISTÓRIA DAS IDEIAS E MOVIMENTOS ANARQUISTAS

VOLUME 2
O MOVIMENTO

www.lpm.com.br

L&PM POCKET

Coleção **L&PM** POCKET, vol. 274

Texto de acordo com a nova ortografia

Publicado pela L&PM Editores, em formato 14x21 cm, em 1984
Primeira edição na Coleção **L&PM** POCKET: agosto de 2002
Esta reimpressão: julho de 2023

Capa: Ivan Pinheiro Machado
Tradução: Alice K. Miyashiro, Heitor Ferreira da Costa, José Antônio Arantes e Júlia Tettamanzy
Revisão: Delza Menin e Jó Saldanha

ISBN 978-85-254-1227-0

W874h   Woodcock, George, 1912-1995.
        História das ideias e movimentos anarquistas- v.2:
      O movimento/ George Woodcock; tradução de Júlia Tettamanzy...
      /et. al./ -- Porto Alegre: L&PM, 2023.
        288 p. ; 18 cm. (Coleção L&PM POCKET)

      1. Anarquismo-Ensaios históricos. I.Título. II.Série.

                              CDU 321.74(09)
                              330.85(09)

Catalogação elaborada por Izabel A. Merlo, CRB 10/329.

© L&PM Editores, 2002

Todos os direitos desta edição reservados a L&PM Editores
Rua Comendador Coruja 314, loja 9 – Floresta – 90.220-180
Porto Alegre – RS – Brasil / Fone: 51.3225.5777

PEDIDOS & DEPTO. COMERCIAL: vendas@lpm.com.br
FALE CONOSCO: info@lpm.com.br
www.lpm.com.br

Impresso no Brasil
Inverno de 2023

Índice

Esforços internacionais 7
Anarquismo na França 46
Anarquismo na Espanha 102
Anarquismo na Itália 148
Anarquismo na Rússia 180
Diversas tradições: o anarquismo na América Latina,
   norte da Europa, Inglaterra e Estados Unidos 209
Epílogo 257
Post-scriptum 267

Esforços internacionais

A *Humanidade* é uma só, subordinada à mesma condição, e todos os homens são iguais. Porém, todos os homens são diferentes e, no íntimo de seu coração, cada homem é, na realidade, uma ilha. Os anarquistas têm estado especialmente conscientes dessa dualidade entre o homem universal e o homem particular, e muitas de suas reflexões têm sido devotadas à busca de um equilíbrio entre as reivindicações da solidariedade humana geral e as do indivíduo livre. Em especial, eles procuraram conciliar ideais internacionalistas a ideia de um mundo sem fronteiras ou barreiras de raça – com uma insistência ferrenha na autonomia local e na espontaneidade pessoal. E até entre si não foram, muitas vezes, capazes de alcançar essa conciliação. Por quase um século, tentaram criar uma organização mundial de anarquistas eficaz; seus esforços foram frustrados por uma intolerância a qualquer forma de centralismo e uma tendência a abrigar-se dentro do grupo local, ambas estimuladas pela natureza da atividade anarquista. Desde que os anarquistas não buscam vitórias eleitorais, não há nenhuma necessidade de criar organizações elaboradas, semelhantes àquelas de partidos políticos, nem há qualquer necessidade de traçar programas de ação gerais; muitos grupos anarquistas têm-se dedicado, na realidade, à propaganda motivada, de maneira isolada – uma ou outra palavra ou ação –, e nesse tipo de atividade, o mais simples dos contatos entre cidades, regiões e países, normalmente, é suficiente. De forma significativa, apenas na área marginal do anarcossindicalismo, que se baseia mais nas formações de sindicatos de massa do que nos pequenos grupos de propaganda, têm havido interesses locais e individuais suficientemente dependentes para permitir a criação de uma forma durável e relativamente eficiente de organização libertária internacional.

Desde que essa busca, amplamente infrutífera, por uma organização internacional eficiente suscita tão claramente o problema libertário central de uma conciliação da solidariedade humana com a liberdade pessoal, parece adequado considerar o anarquismo como um movimento internacional antes de examinar sua história em cada país. A abordagem justifica-se mais adiante pelo fato de que o movimento anarquista apareceu primitivamente dentro da Primeira Internacional e das irmandades cosmopolitas fundadas por Bakunin, e só posteriormente se desmembrou em movimentos nacionais, nos quais se desenvolveu.

A história do internacionalismo anarquista divide-se em cinco períodos. Desde a participação dos mutualistas de Proudhon nas discussões que levaram à fundação da Primeira Internacional, através da ruptura com os marxistas após o Congresso de Haia de 1872, os anarquistas – quer seguissem Proudhon ou Bakunin – buscaram satisfazer suas aspirações internacionalistas em colaboração com socialistas de outras espécies. De 1872 ao famoso Congresso da Internacional Negra de 1881, eles tentaram criar uma Internacional puramente anarquista, e esse anseio persistiu fracamente através de uma série de congressos malogrados, durante o ano de 1880 e no começo de 1890. No terceiro período, de 1889 a 1896, os anarquistas concentraram-se numa tentativa de obter uma posição segura na Segunda Internacional Socialista. Sua expulsão definitiva do Congresso Socialista de Londres de 1896 iniciou um novo período, que atingiu seu clímax no Congresso de Amsterdam de 1907, durante o qual outra vez se buscou uma organização restrita a persuadir anarquistas; este período terminou com a eclosão da I Guerra Mundial, em 1914. O último período, de 1919 a 1939, foi dominado pelo relativo êxito dos anarcossindicalistas que, após diversos começos, finalmente criaram em Berlim, em 1923, sua própria organização de sindicatos libertários – a Associação Internacional de Trabalhadores *(International Workingmen's Association)* – que ainda sobrevive em Estocolmo, quase cinquenta anos após sua fundação.

Durante o ano de 1840, como assinalei, Proudhon já estava refletindo sobre as perspectivas de uma associação internacional de produtores e, deste modo, é próprio que seus adeptos tenham desempenhado papel decisivo nas negociações que levaram à fundação da Primeira Internacional. Essas negociações iniciaram-se quando Napoleão III, como parte de sua política de cortejar os trabalhadores franceses, estimulou uma delegação de artesãos a visitar a Mostra Internacional de Londres *(London International Exhibition)* de 1862. Entre os artesãos estavam alguns dos mutualistas que, posteriormente, assinaram o Manifesto dos Sessenta e que, nessa ocasião, iniciaram conversações com sindicalistas ingleses e com os expatriados alemães agrupados em torno de Karl Marx. No ano seguinte, 1863, três do mesmo grupo – Tolain, Limousin e Perrachon – foram outra vez para a Inglaterra a convite do Conselho de Comércio de Londres *(London Trades Council)*. Seu objetivo ostensivo era participar de um encontro em apoio à liberdade polonesa, realizado no St. Jame's Hall, em 22 de julho, mas novamente houve conversações sobre as possibilidades de organização internacional. Enfim, em setembro de 1864, uma delegação de socialistas franceses chegou a Londres com o propósito de cooperar na fundação efetiva de uma associação. Todos os delegados eram artesãos parisienses. Três dentre eles – Tolain, Limousin e Fribourg – eram mais ou menos proudhonianos ortodoxos; o quarto, Eugène Varlin, era um neo-anarquista de outro tipo que, ao mesmo tempo que rejeitava o socialismo autoritário, sustentava pontos de vista coletivistas semelhantes aos de Bakunin. Os delegados franceses compareceram ao grande encontro realizado no St. Martin's Hall, em 28 de setembro, e foram eles que apresentaram a resolução propondo a fundação da Associação Internacional de Trabalhadores.

Tolain, Limousin e Fribourg foram escolhidos como os correspondentes franceses para a Internacional, e o escritório que eles estabeleceram em Paris era o legítimo centro da organização anarquista nesse país; este assunto será discutido mais fartamente, quando eu tratar do movimento na França. Tanto quanto à Internacional como um todo interessava, a tarefa de cumprir a resolução de St. Martin's Hall foi entregue a um Comitê Central de 21 membros, incumbidos de elaborar regras e uma Constituição e, como Londres parecia o lugar mais seguro para semelhante organização atuar, o controle caiu nas mãos dos sindicalistas ingleses e refugiados estrangeiros, incluindo Marx e seus adeptos alemães, uns poucos blanquistas franceses e o Mazzinian Major Wolff. Esta situação, que continuou após o Comitê Central ser substituído pelo Conselho Geral no Congresso de Genebra de 1866, indicou que os anarquistas, quer fossem de convicção proudhoniana ou bakuninista, jamais tiveram qualquer posição segura no centro executivo da Internacional, e limitavam-se a estender sua força aos diversos congressos, de modo que puderam só influenciar relativamente as áreas gerais da política.

As consequências dessa divisão de controle não se tornaram imediatamente manifestas. O Congresso de Genebra – o primeiro plenário de reunião da Internacional – foi precedido de uma conferência interina em Londres, na qual foram permutados relatórios dos movimentos da classe trabalhadora em vários países e foram aprovadas algumas poucas resoluções gerais acerca de assuntos não controversos, tais como a questão polonesa e a lamentável influência da autocracia russa nos negócios europeus. A atmosfera geral dessa reunião foi cordial, embora Marx tenha perdido tempo em caluniar Proudhon, particularmente a Tolain e Fribourg, na esperança de conduzir estes dois influentes delegados para seu próprio campo. Ele foi malsucedido: a França permaneceu resolutamente antiautoritária, assim como o único delegado belga, Caesar de Paepe.

No Congresso de Genebra, a linha de divisão entre libertários e autoritários dentro da Internacional já começara a mostrar-se nitidamente. Os delegados franceses, que constituíam quase um terço do Congresso, eram bem mais proudhonianos, embora estivessem presentes coletivistas como Benoît Malon e Eugène Varlin, como também Albert Richard de Marselha – que logo se torna um devotado bakuninista e, entre os representantes suíços, James Guillaume e Adhemar

Schwitzguébel, os últimos líderes do anarquismo na região do Jura. Bakunin, porém, não era ainda um membro da Internacional e foram os mutualistas que, nesse ponto, sustentaram a polêmica contra os autoritários, em favor de um programa estritamente da classe trabalhadora, baseado na associação e no crédito mútuos, dentro do espírito das sugestões de Proudhon em *De la capacité politique des classes ouvrièrs (Da capacidade política das classes trabalhadoras).*

De acordo com essa postura, os mutualistas procuraram restringir os membros da Internacional aos verdadeiros trabalhadores manuais; eles malograram como consequência de forte oposição dos sindicalistas britânicos. Malograram igualmente quando combateram uma resolução marxista que, sob o pretexto de aprovar legislação para proteger o trabalho, sutilmente introduzia o conceito de "estado operário", já que reivindicava que, "ao obrigar a adoção de tais leis, a classe trabalhadora não consolidaria o poder governante, mas, ao contrário, transformaria esse poder, que agora é usado contra ela, em seu próprio instrumento". Por outro lado, eles alcançaram uma vitória mínima, ao persuadirem o Congresso a aprovar uma resolução para o estabelecimento de um banco de crédito mútuo, tanto quanto garantindo a sanção para a promoção de sociedades cooperativas de produtores como parte vital da luta geral pela liberdade dos trabalhadores.

Uma mudança pronunciada logo se tornou evidente no equilíbrio de poder dentro da Internacional. Em Lausanne, em 1867, os mutualistas estavam perceptivelmente mais fracos, em larga medida por causa da amplitude do ponto de vista coletivista na França. Isto resultou num acordo de Tolain e seus adeptos acerca das resoluções que exigiam a intervenção estatal na educação e – mais importante – a propriedade pública dos meios de transporte e troca. A redação deliberadamente ambígua da última resolução tornou-a aceitável tanto para aqueles que desejavam a propriedade estatal como para aqueles que preferiam o controle pelas associações de trabalhadores. No entanto, os mutualistas novamente conseguiram um pequeno êxito ao obter o adiamento da questão da propriedade pública da terra, para a qual eles preferiam a posse camponesa, até o próximo congresso.

Os mutualistas eram ainda uma força a ser levada em conta no Congresso de Bruxelas, em setembro de 1868, não obstante esta reunião no fim assinalasse um claro desvio para uma política de coletivismo econômico. A oposição proudhoniana à socialização da terra era agora ineficaz, uma vez que os coletivistas belgas, conduzidos por Caesar de Paepe, controlaram mais da metade dos votos, e uma resolução, exigindo a propriedade pública de minas, transporte e terra, fora aprovada por ampla maioria. Por outro lado, os mutualistas alcançaram um último triunfo, quando o apoio belga lhes permitiu outra vez aprovar uma resolução autorizando a fundação de bancos de crédito mútuo.

O Congresso de Bruxelas estabeleceu uma economia socializada como a futura reivindicação do movimento da classe trabalhadora europeia. Isto não determinou a questão vital, se esta socialização seria cumprida por meios autoritários ou libertários, mas parece claro que o espírito da reunião tendeu para a última direção e o palco estava agora arrumado para a segunda vaga dos discípulos de Proudhon – aqueles que aceitavam o coletivismo, mas conservavam toda a aversão do mestre à autoridade – aparecer no teatro. Eles próprios se apresentaram no Congresso de Basileia, de 1869, sob a liderança de Bakunin. Bakunin, como Proudhon, concebera por muito tempo uma organização internacional para a emancipação da classe trabalhadora, e eu tracei as tentativas por ele feitas durante o período após ter ingressado na Internacional, teoricamente como um membro individual, mas, na verdade, como o líder de movimentos na Itália, na Espanha, no Jura e no sul da França, todos formados em grande parte sob sua influência.

É desnecessário repetir os motivos dos Congressos da Internacional, de Genebra e de Haia, nos quais as controvérsias entre Marx e Bakunin resolveram-se pela luta, e a própria organização cindiu-se no agonizante remanescente marxista, centralizado em torno do Conselho Geral de Nova York, e na maioria antiautoritária, concentrada em torno da Federação

Bakuninista do Jura. Mas é conveniente levar em conta alguns dos fatores subjacentes à emergência definitiva de uma Internacional predominantemente anarquista, em 1872.

O conflito entre Bakunin e Marx foi o encontro dramático entre dois indivíduos historicamente importantes, e, por esse motivo, somos tentados a interpretar os acontecimentos nos termos épicos de combate pessoal. Semelhante interpretação, porém, não pode explicar, inteiramente, nem os consideráveis adeptos que Bakunin ganhou durante sua luta com Marx, nem o fato de que proporção tão substancial da Internacional – com certeza representando a maior parte de seus verdadeiros membros – tenha entrado decisivamente para o campo bakuninista.

Com efeito, o cisma não consistia simplesmente entre marxistas convictos e bakuninistas convictos. Quando os delegados da Federação do Jura e uns poucos expatriados de Genebra encontraram-se em Sonvillier, em novembro de 1871, na conferência que assinala o real começo do esforço para formar uma Internacional anarquista, a circular que eles passaram recebeu o apoio das federações bakuninistas da Espanha e da Itália, bem como dos adeptos belgas de Caesar de Paepe, que permanecia equidistante do anarquismo e da democracia social, enquanto isto despertasse interesse na Holanda e na Inglaterra. O apelo lançado pela circular não se devia ao ponto de vista anarquista daqueles que a conceberam, mas ao fato de que ela repercutia um crescente descontentamento, mesmo entre os primeiros discípulos de Marx, pelo modo com que ele buscava subjugar a autoridade centralizada do Conselho Geral sob seu próprio controle. Quer a ameaça fosse considerada como uma ditadura pessoal ou como rigidez organizacional era incompatível não só com os anarquistas mas também com os homens educados nas tradições democráticas dos movimentos trabalhistas na Grã-Bretanha e nos Países-Baixos. Eis por que eles reagiram favoravelmente ao parágrafo-chave da Circular de Sonvillier, que expressava, com uma moderação rara no século XIX, a polêmica socialista do ideal libertário de uma organização da classe trabalhadora descentralizada.

Nós não desejamos responsabilizar o Conselho Geral pelas más intenções. As pessoas que o compõem são vítimas de uma necessidade inevitável. Elas querem, com toda a sinceridade, e para que suas doutrinas particulares possam triunfar, introduzir o espírito autoritário na Internacional; circunstâncias pareceram favorecer semelhante tendência, e nós julgamos perfeitamente natural que esta escola, cujo ideal é *a conquista do poder político pela classe trabalhadora,* acredite que a Internacional, após a recente marcha dos acontecimentos, deva mudar sua organização primeira e se transforme numa organização hierárquica guiada e governada por um poder executivo. Mas, embora devamos reconhecer que tais tendências e fatos existam, somos, no entanto, obrigados a combatê-los, em nome da revolução social para a qual estamos trabalhando e cujo programa está expresso nas palavras "Emancipação dos trabalhadores pelos próprios trabalhadores", independente de toda autoridade dirigente, ainda que essa autoridade tenha sido consentida e designada pelos próprios trabalhadores. Nós exigimos que o princípio da autonomia dos grupos seja preservado na Internacional, quando ele tem sido até agora reconhecido como o fundamento de nossa Associação; exigimos que o Conselho Geral, cujas funções têm sido amenizadas pelas resoluções administrativas do Congresso de Basileia, retorne à sua função normal, que é atuar como um departamento de correspondência e estatística. (...) A Internacional, esse germe da sociedade humana do futuro, deve ser (...) uma representação fiel de nossos princípios de liberdade e de federação; ela deve rejeitar qualquer princípio que possa tender para o autoritarismo e a ditadura.

Os homens de Sonvillier consideraram estar mantendo as reivindicações originais da Internacional, e foi dentro deste espírito que, após o grande cisma do Congresso de Haia, se apresentaram juntos no Congresso de Saint-Imier, em 1872.

Havia delegados da Espanha, Itália e do Jura, que compreendiam muitos dos grandes nomes da história anarquista – Bakunin, Cafiero, Malatesta, Costa, Fanelli, Guillaume, Schwitzguébel. Dois refugiados da Comuna de Paris, Camet e Pindy, representaram a França, e outro, Gustave Lefrançais, representou dois grupos dos Estados Unidos. O Congresso de Saint-Imier interessava-se, sobretudo, pelo estabelecimento da nova Internacional, ou antes, como seus membros argumentavam, pela reforma da velha, pois os bakuninistas sempre consideraram sua Internacional como a verdadeira sucessora da organização fundada em 1864, e contavam seus congressos a partir do Primeiro Congresso (Genebra) de 1866.

Havia certa razão para este ponto de vista, desde que logo se tornou claro que o remanescente marxista, com seu quartel-general em Nova York, conservara, a custo, algum apoio entre os membros subalternos da Internacional. O que eles tentaram num Congresso, em Genebra, em 1873, foi, como admitiu o historiador bolchevista Stekloff, "um deplorável negócio", assistido quase unicamente por suíços e exilados alemães na Suíça. Marx, ao ser informado disso, exclamou: "Fomos vencidos!"

A Internacional de Saint-Imier, por outro lado, reuniu em seu Congresso de 1873 (também em Genebra) um número considerável de delegados, não só da Espanha, Itália e do Jura, mas também da França, Holanda, Bélgica e Grã-Bretanha, inclusive – o mais surpreendente chamariz de todos – Eccarius, o primeiro lugar-tenente de Marx. É tão difícil supor quantos adeptos reais da Internacional estes delegados representaram quanto calcular a base numérica da Internacional em qualquer período de sua existência. Stekloff apresenta estimativas que fixam os adeptos da organização unida, em 1870, em número equivalente ou tão alto quanto cinco ou até sete milhões, mas, com justiça, despreza estas cifras como "pura invenção". Na verdade, estimativas fidedignas dos membros da Federação Espanhola, uma das maiores, apontam-nos em 60 mil em 1872 e, nessa base, pode-se julgar que o número total de membros da Internacional, após o Congresso de Haia, fosse talvez menor do que um milhão e que, até o seu apogeu, em 1873, a Internacional de Saint-Imier tivesse, consideravelmente, pouquíssimos adeptos, muitos dos quais não deviam ter sido nada mais que portadores de fichas de inativos. Contudo, sem medo de errar, pode-se admitir que de 1872 a 1877 os bakuninistas dominaram, decididamente um séquito bem maior do que os marxistas.

A reduzida Internacional não começou, logo, a assumir uma característica especificamente anarquista. O Congresso em Saint-Imier interessou-se, sobretudo, por questões de organização, e suas decisões foram plausíveis para um círculo de antimarxistas, tanto quanto para sindicalistas conservadores ingleses como para insurrecionistas anarquistas radicais, em separado. Ele proclamou a autonomia de grupos e federações e rejeitou a competência legislativa dos congressos, que se restringiriam a expressar "as aspirações, as necessidades e as ideias do proletariado em várias localidades ou países, de modo a poderem ser harmonizados ou unificados". Lançou "um cordial pacto de solidariedade e de defesa mútua", dirigido contra a ameaça de centralismo.

Apenas uma resolução de Saint-Imier era especificamente anarquista e esta repudiava a ênfase depositada na ação política de congressos anteriores até a reunião de Lausanne, de 1867. "As aspirações do proletariado", prosseguiu com acentos tipicamente bakuninistas, "não podem ter outro objetivo que a criação de uma organização e federação econômicas absolutamente livres, baseadas no trabalho e na igualdade, independentes por completo de qualquer governo político, e (...) semelhante organização só pode vir a existir através da ação espontânea do próprio proletariado, das suas sociedades sindicais e das comunas autogeridas". E atacava, com clareza, a visão marxista de um estado operário, ao afirmar que "nenhuma organização política pode ser tudo, mas a organização de poder nos interesses de uma classe, em detrimento das massas, e (...) o proletariado, se pudesse tomar o poder, tornar-se-ia uma classe dominante, exploradora". Fundamentado nessas controvérsias, o Congresso aprovou uma resolução antipolítica, declarando que "a destruição de todo tipo de poder político é a primeira tarefa do proletariado".

A intenção anarquista de tal resolução é clara, não obstante houvesse moderação suficiente em sua expressão para torná-la aceitável, tanto para os coletivistas belgas e holandeses quanto para os sindicalistas ingleses, que conservaram a desconfiança nos métodos políticos herdados do passado, de Owen. A Federação Belga, que tinha volume considerável de adeptos nas cidades mineiras e de tecelagem do Walloon, pronunciou-se a favor da Internacional de Saint-Imier em dezembro de 1872 e, em janeiro de 1873, o Conselho Geral Marxista em Nova York lançou um manifesto suspendendo a Federação do Jura, o que forneceu uma conveniente justificativa às federações italiana, espanhola, belga e holandesa para, oficialmente, romperem ligações com ela. No fim de janeiro, a Federação Britânica realizou seu congresso, no qual alguns dos antigos defensores de Marx no Conselho Geral, em especial Hales, Eccarius e Hermann Jung, denunciaram as tentativas ditatoriais de seu primeiro líder. Ao final, os delegados resolveram que o Congresso de Haia fora ilegalmente constituído e que suas resoluções colidiam com as normas da Associação. Todavia, com a cautela britânica, não aderiram, especificamente, à Internacional de Saint-Imier, não obstante tenham enviado seus delegados ao seu Congresso de Genebra, em 1873.

Esse foi o congresso mais amplo da Internacional antiautoritária, embora apenas trinta e dois delegados de sete países, na verdade, tenham comparecido. Hales e Eccarius vieram da Inglaterra, Farga-Pellicer, da Espanha, Pindy e Brousse, da França, Costa, da Itália, e Guillaume e Schwitzguébel, da Suíça. Foi uma reunião controvertida, na qual as diferenças entre anarquistas e não anarquistas depressa se tornaram manifestas. A primeira discussão importante referiu-se à questão do Conselho Geral. Não houve dúvida alguma quanto à sua abolição; esta foi votada por entusiástica unanimidade. Mas, quando a questão do estabelecimento de algum outro órgão para administração centralizada foi apresentada, houve acirradas divergências de opinião. Ironicamente, foram Paul Brousse e Andrea Costa, os últimos a se tornarem líderes de partidos políticos socialistas na França e na Itália, que mantiveram a extrema atitude anarquista de opor-se a toda e qualquer continuação de organização central. O sindicalista inglês John Hales combateu com veemência esse ponto de vista e suas críticas revelaram, de imediato, as amplas divergências dentro das fileiras antimarxistas.

> O anarquismo (afirmou) é equivalente ao individualismo, e o individualismo é o fundamento da forma de sociedade existente, a forma que desejamos derrubar. O anarquismo é incompatível com o coletivismo. (...) O anarquismo é a lei da morte; o coletivismo é a lei da vida.

Os delegados belgas e do Jura formaram uma ponte entre os dois extremos e conseguiram uma decisão conciliatória para estabelecer um escritório federal, que não teria nenhuma autoridade executiva e se interessaria apenas em coligir estatísticas e manter uma correspondência internacional. A fim de evitar qualquer oportunidade de controle a ser estabelecido por um grupo local, como ocorrera no caso do Conselho Geral em Londres, decidiu-se que a atuação do escritório federal seria deslocada, cada ano, para o país onde se realizaria o próximo Congresso da Internacional. Desde, porém, que a Internacional foi proscrita na França após a Comuna de Paris e levou uma vida tumultuada na Espanha e na Itália durante o ano de 1870, subsequentes congressos realizaram-se, de fato, apenas na Suíça e na Bélgica, e isto significou, na realidade, que a sorte da Internacional antiautoritária estava ligada, bem estreitamente, à marcha dos acontecimentos dentro das federações belga e do Jura.

Divergências surgiram também acerca da questão da greve geral, que os belgas, antecipando os anarcossindicalistas de uma década posterior, defenderam como o principal meio de inaugurar a revolução social. Os holandeses e os italianos apoiaram seu argumento, mas os britânicos opuseram-se, alegando que a preparação necessária para uma greve geral ia torná-la inviável numa situação crítica. A delegação do Jura de novo buscou o meio-termo, ao afirmar, conforme as palavras de James Guillaume, que uma greve geral era "a única espécie de greve capaz de levar a efeito a completa emancipação dos trabalhadores", mas que não se deveria desprezar a greve parcial como uma arma eficaz durante os estágios pré-revolucionários da luta. Nenhuma opinião geral eficiente emergiu de toda essa discussão e os delegados contentaram-se com uma fraca resolução conciliatória:

> O Congresso, considerando que na presente situação da organização da Internacional não é possível nenhuma solução completa da questão da greve geral, recomenda, com urgência, aos trabalhadores que empreendam uma organização sindical internacional e se empenhem numa ativa propaganda socialista.

Por conseguinte, os dois primeiros congressos da Internacional de Saint-Imier foram singularmente improfícuos em pensamento original ou discussão e mostraram uma tendência rumo a um compromisso intermediário, o que decepcionou os grupos do movimento ansiosos por uma ação espetacular. Os resultados começaram a aparecer quando o Congresso seguinte reuniu-se em Bruxelas, durante setembro de 1874. Nessa ocasião, uma delegação alemã esteve presente pela primeira vez. Seus dois membros eram lassalleanos, um fato que, no mínimo, representa a falta de rigidez partidária na Internacional reformada. Por outro lado, os anarquistas italianos recusaram-se a participar. Eles haviam formado um Comitê Social Revolucionário Italiano que, tendo organizado o fracassado levante de Bolonha, agora se movia às ocultas, pelas perseguições governamentais. Sua mensagem ao Congresso salientava que, desde que as circunstâncias os haviam forçado a meios de ação conspiratórios, era-lhes nitidamente absurdo participar de um congresso aberto. Em seu presente estado de espírito eles, de maneira compreensível, pareceram preferir a excitação dos sonhos rebeldes às discussões estúpidas que ocuparam os congressos desde 1872.

Em Bruxelas, tornou-se manifesto que o único vinculo real entre os grupos nacionais era sua oposição às táticas centralizadoras de Marx e ao agora extinto Conselho Geral, e que a antiga divisão entre libertários e autoritários fora, de fato, transferida para dentro da nova organização. Não houve acordo nenhum sobre questões importantes, tais como a ação política, a ditadura do proletariado, o futuro do Estado e a possibilidade de um período transitório antes da consecução de uma sociedade baseada na organização comunitária. Os delegados alemães e Eccarius, representando a Grã-Bretanha, sustentaram o socialismo de Estado; os delegados da Espanha e do Jura, com alguns dos belgas, defenderam um anarquismo purista. De Paepe, a figura-líder entre os belgas, adotou uma posição intermediária, que prefigurou sua posterior mudança para o socialismo de Estado. Foi sua exposição, acerca da "organização dos serviços públicos", que conduziu o debate às claras e ocupou a maior parte da discussão durante o Congresso de Bruxelas.

De Paepe apresentou um plano derivado, em larga escala, do federalismo de Proudhon, que considerava uma sociedade organizada numa rede de comunas, federações de comunas e, finalmente, numa federação universal de federações. As comunas deveriam tratar de todos os assuntos de interesse local, e a federação mundial, da coordenação geral entre organizações regionais e de assuntos de interesse universal, tais como a exploração científica e "a irrigação do Saara". Durante sua exposição, De Paepe utilizou o termo "estado" um pouco ambiguamente para definir sua ideia de organização supracomunitária:

> Contra a concepção liberal do estado policial, colocamos a noção do Estado que não se baseia na força armada, mas cuja função consiste em educar os membros jovens da população e em centralizar tais atividades públicas, que possam ser melhor desempenhadas pelo estado do que pela Comuna.

Semelhante imprecisão fraseológica poderia ter passado despercebida, se De Paepe não tivesse manifestado, num ponto, um apoio condicional à ideia de uma "ditadura coletiva" transitória. Numa passagem, que os anarquistas consideraram como particularmente ofensiva, ele argumentava:

> Considerando o rumo político da classe trabalhadora em certos países, em especial na Grã-Bretanha e na Alemanha, um rumo político cujo ímpeto é constitucional hoje, mas pode ser revolucionário amanhã, que não visa à derrubada do Estado existente organizado de cima para baixo, mas apoderar-se do Estado e utilizar seu gigantesco poder centralizado como objetivo de emancipar o proletariado (...), nós bem podemos nos perguntar se a reconstituição da sociedade com base no estabelecimento do grupo industrial, e a organização do Estado de baixo para cima, em lugar de ser o ponto de partida e o sinal da revolução social, não poderia demonstrar ser o seu resultado mais ou menos remoto. (...) Somos levados a indagar se, antes de o agrupamento dos trabalhadores por indústria estar adequadamente avançado, circunstâncias não podem impelir o proletariado de grandes cidades a estabelecer uma ditadura coletiva sobre o restante da população e por um período suficientemente longo para afastar quaisquer obstáculos que possam existir para a emancipação da classe trabalhadora. Se isto ocorresse, parece óbvio que uma das primeiras coisas que semelhante ditadura coletiva teria a fazer seria apoderar-se de todos os serviços públicos; expropriar, para o benefício público, as companhias ferroviárias, os grandes trabalhos de engenharia – a fim de mostrar que todos os seus bens, maquinaria, edifícios e terra, se tornaram propriedade estatal, se converteram em propriedade pública.

Os delegados do Jura protestaram em nome do anarquismo e até alguns dos belgas opuseram-se a De Paepe; Verrycken, em particular, sustentou que colocar os trabalhadores em posição de autoridade, ao invés da burguesia, não representaria ganho algum de qualquer espécie. De Paepe, contudo, manteve sua posição e, assim fazendo, salientou o que a discussão, seja como for, foi tornando clara: que a divisão dentro da velha Internacional não silenciara o diálogo fundamental sobre a estratégia revolucionária. "As alternativas do Estado operário e da anarquia ainda se defrontam reciprocamente", insistiu. Foi reconhecendo tacitamente essa diferença – que os marxistas deixaram como um pomo de discórdia no verdadeiro centro da Internacional de Saint-Imier – que o Congresso decidiu, de qualquer modo, não tomar resolução alguma sobre a questão dos serviços públicos numa sociedade futura. Ela foi encaminhada, com atraso, para discussão no ano seguinte.

A respeito da ação política, que outra vez provocou sua direção polêmica, houve mais unanimidade. Apenas Eccarius e os lassaleanos argumentaram que os trabalhadores se empenhariam em atividade constitucional e parlamentar. Os belgas uniram-se aos do Jura e aos espanhóis, rejeitando totalmente a utilidade da participação da classe trabalhadora em atividades parlamentares. Ainda uma vez mais, a decisão baseou-se no acordo mútuo. "Deve-se deixar a cada federação e ao partido democrático social em cada país a decisão sobre sua própria linha de comportamento político." Em suas fervorosas tentativas de alcançar decisões que não desgostassem ninguém, o Congresso de Bruxelas simplesmente acentuou as divisões dentro da Internacional e acelerou o declínio já emergente.

É verdade que, geograficamente e em outros sentidos, a Internacional ainda parecia estar crescendo durante os anos de 1875 e 1876. Sua influência estava renascendo vigorosamente na França e ao redor do Lago Leman, fato que requereu novos grupos de adeptos na América Latina, em Portugal, em Alexandria e na Grécia. Contudo, era prejudicial tanto ao socialismo parlamentar quanto aos ex-partidários influentes da Comuna, como Jules Guesde e Benoît Malon, embora sua força nos países ao redor do Mar do Norte estivesse decrescendo repentinamente. De qualquer modo, nenhum congresso reuniu-se em 1875. Houve conversação para a organização de um em Paris durante a primavera de 1876, mas este não se concretizou, e a reunião plenária seguinte ocorreu em Berna, pouco antes de outubro de 1876, mais de dois anos depois do Congresso de Bruxelas.

Os italianos retornaram a Berna, com Malatesta e Cafiero à frente, enquanto os espanhóis, franceses e suíços estavam razoavelmente representados; houve ainda, pela primeira vez, um delegado suíço-alemão. Porém, não se apresentou nenhum da Grã-Bretanha, e os belgas e holandeses entre eles enviaram apenas um único delegado – De Paepe –, que levou triste consolo ao Congresso ao enfatizar até que grau os trabalhadores, nos Países Baixos, estavam sendo influenciados pelos exemplos alemão e inglês, e ao retroceder para um modelo social-democrático norte-europeu, que começou a diferenciar-se, com nitidez, do modelo anarquista das regiões alpinas e mediterrâneas.

Os italianos estimularam as sessões com discursos apaixonados a favor da "propaganda pela ação", mas, no todo, o Congresso de Genebra foi mais que uma reunião ordinariamente desanimada. Os autoritários mais agressivos retiraram-se um por um, enquanto De Paepe assentia em fazer acordos terminológicos com os bakuninistas, o que, na verdade, não significava um abandono da posição sobre o Estado operário, que ele defendera em Bruxelas.

A essa altura, estava se tornando manifesto que a Internacional, como constituída agora, tinha pouca razão prática para existir, e de Paepe enfatizava a situação ao propor que, no ano seguinte, poderia ser convocado um Congresso Socialista Universal, na expectativa de reunir o movimento trabalhista europeu. Os espanhóis opuseram-se à proposta, mas abstiveram-se de votar, como os italianos, que permaneceram ao lado deles na extrema esquerda anarquista. De Paepe deu os votos belgas e holandeses para a proposta e foi apoiado pelos delegados franceses e do Jura, que ocupavam o centro anarquista moderado.

O Congresso Socialista Universal realmente ocorreu em Ghent, de 9 a 16 de setembro de 1877. Logo de antemão, a

Internacional de Saint-Imier realizou seu próprio Congresso, de 6 a 8 de setembro, na cidade industrial de Verviers, onde os tecelões de Walloon eram resolutamente anarquistas. Este ia ser o último Congresso da Internacional e também o único que se poderia denominar, inteiramente, de anarquista, tanto na composição quanto nas decisões.

Muitos dos importantes líderes anarquistas estiveram presentes. Kropotkin, sob o nome de Levashov, representou os grupos expatriados russos. Paul Brousse conduziu a delegação francesa e Gonzales Morago, a espanhola. Guillaume representou os suíços de idioma francês, e Werner, os de idioma alemão. Andrea Costa possuía mandatos de grupos na Grécia e na Alexandria, bem como dos italianos. E a linda senhora de Costa, Anna Kulichov, a última a desempenhar importante papel na fundação do Partido Socialista Italiano, esteve presente, numa função algo obscura, como delegada com voz deliberativa. Além disso, grupos anarquistas da Alemanha, México, Uruguai e Argentina estiveram representados. O mais significativo ausente foi De Paepe, que, após evitar intencionalmente o encontro de Verviers, participou do Congresso Socialista Universal em Ghent, dois dias mais tarde.

As decisões do Congresso de Verviers foram as mais inequivocamente anarquistas que a Internacional jamais adotara. Grande parte da discussão concentrou-se em torno da distribuição do produto do trabalho e, embora não se tenha chegado a nenhuma conclusão definitiva, era evidente que o sentimento geral estava voltado para a ideia anarquista-comunista da divisão do fundo comum de bens com base na necessidade. A tarefa de coletivizar a propriedade – decidiram os delegados – devia ser empreendida por grupos de trabalhadores sem a intervenção de cima. Todos os partidos políticos – mesmo que se autodenominassem socialistas – deviam ser combatidos, desde que todos eles fossem reacionários em sua confiança no poder e em sua deficiência para reconhecer que as verdadeiras divisões na sociedade não seguem as linhas políticas, mas as econômicas. Enfim, sobre a questão dos sindicatos, os delegados de Verviers adotaram uma solução que, de modo surpreendente, antecipava as exigências dos anarco-sindicalistas vinte anos depois. Os sindicatos eram inadequados onde eles pretendiam tão-só aumentar os salários ou reduzir o horário; trabalhariam para a destruição do sistema salarial e para assumir a direção do controle de produção.

O Congresso de Verviers, ao menos, deu uma falsa aparência de força e unidade. O Congresso de Ghent, longe de criar a solidariedade socialista, simplesmente revelou os desejos de seus patrocinadores belgas, ao enfatizar as diferenças entre os anarquistas e seus rivais. Apenas onze anarquistas seguiram de Verviers para Ghent, enquanto a maioria dos trinta e um delegados remanescentes eram autoritários, oscilando de Wilhelm Liebknecht a De Paepe e seus adeptos. Somente uma decisão produziu um acordo universal: de forma unânime – com a abstenção única de Andrea Costa – o Congresso proclamou a conveniência da fundação de uma federação internacional de sindicatos e aprovou uma resolução solicitando a todos os trabalhadores, desde que já não o tivessem feito, a organizar-se industrialmente. Todavia, sobre decisões tais como a propriedade estatal dos meios de produção e a atividade política da classe trabalhadora, os anarquistas votaram em compacta minoria contra o restante do Congresso.

As divisões entre os delegados eram demasiado profundas e óbvias para serem ignoradas pela maioria dos otimistas defensores da unidade socialista, e reconheceu-se esse fato quando a resolução-chave para um pacto de solidariedade entre os movimentos participantes foi invalidada. Não havia de ser nenhuma nova Internacional abrangente, e a incompatibilidade entre as duas facções se acentuou quando os democratas-sociais realizaram um encontro secreto na mesma noite, ao qual os anarquistas não foram convidados. Daí, na verdade, saiu com dificuldade um pacto de solidariedade restrito, e foram feitos acordos para o estabelecimento de um quartel-general central em Ghent.

Antes da dispersão, o Congresso como um todo reconsiderou a questão da solidariedade e decidiu, pelo menos, estabelecer um Escritório de Correspondência e Estatística para as Classes

Trabalhadoras Socialistas *(Correspondence and Statistics Office for Workingclass Socialists)*, a situar-se, permanentemente, em Verviers. De fato, nem este escritório, nem o quartel-general democrático-social em Ghent foi estabelecido, e o Congresso Socialista Universal fez pouco mais que confirmar, ao menos no pensamento dos socialistas continentais, a ideia de que era impossível trabalhar com os anarquistas.

Nesse ínterim, a própria Internacional de Saint-Imier desintegrou-se rapidamente; e isso ocorreu numa época em que os movimentos espanhol e italiano estavam fortes, quando o movimento estava se reavivando e quando se estava dando um grande espaço às ideias anarquistas, pelo estabelecimento de federações em diversos países latino-americanos. O colapso da Internacional decorreu, sobretudo, do fato de que, desde o cisma em 1872, ela oscilou no eixo da Bélgica e do Jura, as duas regiões onde as condições políticas permitiam a atividade constante e aberta. Todos os movimentos numericamente amplos na Espanha e na Itália, e os núcleos ativos na França sofreram perseguições governamentais que lhes dificultaram até a manutenção de suas próprias organizações, e que estimularam o tipo de separatismo mostrado na recusa dos italianos em serem representados no Congresso de Bruxelas de 1874. Qualquer mudança na situação da Bélgica ou do Jura estava, por conseguinte, destinada a abalar a Internacional em conjunto. E vimos antes como a maioria dos socialistas belgas, com De Paepe, logo se inclinaram para a democracia-social. Pelos fins de 1876, a Associação dependia da Federação do Juta para sua existência contínua.

Contudo, também no Jura a situação estava se modificando desde os dias do antigo entusiasmo anarquista, testemunhado por Kropotkin em 1872. As condições econômicas haviam piorado e os artesãos camponeses estavam bem mais subordinados à vigilância dos fabricantes que poucos anos antes. Isto levou a uma prudência maior, e a vitalidade diminuída da Federação do Jura revelou-se quando seu *Bulletin,* que durante certo período fora o principal periódico anarquista, cessou a publicação em março de 1878. Até alguns dos mais ativos militantes desapareceram do movimento. James Guillaume, o atento discípulo de Bakunin, que fora o inspirador mais vigoroso da Federação do Jura e um dos membros-chave da Internacional de Saint-Imier, desiludira-se com o fracasso dos vários congressos no sentido de alcançar quaisquer resultados positivos. Na primavera de 1878, foi embora para Paris, onde se recolheu na inatividade política, para surgir mais de duas décadas depois como um defensor do sindicalismo. Dos importantes líderes nativos, apenas Schwitzguébel permaneceu ativo, e os últimos congressos na região do Jura, realizados em 1879 e 1880, foram dominados por líderes estrangeiros – Kropotkin, Reclus e Cafiero –, que aproveitaram a oportunidade para elaborar com esforço suas teorias longe do perigo das forças policiais hostis. Pouco depois, a ex-influente Federação do Jura desapareceu gradualmente do cenário como uma organização ativa.

Mesmo antes disso, a Internacional de Saint-Imier entrara silenciosamente em inatividade. Jamais fora formalmente dissolvida, mas nenhum congresso foi convocado depois de 1877. Todavia, a ideia de organização internacional não se perdera e, em 1880, os grupos anarquistas belgas, que se haviam reorganizado após a defecção de De Paepe e ainda conservavam alguma força entre os mineiros de Walloon, realizaram um congresso em Bruxelas, onde se discutiu a ideia de reconstituição da Internacional. Os belgas fizeram contato com anarquistas em outros países e ganharam apoio para seu plano de um congresso, que visava à constituição de uma organização inteiramente libertária. Londres foi escolhida como o local de encontro e um comitê lá se estabeleceu, tendo Gustave Brocher como presidente e Malatesta como um membro ativo.

Quando o Congresso se reuniu, em 14 de julho de 1881, nas dependências do clube de uma taverna em Charrington Street, apareceram uns quarenta e cinco delegados, afirmando representar sessenta federações, e cinquenta e nove grupos isolados, com um total de 50 mil membros. Muitas das organizações tiveram apenas uma existência fantasma, e é possível que os membros calculados fossem exagerados. Entretanto, foi uma reunião assaz formidável, a ponto de alarmar os círculos governamentais europeus. Por exemplo, o embaixador inglês em Paris informou que o ministro dos Negócios Exteriores francês exprimira a preocupação de que o governo britânico teria permitido a realização de semelhante reunião baseado em sua corrupção. Apesar da ausência das tão intrépidas figuras dos primeiros congressos, como Guillaume, Cafiero (que estava doente na Itália), Costa e Brousse, que se haviam convertido ao socialismo parlamentar, seus delegados incluíram uma plêiade considerável de nomes ilustres do anarquismo. Malatesta e Merlino, Kropotkin e Nicholas Chaikovsky, Louise Michel e Émile Pouget representaram seus vários países. Entre os delegados ingleses estavam Joseph Lane e Frank Kitz, os últimos a desempenharem importantes papéis na facção anarquista da Liga Socialista. O Dr. Edward Nathan-Ganz representou a Federação Mexicana dos Trabalhadores *(Mexican Federation of Workers)* e uma idosa dama da Nova Inglaterra, senhorita M. P. Le Comte, apresentou-se em nome dos Revolucionários de Boston *(Boston Revolutionists)*. Entre os delegados franceses havia, pelo menos, um espião da polícia, Serreaux, que editou o periódico "anarquista" *La Révolution Sociale (A Revolução Social),* com dinheiro fornecido pelo chefe de Departamento da Polícia de Paris, e alguns outros delegados eram suspeitos de serem *agents provocateurs* (agentes provocadores). Kropotkin mais tarde reclamou que houve, no mínimo, cinco dentre eles, como Serreaux, mas isso parece um exagero.

A diversidade de atitudes, que caracterizou os anarquistas no último século XIX, já era evidente no Congresso de Londres. Alguns pensavam em função da atividade conspiratória; outros, como Kropotkin, defendiam que um movimento revolucionário devia sempre resultar de uma vasta onda ascendente do meio do povo. A ideia da propaganda pela ação e os diversos aspectos da violência revolucionária receberam copiosa discussão. Parece ter havido acordo quanto à inevitabilidade geral da violência (para a corrente pacifista que ainda não entrara no movimento anarquista), mas suas formas mais radicais provocaram considerável debate. A fase terrorista do anarquismo ainda não se iniciara, mas o Congresso foi realizado pouco depois do assassinato de Alexandre II pelo *People's Will* (Vontade do Povo), e este acontecimento refletiu nas discussões. Os defensores da extrema violência foram impelidos por vários motivos. Serreaux, o agente policial, estava, naturalmente, entre os mais loquazes sobre esse assunto. Por outro lado, não havia nenhum motivo para duvidar da sinceridade do Dr. Nathan-Ganz, do México, que estava atormentado pela ideia da "química" como uma arma na luta de classes e pela necessidade de uma organização paramilitar. Ele até sugeriu uma "academia militar" para os anarquistas e continuou obstruindo os processos para chamar a atenção para a necessidade da "educação em química".

Kropotkin tentou trazer um tom mais realista à assembleia. Em particular, falando como um cientista, protestou contra o suave debate que ouvira sobre o uso da química. Não obstante, apesar da influência moderadora de tais homens, não houve dúvida alguma de que a crescente hostilidade governamental em vários países estava tentando os anarquistas a pensar em termos de organização subterrânea e ações espetaculares e, nesse sentido, o Congresso de 1881 abriu um período, que se estendeu até o ano de 1890, quando os anarquistas em geral se desviaram da ideia de amplos movimentos da classe trabalhadora para a de grupos secretos de ação direta. Na opinião de muitos delegados houve indecisão sobre se desejariam criar uma organização aberta, como a extinta Internacional, ou uma organização clandestina, como a Fraternidade Internacional *(International Brotherhood)* de Bakunin. Mesmo Kropotkin, ao menos em conversas particulares, defendeu um paralelismo de movimentos públicos e secretos.

Ao final, decidiu-se formar uma nova Internacional aberta, estabelecer um Escritório de Correspondência permanente e convocar um congresso em Londres no ano seguinte, enquanto uma resolução de política coletiva previa um período de grandes lutas revolucionárias e exigia o desenvolvimento de métodos inconstitucionais, a criação de jornais secretos bem difundidos, o estímulo da propaganda pela ação (com um cordial aceno às "ciências técnicas e químicas") e à agitação entre os trabalhadores rurais arrasados, onde os anarquistas, com justiça, compreendiam poder fazer um apelo mais eficaz do que os socialistas autoritários.

Em termos práticos, o Congresso conseguiu muito pouco. A "Internacional Negra" fundada persistiu muito tempo como um espectro terrível na memória dos governos, mas não foi mais que um espectro, e sua presença fantasma parece ter influído no movimento da classe trabalhadora apenas nos Estados Unidos. Como organização, ela jamais funcionou: o Escritório de Correspondência realmente não entrou em existência ativa e o proposto Congresso de Londres, de 1882, não se reuniu.

Não foi, de fato, só em 1907, que se deu o próximo congresso internacional de anarquistas. Durante o sucessivo quarto de século houve umas poucas reuniões que, por vezes, foram citadas como congressos internacionais, mas todas elas ou fracassaram ou foram restritas na esfera de ação. Um congresso do último tipo realizou-se em Genebra, em 1882. À exceção de um único delegado italiano, aqueles que compareceram eram todos ou da França ou do Jura. Nele, deu-se grande ênfase à autonomia absoluta dos grupos "na aplicação dos meios que lhes parecessem mais eficazes", e demonstrou-se o espírito da reunião quando o delegado de Cette provocou aplauso unânime, ao encerrar seu discurso com as palavras: "Nós estamos unidos porque estamos divididos".

Com efeito, essa foi uma época em que os anarquistas se inclinaram para o radical separatismo. Uma proposta para a realização de um congresso internacional em Barcelona, no decurso de 1884, fracassou, porque encontrou desinteresse em muitos países e positiva hostilidade na França. Em 1887, proposta semelhante para um congresso em Paris não resultou em nada, mas, em 1889, por ocasião da Mostra Internacional nessa cidade, uma pequena conferência ocorreu, de fato, no Faubourg du Temple, assistida por uma dúzia de delegados da Inglaterra, Alemanha, Espanha e Itália, junto com representantes de grupos franceses. Esta conferência parece ter girado em torno dos princípios estritamente anarquistas: não se aprovou nenhuma resolução, não se fez nenhuma votação e não se apreciou nenhum plano para organização, e os encontros parecem ter sido dedicados, apenas, a uma troca prolixa de opiniões sobre assuntos de importância local. Em 1892, a polícia francesa informou que um grupo de anarquistas de Paris estava planejando o estabelecimento de um escritório de correspondência internacional, mas nenhum sinal disso apareceu alhures, e o plano todo pode ter sido concebido na mente de um agente necessitado de fatos interessantes para relatar. No ano seguinte, os anarquistas de Chicago anunciaram um próximo congresso e os editores de *La Révolte* (A Revolta), em Paris, convocaram os movimentos europeus para dele participarem. Contudo, nenhum delegado cruzou o Atlântico e o próprio congresso foi, sem dúvida, um caso extremamente insignificante. Conforme Emma Goldman, foi proibido pela polícia de Chicago e se realizou, às ocultas, numa dependência da municipalidade, onde os doze delegados foram introduzidos por um escriturário cordial.

Esses esforços um tanto insignificantes são os únicos congressos internacionais, especificamente anarquistas, que fui capaz de esboçar de 1881 até o fim do século XIX. Sua insuficiência deveu-se, pelo menos em parte, ao fato de que entre 1889 e 1896 houve uma persistente tentativa dos anarquistas para se infiltrarem nos congressos da Segunda Internacional, nos quais os democratas-sociais estavam então em processo de estabelecimento.

A Segunda Internacional findou sua existência em 1889, quando dois congressos socialistas rivais foram realizados em Paris. Um foi organizado pelos adeptos de Jules Guesde e a ele compareceram os marxistas do resto da Europa. O outro foi organizado pelos adeptos possibilistas de Paul Brousse, agora competindo com seu antigo companheiro anarquista Guesde pelo controle do socialismo parlamentar na França. Os anarquistas, com admirável imparcialidade, infiltraram-se em ambas reuniões. Ao congresso dos partidários de Guesde estiveram presentes Sébastien Faure, Domela Nieuwenhuis (líder do movimento anarquista rebelde na Holanda) e o cavalheiro inglês Frank Kitz. À reunião dos possibilistas compareceram o italiano Saverio Merlino e o carpinteiro-orador francês Joseph Tortelier, célebre como um defensor da greve geral. Nas duas reuniões os anarquistas expuseram, com energia, seu ponto de vista; talvez a rivalidade tão grande entre os dois congressos explique por que não se fez nenhum esforço combinado para expulsá-los.

Contudo, quando os socialistas uniram-se no Congresso de Bruxelas de 1891, a presença dos anarquistas tornou-se um de seus maiores pontos de controvérsia. Deliberadamente eles não foram convidados, mas apareceram e foram tratados de forma muito confusa. O Dr. Merlino, o italiano que já se distinguira pelas intervenções ardorosas em 1889, obteve acesso um tanto inesperadamente, mas no segundo dia foi deportado pela polícia belga; depois, os anarquistas acusaram os marxistas de denunciá-lo. O próprio Congresso expulsou os anarquistas espanhóis no segundo dia, porém os anarquistas belgas haviam sido impedidos de entrar desde o início. Finalmente, permitiu-se a permanência de Domela Nieuwenhuis, que tentou, em vão, apresentar para discussão algumas questões difíceis, como a do parlamentarismo e a do sufrágio universal. Nieuwenhuis, que, na verdade, deu início à tendência pacifista no movimento anarquista (pois Tolstoi e seus adeptos sempre permaneceram fora do anarquismo organizado e lhe eram algo hostis), também apresentou uma firme resolução em prol de uma greve geral, na eventualidade de guerra, mas que foi invalidada pela maioria marxista.

No Congresso de Zurique da Segunda Internacional, em 1893, os anarquistas compareceram em grande número, solicitando admissão, como pretexto de que também eram socialistas e sucessores da Primeira Internacional. O marxista alemão Bebel conduziu o ataque contra eles. Bebel estava habituado ao abuso verbal frequente entre os adeptos de Marx e bradou, em meio às exclamações indignadas de seus oponentes: "Eles não têm nem programa nem princípios, a não ser o desejo comum de combater os democratas-sociais, a quem consideram maiores inimigos do que a burguesia. Nós não podemos ter nenhuma afinidade com eles". Os anarquistas foram expulsos à força, protestando ruidosamente. O velho garibaldino Amilcare Cipriani falou com franqueza contra a brutal intolerância dos marxistas e, então, eles renunciaram a seu mandato. A seguir, foi aprovada uma resolução francesa, afirmando que só os socialistas que aceitassem a necessidade da ação política seriam, no futuro, admitidos nos congressos da Segunda Internacional. Depois de sua expulsão, os anarquistas, em número de sessenta, realizaram seu próprio congresso de improviso e, mais tarde, um encontro público assistido por algumas centenas de pessoas, mas que foi pouco mais que uma manifestação de solidariedade mútua. *La Révolte,* em palavras que podiam ter sido empregadas quase por qualquer outra reunião anarquista internacional, comentou:

> Houve muito discurso e muita peroração, mas não cremos que esta reunião tenha produzido algum resultado prático. Um congresso não é improvisado em vinte e quatro horas; e, depois, para que serve a vantagem de chorar do alto dos telhados o que alguém faria desta, daquela ou de outra coisa? Esse tipo de gasto de saliva poderia ser deixado aos democratas sociais.

A última batalha sobre o ingresso na Segunda Internacional foi travada em Londres, em 1896, e foi, igualmente, a mais cruel. Nessa época, os anarquistas estavam fortemente entrincheirados nas delegações francesa e holandesa, e muitos de seus líderes foram a Londres com a intenção de um congresso paralelo, no caso de sua aguardada expulsão, conforme aquela da Segunda Internacional. Eles compreendiam Kropotkin, Malatesta, Nieuwenhuis, Landauer, Pietro Gori, Louise Michel, Élisée Reclus e Jean Grave, além de um forte grupo sindicalista da França encabeçado pelos líderes anarquistas da ala revolucionária da Confederação Geral do Trabalho *(Confédération Générale du Travail – CGT)*, como Pelloutier, Tortelier, Pouget e Delesalle.

A discussão acerca dos anarquistas transformou o Congresso de Londres na mais tumultuada de todas as reuniões da Segunda Internacional. À exceção dos sindicalistas franceses, que foram admitidos por uma incoerente decisão, que isentava os delegados sindicais de aceitar a necessidade da ação política, houve mais de trinta delegados anarquistas. Paul Singer, o presidente alemão, tentou encerrar a questão das admissões, sem permitir que os anarquistas falassem. Keir Hardie, líder do Partido Trabalhista Independente, presidente-substituto nesse dia, asseverou que se permitiria a ambos os lados uma audiência completa e imparcial, antes de proceder à votação. Gustav Landauer, Malatesta e Nieuwenhuis todos falaram por fim, e o último resumiu, com eficácia, suas afirmações, ao declarar:

> Este Congresso tem sido chamado de um Congresso Socialista geral. Os convites nada dizem sobre anarquistas e democratas-sociais. Falam apenas de socialistas e sindicatos. Ninguém pode negar que pessoas como Kropotkin e Reclus, e todo o movimento anarquista-comunista, dependem da base socialista. Caso eles sejam excluídos, o objetivo do Congresso terá sido deturpado.

A decisão sobre a admissão dos anarquistas foi retardada por uma disputa dentro da delegação francesa quanto a essa real controvérsia, que ocupou a maior parte do segundo dia do Congresso. Por uma maioria absoluta de cinquenta e sete contra cinquenta e cinco, os franceses votaram, em reunião secreta da liderança, contra a exclusão dos anarquistas. Porém, os marxistas franceses, conduzidos por Millerand, antes de aceitarem uma decisão majoritária tão desagradável para eles, decidiram retirar-se e solicitaram ao Congresso a autorização de duas delegações francesas, cada uma com seu próprio voto. Semelhante proposta era contrária ao procedimento geral da Segunda Internacional, que deu a cada país um único voto, e era apoiada apenas pelos marxistas alemães porque, casualmente, favorecia seus interesses. Tanto Bernard Shaw quanto o socialista belga Vandervelde combateram a moção e esta só foi aprovada devido aos alemães terem tido o apoio de um grupo de diminutas delegações, como as da Polônia, Bulgária e Romênia.

Os anarquistas foram, enfim, expulsos no segundo dia, com base numa moção que, outra vez especificamente, eximia os delegados sindicais: todas as delegações, por fim, votaram pela expulsão, salvo a facção sindicalista francesa e a holandesa. Contudo, muitos anarquistas foram deixados como delegados sindicais a fim de conduzirem a discussão durante a verificação de mandatos, de modo que no fim restou pouco tempo para debater as questões que o Congresso encontrara para examinar. Apesar da exclusão dos anarquistas, o anarquismo dominara, na verdade, o Congresso da Segunda Internacional de Londres.

O que os próprios anarquistas perderam, ao serem expulsos, ganharam em publicidade e na simpatia dos socialistas de mentalidade mais liberal. Eles planejaram uma assembleia noturna no Holborn Town Hall em 28 de julho, e sua expulsão naquele dia transformou a reunião num grande êxito. Além disso, todos os líderes anarquistas, Keir Hardie e Tom Mann, apareceram na tribuna para fazer discursos defendendo os direitos das minorias, e William Morris, então próximo da morte, enviou uma mensagem a fim de dizer que apenas a doença o impedira de unir sua própria voz ao coro de protesto. Porém, o verdadeiro triunfo dos anarquistas continuou a ser o seu êxito em transformar o Congresso da Segunda Internacional num campo de batalha sobre a controvérsia "socialismo libertário contra socialismo autoritário". Eles não só se apresentaram, efetivamente, como defensores dos direitos da minoria, como instigaram os marxistas alemães, fazendo-os manifestar uma intolerância ditatorial, a qual foi um fator de impedimento ao movimento trabalhista britânico em seguir a direção marxista, indicada por líderes como H. M. Hyndman.

Claramente, após o Congresso de Londres, não pôde haver nenhuma outra questão de unidade entre as duas facções opostas do movimento socialista. Os democratas sociais assim reconheceram, aprovando uma resolução que, ao dirigir a política de emissão de convites para congressos futuros, pela primeira vez declarava especificamente: "Os anarquistas serão excluídos". Os anarquistas, por sua vez, reconheceram-no, ao não realizarem nenhuma outra tentativa de invadir a Segunda Internacional.

Apesar disso, não foi senão em 1907, depois de planos para um congresso em Paris terem sido frustrados pela polícia em 1900, que eles, finalmente, se reuniram para planejar de novo sua própria Internacional. Durante o período intermédio, talvez em reação à complexidade organizacional da ala sindicalista do movimento, os anarquistas puristas tenderam a enfatizar o modelo dos grupos militantes individuais, que agiam de forma autônoma, para tal amplitude que, na França (reconhecidamente um exemplo radical), não havia ainda, no decurso dos primeiros anos do século XX, qualquer tipo de federação nacional. Este fato não significou que os vínculos nacionais e internacionais eram deficientes, mas que eles não eram do tipo organizacional. A literatura anarquista passava livremente de país para país, e as obras de homens como Bakunin, Kropotkin e Malatesta eram traduzidas para muitas línguas. Além desse intercâmbio de ideias e propaganda, havia também uma constante comunicação entre os militantes anarquistas, devido, em larga escala, ao fato de que a vida do dedicado revolucionário amiúde o forçava a entrar em exílio temporário ou até a buscar um lar inteiramente novo no exterior. Errico Malatesta agitou e conspirou não só na Itália, mas também na França, na Inglaterra, na Espanha, no Levante, nos Estados Unidos e na Argentina, e muitos como ele existiram. Nesse sentido, grupos anarquistas, com frequência, tiveram oportunidade de hospedar intelectuais e oradores estrangeiros e ouvir suas opiniões, enquanto laços de amizade pessoal ou de experiência partilhada criavam uma espécie de obscuro círculo de líderes, ainda menos real do que a misteriosa organização internacional que assomara no fundo da mente de Henry James, quando escreveu *The Princess Casamassima,* mas talvez muito influente em seu próprio meio. O anarquismo era internacional na teoria e muito, também, na prática, ainda que fosse assim apenas esporadicamente, sob o aspecto de organização.

Embora a maioria dos anarquistas, em 1907, fossem encontrados nos países latinos, a iniciativa para o Congresso de Amsterdam foi tomada pelos grupos belgas e holandeses. Ele se reuniu de 24 a 31 de agosto e foi a mais ampla reunião de sua espécie jamais realizada, assistida por cerca de oitenta delegados de quase todos os países europeus, além de representantes dos Estados Unidos, da América Latina e do Japão. Suas sessões foram dominadas por Malatesta, não só por seu prestígio como um partidário de Bakunin e um veterano da insurreição e conspiração em muitos países, mas também por sua dinâmica personalidade e brilhante eloquência. Os outros delegados compreendiam muitos jovens (homens e mulheres), que haviam introduzido vigor novo ao movimento em anos recentes, como Emma Goldman, Rudolf Rocker, o intelectual italiano Luigi Fabbri, o russo Alexander Schapiro, Tom Keell (editor de *Freedom),* o sindicalista holandês Christian Cornelissen, e Pierre Monatte, um jovem e capaz militante da ala revolucionária da C G T francesa.

Devido à capacidade mental daqueles que estiveram presentes, este foi um dos mais animados congressos anarquistas; ele ocorreu numa atmosfera de confiança, em grande parte devido ao impulso dado à divulgação dos ensinamentos anarquistas através da expansão do sindicalismo revolucionário da França para Espanha, Itália, América Latina, e dos países germânicos do norte, onde vigorosas minorias anarcossindicalistas existiam na Alemanha, Suécia e Holanda.

A questão sindicalista foi dramatizada por um grande debate entre Malatesta e Monatte, que enfatizaram a presença de duas correntes de opinião anarquista nitidamente identificáveis nessa época. Monatte considerava o sindicato revolucionário como o meio e o fim da ação revolucionária. Por meio dos sindicatos, os trabalhadores poderiam levar avante sua luta contra o capitalismo e precipitar seu fim definitivo pela greve geral milenar; depois, os sindicatos poderiam tornar-se a estrutura básica da nova sociedade, onde a solidariedade dos trabalhadores alcançaria forma concreta pela organização industrial.

Não obstante sua devoção idealista pela causa anarquista, Malatesta possuía uma mentalidade demasiado prática para ignorar a arma que as formas sindicalistas de ação podiam colocar em suas mãos. Mas ele insistiu que o sindicalismo poderia ser encarado apenas como um meio e ainda por cima um meio imperfeito, visto basear-se numa rígida concepção de sociedade de classe, que desconhecia o fato de que os interesses dos trabalhadores variavam tanto que "às vezes os trabalhadores estão econômica e moralmente bem mais próximos da burguesia que do proletariado". Ademais, o mergulho nos assuntos sindicais e uma simples confiança na greve geral não eram só quimera; também levaram os militantes revolucionários a negligenciar outros meios de luta e, particularmente, a ignorar que a grande tarefa revolucionária não consistiria no fato de os trabalhadores pararem de trabalhar, mas, como Kropotkin assinalara, de eles "continuarem trabalhando por sua própria conta e risco". Os sindicalistas radicais, na opinião de Malatesta, estavam buscando uma solidariedade econômica ilusória, ao invés de uma real solidariedade moral. Eles colocavam os interesses de uma única classe acima do verdadeiro ideal anarquista de uma revolução, que procurava "a liberação completa de toda a humanidade, atualmente escravizada, do tríplice ponto de vista: econômico, político e moral".

Outras duas questões – antimilitarismo e organização do movimento anarquista – ocuparam a atenção do Congresso. Seus delegados identificavam a luta contra a guerra com a luta contra uma sociedade autoritária, e uma solução que surgiu no final combinou ambos conceitos.

> Os anarquistas instigam seus companheiros e todos os homens que aspiram à liberdade a lutarem conforme as circunstâncias e seu próprio temperamento, e por todos os modos – revolta individual, recusa isolada ou coletiva de serviço, desobediência passiva e ativa, e o golpe militar –, para a radical destruição dos instrumentos de dominação. Eles exprimem o desejo de que todos os povos interessados responderão a qualquer declaração de guerra pela insurreição e consideram que os anarquistas darão o exemplo.

Era uma solução arrojada e bombástica, mas vaga e, como um dos delegados rápido sugeriu, não proporcionava o que era realmente necessário, "um concreto programa de propaganda e ação antimilitarista". Mas, dadas a ênfase anarquista na ação autônoma e a desconfiança em qualquer tipo de decisão centralizada, que podia ser interpretada como ligação entre grupos e indivíduos, um programa concreto era justamente o que um Congresso Internacional não poderia fornecer.

Nessa época, a organização foi uma questão crucial no movimento anarquista. Muitos militantes, em particular entre os franceses, não compareceram ao Congresso por sua oposição a toda organização mais elaborada do que o livre grupo local. No entanto, houve ainda um considerável debate sobre a questão de até onde a organização poderia ser levada. Finalmente, o Congresso chegou à conclusão – rejeitada por muitas críticas dentro do movimento – de que "as ideias de anarquia e de organização, longe de serem incompatíveis, como às vezes têm-se alegado, de fato se complementam e se esclarecem reciprocamente". Como manifestação prática dessa crença, os anarquistas reunidos decidiram fundar uma outra Internacional e estabelecer um escritório, de que Malatesta, Rocker e Schapiro eram membros, encarregado de "criar arquivos anarquistas internacionais" e de manter relações com os anarquistas de diversos países. Este escritório devia funcionar em Londres e organizar, além disso, um Congresso Internacional em 1909.

Na verdade, um modelo familiar se repetia. O Congresso de 1909 jamais ocorreu e a nova Internacional levou uma existência breve e doentia. Seu Escritório começou a publicar um boletim mensal de informação, mas este cessou de aparecer no começo de 1909, no décimo segundo número, após lamentar que "a apatia dominou todos aqueles que clamavam bem alto no Congresso sobre a necessidade da Internacional Anarquista". Ao longo de 1911, o Escritório – e com ele a Internacional – cessou suas atividades.

Durante o ano de 1914, o pêndulo mais uma vez oscilou para longe da indiferença, e um projeto para um novo Congresso Internacional em Londres foi lançado pelos grupos judaicos do Extremo Oriente, mas a guerra irrompeu antes que ele pudesse realizar-se. A guerra ocasionou não só o isolamento dos movimentos nacionais pelas fronteiras hostis e a sua perseguição por governos beligerantes com base nos interesses de segurança, mas também o cisma sobre a questão de apoiar os aliados, que já discuti com respeito a Kropotkin. Por esses vários motivos, os movimentos anarquistas, salvo na Espanha neutra, emergiram da guerra muito enfraquecidos, e o Congresso de Amsterdam permaneceu como seu último encontro internacional importante até o fim do período que examino na presente obra.

Não obstante, uma Internacional moderadamente bem-sucedida e, pela primeira vez, durável, emergiu, durante os anos iniciais de 1920, da facção anarcossindicalista do movimento. Na fase inicial do sindicalismo, os anarquistas, em especial na França e na Itália, andaram em companhia dos sindicalistas reformistas, nas mesmas federações. Primeiro, esses organismos buscaram unidade dentro da Internacional Sindical *(Trade Union International),* fundada em Amsterdam, em 1905. Nela, por alguns anos, os anarcossindicalistas constituíram uma ala esquerda permanentemente incômoda e, em 1911, o desejo de afastar-se da maioria reformista da Internacional de Amsterdam atingiu o ponto em que eles começaram a pensar seriamente na formação de uma organização independente. Na realidade, a ideia estava sendo divulgada desde o Congresso anarquista de 1907, quando Christian Cornelissen fundara um *Bulletin International du Mouvement Syndicaliste* (Boletim Internacional do Movimento Sindicalista), que servia como um meio para trocar opiniões e informações entre as facções sindicalistas revolucionárias nos vários países europeus e americanos.

No fim de 1913, um Congresso Sindicalista Internacional, em Londres, foi assistido por delegados de doze países da Europa e da América do Sul. A guerra sobreveio antes que a organização, que se buscava fundar, pudesse pôr-se em atividade e, em 1918, o anseio sindicalista voltado para uma organização internacional foi desviado, temporariamente, pela Revolução Russa. Depois de outubro de 1917, os bolcheviques, com assiduidade, cortejaram os anarcossindicalistas naqueles países onde eles representavam a maioria dos movimentos revolucionários e, por ocasião da fundação do Congresso do Comintern, em julho de 1920, apareceram representantes de quase todas as organizações anarcossindicalistas da Europa, tanto quanto da IWW americana.

Desde o início desse Congresso, via-se claramente que os sindicalistas estavam desgostosos com a forma rigidamente sectária que os bolcheviques tentavam impor ao Comintern e, por esse motivo, os líderes russos decidiram que podia ser mais fácil acomodá-los numa organização isolada, de sindicatos revolucionários. Com esse propósito, após um ano de preparação, reuniu-se um congresso em Moscou, durante o mês de julho de 1921, a fim de criar a Internacional Vermelha de Federações Trabalhistas *(Red International of Labour Unions)*, melhor conhecida como Profintern. Os anarcossindicalistas, que haviam realizado um breve encontro internacional em Berlim, em dezembro de 1920, para discutir sua atitude com relação ao Profintern, concordaram em dela participar, desde que ela se tornasse completamente independente dos partidos políticos e visasse reconstruir a sociedade por meio da "organização econômica das classes produtoras". Este esforço em criar uma política sindicalista para um órgão comunista malogrou pelo fato de que o Congresso do Profintern foi eficazmente dominado pela Aliança Central de Sindicatos Russos *(Central Alliance of Russian Trade Unions)*, controlada pelos bolcheviques.

A consequência imediata foi uma dissidência nas fileiras anarcossindicalistas. As organizações menores da Europa setentrional – Alemanha, Suécia, Holanda e Noruega – retiraram-se em seguida, mas as organizações maiores – espanhola, italiana e francesa – permaneceram durante algum tempo, na expectativa de formarem uma minoria eficiente. Por iniciativa da Federação Alemã de Trabalhadores Livres *(German Freie Arbeiter Union)*, os grupos que se retiraram realizaram uma conferência em Düsseldorf, durante o mês de outubro de 1921, e decidiram convocar um Congresso Sindicalista Revolucionário geral, em Berlim, no ano seguinte. Nesse ínterim, as organizações italiana e espanhola abandonaram o Profintern no decurso de 1922, e a facção anarquista da CGTU francesa logo dividiu-se, deixando a maioria dos componentes dessa organização no campo comunista. Desse modo, ainda que muitos sindicalistas individuais se convertessem ao comunismo, quase todas as organizações anarcossindicalistas da Europa Ocidental romperam seus laços com Moscou, à época do Congresso de Berlim, reunido em 22 de dezembro de 1922.

Este Congresso foi assistido por delegados de doze países, representando organizações que diziam possuir pouco mais de um milhão de membros. As mais importantes eram a *Unione Sindicale Italiana* (Federação Sindical Italiana), com 500 mil membros; a *Federación Obrera Regional Argentina* (Federação Operária Regional Argentina), com 200 mil membros; a Confederação Geral de Trabalho Portuguesa, com 150 mil membros; e a *German Freie Arbeiter Union* (Federação Alemã de Trabalhadores Livres), com 120 mil membros. Havia organizações menores do Chile, da Dinamarca, da Noruega, do México, da Holanda e da Suécia, cuja *Sveriges Arbetares Central* (Central Sueca de Trabalhadores), então afirmando possuir mais de 30 mil membros, continuou a ser a mais durável de todas as federações sindicalistas. O *Comité de Défense Syndicaliste Révolutionnaire* (Comitê de Defesa Sindicalista Revolucionário) francês representou 100 mil anarcossindicalistas, que se afastaram do Profintern, e 30 mil trabalhadores da construção civil, de Paris, enviaram uma delegação à parte. Finalmente, havia os representantes dos anarcossindicalistas russos exilados.

A decisão mais importante do Congresso foi estabelecer uma Internacional de Sindicalistas Revolucionários *(International of Revolutionary Syndicalists)* e enfatizar sua continuidade como passado anarquista, ao escolher o antigo nome de Associação Internacional de Trabalhadores *(International Workingmen's Association)*. Os delegados também aprovaram um prolixo documento intitulado *Os Princípios do Sindicalismo Revolucionário (The Principles of Revolutionary Syndicalism)*, cujos dez parágrafos reafirmavam, de forma sucinta, os princípios básicos do sindicalismo revolucionário, rejeitavam o nacionalismo, o militarismo e a atividade política, e, ao declararem o comunismo livre como a meta do esforço sindicalista, pelo menos submetiam-se docilmente à outra corrente do pensamento anarquista e ao seu falecido líder, Kropotkin.

Durante o ano de 1920, a nova Internacional expandiu-se de maneira notável. A CNT espanhola entrou com quase um milhão de membros em 1923, e pequenas federações na Polônia, na Bulgária e no Japão também se associaram. Na América Latina, foi fundada, em 1928, uma Associação Continental de Trabalhadores *(Continental Workingmen's Association)* composta de federações sindicalistas na Argentina, México, Brasil, Costa Rica, Paraguai, Bolívia, Guatemala e Uruguai, com seu quartel-general primeiro em Buenos Aires e mais tarde em Montevidéu. Esta organização ingressou na Associação Internacional de Trabalhadores como sua divisão americana.

No seu apogeu, a Associação Internacional de Trabalhadores contava com mais de três milhões de membros, mas é preciso lembrar que, de modo nenhum, nem todos eles eram anarquistas convictos e que os membros de algumas das organizações componentes, como a CNT espanhola, flutuavam muito conforme as circunstâncias econômicas e políticas. Além disso, a expansão da ditadura durante os anos entre guerras logo começou a afetar o movimento sindicalista. Foram as organizações mais amplas que se tornaram as mais precoces vítimas. A *Unione Sindicale Italiana* desmoronou com o advento do fascismo, a que se seguiu a extinção dos movimentos português, argentino e alemão e, finalmente, em 1939, a federação mais ampla de todas, a CNT, foi reduzida a um remanescente de exilados, pela vitória de Franco na Guerra Civil.

Esses contratempos políticos tornaram precária ao extremo a vida da Associação Internacional de Trabalhadores. Desde sua fundação em 1922, o centro permaneceu por uma década em Berlim, onde o principal trabalho organizacional foi levado a cabo por alemães, suecos e holandeses, conduzidos por Rudolf Rocker, durante muitos anos a figura-líder na IWMA. Quando a ameaça da ditadura nazista cresceu forte em 1932, o Escritório Internacional *(International Bureau)* foi transferido para Amsterdam e lá permaneceu até 1936. Nesse ano, o sindicalismo assumiu um papel dramático com a deflagração da Guerra Civil espanhola, e o Escritório deslocou-se para Madri onde, no centro do conflito, desempenhou importante função, ao expor a causa anarquista para movimentos trabalhistas de outros países. Afinal, em 1939, fez sua última transferência para Estocolmo, onde tem permanecido desde então, protegido e sustentado pela ainda ativa *Sviriges Arbetares Central.*

O motivo por que a Internacional anarcossindicalista tem sobrevivido, mesmo como uma sombra de sua mais antiga individualidade, enquanto todas as organizações internacionais de anarquistas puristas têm levado vidas breves e infrutíferas – ou têm até fracassado para sobreviver aos congressos que as fundaram – pode ser encontrado, pelo menos parcialmente, na natureza das organizações sindicalistas. Quase todos os seus membros militantes podem ser libertários dedicados, mas a maior parte do povo seriam trabalhadores buscando o melhor tipo de vida que podem encontrar aqui e agora. Por isso, mesmo o sindicato revolucionário deve partilhar com os sindicatos comuns uma estabilidade e até – embora esta possa ser abertamente negada – uma centralização de estrutura, que jamais é encontrada entre os grupos puramente anarquistas dedicados à propaganda pela palavra ou pela ação.

O anarquista purista – seja um intelectual, um ativista direto ou um profeta secular – é um individualista que trabalha com outros individualistas. O militante sindicalista – mesmo quando denomina a si próprio um anarcossindicalista – é um organizador que trabalha com as massas. A seu próprio modo, ele desenvolve uma concepção organizacional, e isto o torna mais capaz de bem executar planos elaborados e de conduzir uma associação complexa trabalhando durante um longo período. Houve homens dessa espécie, como veremos, tanto na CGT francesa como na CNT espanhola. No caso da Associação Internacional de Trabalhadores, os intelectuais alemães, suecos e holandeses, que dirigiram a organização, eram homens que combinaram os ideais libertários com um respeito pela eficiência, decorrente de suas respectivas culturas germânicas.

Examinando a história passada das Internacionais anarquistas, parece evidente que, logicamente, o anarquismo puro vai contra sua própria natureza, ao tentar criar uma Internacional elaborada, ou até organizações nacionais, que necessitam de certo grau de rigidez e centralização para sobreviver. A livre e flexível afinidade de grupo é a unidade natural do anarquismo. Tampouco parece necessitar de algo mais elaborado para tornar-se internacional conforme seu caráter, desde que as ideias anarquistas foram capazes de se expandir a grande distância sobre a Terra – nos dias em que eram historicamente adequadas – por uma invisível rede de contatos pessoais e influências intelectuais. Todas as Internacionais anarquistas malograram porque eram desnecessárias.

O sindicalismo, porém, mesmo em sua forma revolucionária, necessita de organizações um pouco estáveis, e logra êxito ao criá-las justamente porque se move num mundo que, só em parte, é governado por ideais anarquistas, pois deve considerar e fazer concessões à situação diária de trabalho, e também porque deve manter a lealdade de grande quantidade de homens trabalhadores, que apenas remotamente estão conscientes do objetivo final do anarquismo. O relativo êxito e a consequente durabilidade da segunda Associação Internacional de Trabalhadores não é, portanto, nenhum verdadeiro triunfo do anarquismo, mas, antes, um exemplo para uma época em que alguns anarquistas aprenderam a transigir profundamente com as condições reais de um mundo pré-anarquista.

Anarquismo na França

Na Inglaterra, com Winstanley e Godwin, o anarquismo surgiu pela primeira vez como doutrina social reconhecida. Na Espanha, recebeu seu maior apoio numérico. Na Rússia, com Kropotkin, Bakunin e Tolstoi, deu origem ao grupo mais ilustre de teóricos. Por várias razões, contudo, a França merece posição de destaque entre os países que contribuíram para a tradição anarquista. Não apenas porque seja o país de Proudhon, em que as muitas variações do anarquismo encontraram inspiração máxima, ou porque os discípulos mutualistas de Proudhon tivessem elaborado, na Primeira Internacional, o modelo de um movimento anarquista organizado; ocorre também que, na França, as diversas implicações do anarquismo foram exploradas com paixão e lógica extremas, raras em qualquer outra parte. Na França, pela primeira vez produziu-se a única forma de anarquismo que recebeu verdadeiro apoio de massa – o anarcossindicalismo; na França, a tendência contraditória do extremo individualismo resultou no desfecho sombrio graças a grupos de infatigáveis assassinos. Na França, entretanto, o anarquismo, enquanto doutrina de profundidade quase espiritual, cativou também a imaginação de poetas e pintores, a tal ponto que suas ligações com o Simbolismo e o Pós-Impressionismo constituem um dos mais interessantes aspectos daquele mundo *fin-de-siècle*, no qual ele alcançou apogeu fecundo e excepcional.

Como já mostrei, os primeiros movimentos do anarquismo francês foram realizados pelos Enragés de 1793 e os operários mutualistas de Lyon, a quem Proudhon ligou-se nos anos de 1840. Em 1848, o anarquismo foi particularmente associado a Proudhon, e este, com a colaboração de seus discípulos – Darimon, Duchêne, Langlois, Ramon de la Sagra –, por meio do *Le Répresentant du Peuple* e do Banco do Povo, num certo sentido consolidou a forma primitiva do grupo anarquista oficial, dedicado não ao partidarismo político, mas ao serviço da organização propagandística e econômica.

Já falamos o suficiente sobre o significado de Proudhon e a maneira coerente com que ele personificou o ponto de vista anarquista durante os negros dias bonapartistas, de 1849 até sua morte em 1865. Antes, porém, de começarmos a abordar a ampliação do anarquismo num movimento distinto, através das atividades de seus seguidores, convém considerarmos três homens que gozam de menor popularidade e que, durante esse período inicial, fizeram contribuições independentes para a tradição anarquista na França.

Quase todos os revolucionários que se voltaram para o anarquismo, como consequência de 1848, fizeram-no em virtude de uma percepção tardia de sua natureza, mas pelos menos um homem à parte, Proudhon, justificou a posição libertária no momento mesmo em que transcorria o Ano das Revoluções. "Anarquia é ordem: governo é guerra civil." Com tal *slogan*, intencional paradoxo à maneira dos de Proudhon, Anselme Bellegarrigue fez sua breve e obscura aparição na história do anarquismo. Ao que parece, Bellegarrigue foi um homem de alguma formação intelectual, mas pouco se sabe a respeito de sua vida antes das vésperas de 1848; no dia 23 de fevereiro regressou a Paris de uma viagem aos Estados Unidos, onde se encontrou com o presidente Polk a bordo de um vapor no Mississipi e revelou certa admiração pelos aspectos menos individualistas da democracia norte-americana. De acordo com seu próprio relato, tal como Proudhon, impressionou-se pouco com a revolução que irrompeu na primeira manhã de seu retorno a Paris. Um oficial da Guarda Nacional, à porta do Hôtel de Ville, vangloriava-se dizendo-lhe que, daquela vez, a vitória não seria roubada aos trabalhadores. "Eles já a roubaram de vocês", retrucou Bellegarrigue. "Não é então que nomearam novo governo?"

Provavelmente Bellegarrigue deixou logo Paris, pois mais tarde, naquele mesmo ano em Toulouse, ele publicou a primeira de suas obras que restaram, um panfleto com o título

Au Fait! Au Fait! Interprétation de l'Idée Démocratique; a epígrafe diz: "Um povo é sempre governado em excesso". Durante 1849, Bellegarrigue escreveu artigos contra a República num jornal de Toulouse, o *La Civilization,* mas no início de 1850 mudou-se para o povoado de Mézy, próximo de Paris, onde com um grupo de amigos que haviam formado uma Associação de Livres-Pensadores tentou organizar uma comunidade dedicada à propaganda libertária e à vida natural. Suas atividades, aparentemente inofensivas, não tardaram em chamar a atenção da polícia; um de seus membros, Jules Cledat, foi preso, e a comunidade desfeita em seguida.

Bellegarrigue retornou a Paris e lá planejou um jornal mensal consagrado à divulgação de suas ideias. O primeiro número de *L'Anarchie: Journal de l'Ordre* saiu em abril de 1850, sendo o primeiro periódico a, de fato, adotar o rótulo de anarquista, e Bellegarrigue combinou as funções de editor, diretor e único contribuinte. Por falta de recursos financeiros, houve apenas duas edições do *L'Anarchie,* e embora Bellegarrigue posteriormente tivesse planejado um *Almanach de L'Anarchie* este, ao que parece, não chegou a ser publicado. Pouco depois, este pioneiro libertário e esquivo desapareceu no coração da América Latina, onde, segundo dizem, trabalhou como professor em Honduras e até mesmo – mas por pouco tempo – atuou como oficial de governo em El Salvador, para morrer mais tarde tal – como nascera – em data e local ignorados.

Bellegarrigue situa-se muito próximo de Stirner no extremo individualista do espectro anarquista. Dissociou-se de todos os revolucionários políticos de 1848 e respeitava muito pouco inclusive Proudhon, a quem se assemelhava em muitas de suas ideias e do qual extraíra bem mais do que fora capaz de admitir, aceitando tão-somente que "às vezes ele sai da velha rotina para lançar alguns esclarecimentos sobre assuntos de interesse geral".

Por vezes Bellegarrigue proferia palavras que refletiam um egoísmo solipsista: "Nego tudo; afirmo apenas a mim mesmo... Sou, e este é um fato positivo. Tudo o mais é abstrato e enquadra-se no X matemático, no incógnito... Na face da Terra não pode existir interesse superior ao meu, nenhum interesse pelo qual eu deva sequer sacrificar parte dos meus interesses". Contudo, numa contradição flagrante, Bellegarrigue aderiu à tradição anarquista essencial ao formular sua ideia de sociedade como necessária e natural, como tendo "uma existência primordial que resiste a todas as devastações e a todas as desorganizações". A expressão da sociedade, Bellegarrigue via-a na comunidade, que não é uma construção artificial, mas um "organismo fundamental", e a qual, desde que não sofra interferência dos governantes, sem dúvida reconciliará os interesses dos indivíduos que a compõem. É do interesse de todos os homens observar "as normas da harmonia providencial", e por esse motivo todos os governos, todos os exércitos e todos os órgãos burocráticos devem ser suprimidos. Tal tarefa não deve ser realizada seja por partidos políticos, que sempre buscarão a dominação, seja pela revolução violenta, que exige líderes a exemplo de qualquer outra operação militar. O povo, uma vez esclarecido, agirá por si mesmo.

> Ele fará sua própria revolução, pelo exclusivo poder de direito, pela força de inércia, *pela recusa de cooperar.* Da recusa de cooperar provém a abolição das leis que legalizam o assassínio e a proclamação da igualdade.

Essa concepção de revolução por meio da insubmissão civil sugere que, nos Estados Unidos, Bellegarrigue possivelmente contatou pelo menos com as ideias de Thoreau, e reconhecem-se mais elementos que antecipam o anarquismo individualista norte-americano, quando Bellegarrigue sublinha a posse como garantia de liberdade, embora, evidentemente, nesse aspecto concordasse com Proudhon. Seu traçado da marcha do indivíduo livre destaca-o com nitidez da tendência coletivista ou comunista no anarquismo.

Ele trabalha, portanto reflete; ele reflete, portanto ganha; ele ganha, portanto possui; ele possui, portanto é livre. *Por meio dos bens, opõe-se ao princípio do Estado, pois a lógica deste exclui rigorosamente os bens individuais.*

Uma corrente diversa de anarquismo é representada pelos outros dois homens de 1850 que merecem nossa atenção. Ao contrário de Proudhon e Bellegarrigue, Ernest Coeurderoy e Joseph Déjacque envolveram-se fisicamente na Revolução de 1848. Como jovens na casa dos vinte anos, participaram ativamente do levante de fevereiro, e Déjacque lutou nas barricadas da insurreição dos trabalhadores durante o mês de junho de 1848. Foi preso, mas solto a tempo de tomar parte, tal como Coeurderoy, da insurreição de 13 de junho de 1849, quando os republicanos da montanha levantaram-se tardiamente contra a presidência de Napoleão Bonaparte. Coeurderoy fugiu para a Suíça e, na sua ausência, foi condenado ao desterro. Déjacque livrou-se, recebendo sentença leve, mas dois anos mais tarde também fugiu, procurando evitar uma punição pesada por ter escrito versos revolucionários; na sua ausência, foi condenado a dois anos de prisão.

Coeurderoy passou o resto da vida no exílio, viajando sem intervalo de um país a outro – Espanha, Bélgica, Itália, Suíça –, e acabou por morrer na pobreza, perto de Genebra em 1862. Déjacque chegou mais longe; em 1854 aportou em Nova York e dividiu dez anos de sua vida entre esta cidade e Nova Orleans. Em 1861, retornou à França e, ao que parece, morreu em data incerta nos anos de 1860, embora os registros de sua morte sejam inexatos e contraditórios; segundo um deles, morreu demente em 1864; segundo outro, cometeu suicídio em 1867; e ainda segundo um terceiro encontrou conforto na religião e morreu serenamente em época não identificada. As dúvidas que pairam sobre sua morte indicam a obscuridade em que foram vividos seus últimos anos. Não apenas existem notáveis paralelos entre as vidas de Coeurderoy e Déjacque, como também seus escritos revelam o mesmo desespero sombrio, um desespero que deve ter sido comum aos exilados desiludidos do Segundo Império.

Coeurderoy, que era médico e intelectual, tornou-se mais conhecido por uma autobiografia filosófica que recebeu o nome de *Jours d'Exil,* publicada por ele em Bruxelas em 1854, mas escreveu ainda, ao longo da mesma década, inúmeras obras polêmicas, entre as quais *Révolution dans l'Home e dans la Societé,* o amargamente irônico *Hurrah! ou la Révolution par les Cosaques,* e uma *Carta a Alexander Herzen,* cujas ideias muito o influenciaram.

A trajetória de Coeurderoy parece tê-lo levado ao jacobinismo, passando pelo blanquismo, até a última rejeição, no exílio, de todos os grupos revolucionários políticos e autoritários. Caracterizou tal ruptura por meio da publicação, em 1852, de um panfleto em que atacava, entre outros venerados expatriados, Mazzini, Ledru-Rollin, Cabet e Pierre Leroux. Sintomaticamente, omitiu Proudhon da galeria de homens que enfaticamente rejeitara.

Coeurderoy não foi um escritor inteligível ou preciso. De estilo romanticamente exuberante, era dado a prolixas passagens de profecias rapsódicas. Ao mesmo tempo, nutria uma paixão pela destruição tão extraordinária quanto a de Bakunin. Acreditava que talvez fosse necessário um novo barbarismo antes da regeneração da sociedade. Almejava voltar o facho de luz para o velho mundo, partindo da casa do próprio pai.

> Desordem é salvação, é ordem (clamava ele). O que lhe causa medo na revolta de todos os povos, no desencadear de todos os instintos, no choque de todas as doutrinas?... Revolucionários anarquistas, nossa única esperança está no dilúvio humano, nossa única esperança está no caos; nosso único recurso não é outro senão uma guerra generalizada.

A ideia de uma guerra generalizada libertadora, de uma revolta universal dos povos, obcecava Coeurderoy; em nenhuma outra parte o apelo apocalíptico no anarquismo atinge a mesma intensidade das passagens proféticas de *Hurrah! ou la Révolution par les Cosaques,* onde o destrutivismo e o satanismo combinam-se para formar uma espantosa visão do homem que se levanta e afirma a sua dignidade por meio dos processos paradoxalmente revificadores da guerra:

"Avante! Avante! Guerra é Redenção! É Deus que a deseja, o Deus dos criminosos, dos oprimidos, dos rebeldes, dos pobres, de todos os que se sentem atormentados, o Deus Satânico cujo corpo é de enxofre, cujas asas são de fogo e cujas sandálias são de bronze! O Deus da coragem e da insurreição que desencadeia a fúria de nossos corações – nosso Deus! Basta de conspirações isoladas, basta de partidos tagarelas, basta de sociedades secretas! Tudo isso é nada, e nada consegue alcançar! De pé, homem, de pé, povos, de pé, todos os descontentes! De pé pelo direito, pelo bem-estar e pela vida! De pé, pois em poucos dias serão milhões. Avante, em volumosos oceanos humanos, em volumosas massas de bronze e ferro, rumo à vasta música das ideias! O dinheiro deixará de ser eficaz contra um mundo que se levanta! Avante, de um pólo a outro, avante, todos os povos, da aurora ao ocaso! Que o globo estremeça sob seus pés! Avante! Guerra é vida! A guerra contra o mal é uma guerra benéfica!

Essa é a visão da revolução mundial à imagem de Armagedon, e, no entanto, por debaixo da violência de suas frases escondem-se ideias advogadas de maneira mais sóbria por Kropotkin e mesmo Proudhon: a de que os métodos políticos são ineficazes, a de que a libertação dos povos é tarefa que a eles próprios cabe, a de que nenhum poder conseguiria resistir contra uma humanidade resoluta e unida numa guerra que combate a injustiça e o mal social.

Coeurderoy opunha-se à conspiração e à sociedade secreta, traços de seu próprio passado blanquista, e, nesse sentido, o fato de ele sustentar a violência, com efeito, não anuncia a posição dos que surgiram depois nos anos de 1870 como propagandistas da ação. Ele não concebia a ação como um ato preparatório ou provocativo; ele a concebia como um fato apocalíptico, parte integrante de um processo de libertação cumulativo e irresistível pela destruição.

Por outro lado, temos em Déjacque o verdadeiro antepassado dos teóricos da propaganda pela ação e dos assassinos ascéticos dos anos de 1890. Mas também encontramos um homem para quem o paradoxo de uma ordem natural que surge da desordem fora tão provocativo quanto para Proudhon. Tal como este, Déjacque era um trabalhador manual – um tapeceiro – com espírito de originalidade, uma potencialidade natural para escrever e uma notável cultura de autodidata. Denominava-se "poeta social" e publicou dois livros de poesia acentuadamente didática: *Lazaréennes* e *Les Pyrénées Nivelées*. Em Nova York, de 1858 a 1861, editou um jornal chamado *Le Libertaire, Journal du Mouvement Social*, em cujas páginas imprimiu, em série, sua visão da utopia anarquista, sob o título de *L'Humanisphère*. E expôs sua "guerra à civilização por meios criminosos" num tratado intitulado *La Question Révolutionnaire*, escrito em 1852 nos tranquilos jardins de Jersey e lido para uma assistência que o censurou unanimemente na Sociedade da República Universal, em Nova York, antes de ser publicado naquela cidade em 1854.

A defesa da violência postulada por Déjacque foi tão radical a ponto de desconcertar até mesmo os anarquistas de uma geração posterior, pois quando Jean Grave republicou o *L'Humanisphère*, em 1899, ele próprio tratou de eliminar muitas das passagens que poderiam vir a ser interpretadas como incitamentos a atos criminosos. Ao contrário de Coeurderoy, Déjacque conservou a ideia de uma ação secreta e conspiratória como forma de destruir a velha sociedade a fim de abrir caminho rumo à nova. Ele contemplou uma campanha para a abolição definitiva da religião e da propriedade, da família e do Estado, que seria levada a cabo por pequenos grupos de anarquistas, cada qual compreendendo três ou quatro atuantes diretos dispostos a empregar o aço, o veneno e o fogo para apressar a destruição da velha ordem. Sem dúvida, a despeito de sua confessa admiração por Proudhon, Déjacque avançou para muito além dele, atacando instituições – como a da família – que Proudhon considerava núcleos sagrados de uma sociedade livre e aconselhando meios que Proudhon, embora jamais se tivesse declarado pacifista, julgaria repugnante devido à sua amoralidade. Convicto de que todas as restrições morais deveriam ser relaxadas em nome da Revolução, Déjacque antecipou Nechayev, mas recusou a concepção de Nechayev da disciplina hierárquica como necessária para o movimento revolucionário.

Déjacque equilibrou a paixão pela destruição com a paixão igualmente forte pela ordem, a qual desenvolveu em *L'Humanisphère*. Por razões que já discutimos, raramente os anarquistas construíram utopias, mas o mundo humanisférico de Déjacque, que, segundo sua concepção, tomaria forma em torno do ano 2858, situa-se dentro da autêntica tradição utópica e, de uma certa forma extraordinária, antecipa a visão do futuro que H. G. Wells projetou em *Men Like Gods*.

> O homem que detém o cetro da ciência, diz Déjacque, tem doravante o poder que, anteriormente, atribuía-se aos deuses, nos bons e velhos tempos de ignorância alucinada, e, de acordo com sua vontade, ele cria a chuva e o tempo bom, além de comandar as estações.

Como resultado desses poderes divinos, o homem humanisférico faz o deserto florescer e leva aos pólos uma eterna primavera; canaliza o calor dos vulcões e domestica os animais de rapina, de modo a tornar leões em animais de estimação. Percebe-se logo, nesse tipo de fantasia futurista, a influência de Fourier, e quando abordamos as propostas de Déjacque para a organização social notamos a evidente influência falansteriana; trata-se de um Fourier modificado pelo seu oposto: Proudhon.

No mundo do futuro de Déjacque, as grandes metrópoles do século XIX desaparecerão, e em seus lugares irão se erguer os monumentais edifícios de reuniões, chamados ciclídeons, cada qual capaz de acolher milhões de pessoas e concebidos por Déjacque como "altares do culto social, igrejas anárquicas da humanidade utópica". Neles, numa total liberdade de discussão, poder-se-á ouvir "a voz poderosa e livre do público"; neles, as cerimônias solenes do mundo libertário e suas amplas manifestações universais – uma ideia que perseguiu os anarquistas e, na mesma intensidade, os príncipes liberais antiquados – terão lugar num esplendor grandiloquente.

Ao mesmo tempo, a vida operária das pessoas será descentralizada para o interior das humanisferas, que apresentam forte semelhança com os falanstérios de Fourier, mas sem sua organização hierárquica. Cada uma abrigará cinco ou seis mil pessoas, alojadas em enorme edifício que se ramifica em doze alas como imensas estrelas-do-mar. Embora a forma física da comunidade hemisférica seja fixada com rigidez pelo seu autor, a vida no seu interior será regida pelos princípios da liberdade completa, de modo que os membros poderão trocar de aposentos e de trabalho tanto quanto o desejem, visto que as atividades serão organizadas segundo o princípio de atração de Fourier. A família será abolida, o amor será livre, as crianças, acomodadas separadamente, receberão cuidados daqueles cujos instintos de maternidade e paternidade acham-se bem desenvolvidos. Oficinas e depósitos serão integrados no plano estelar da humanisfera e no centro ficará o salão de reunião, um espaço dedicado à abordagem das "questões de organização social", no qual o aparentemente rígido plano físico da humanisfera será compensado pela sua liberdade intelectual.

Neste parlamento da anarquia, cada qual é seu próprio representante e par de seus camaradas. Oh, é muito diferente do que ocorre entre os civilizados; não se faz peroração, não se debate, não se vota, não se legisla, mas todos, velhos e jovens, homens e mulheres, discutem em comum as necessidades da humanisfera. É a própria iniciativa de cada indivíduo que lhe concede ou recusa o discurso, conforme ele julgue útil ou não falar. (...) A lei jamais é feita pela maioria ou pela minoria. Se uma questão exige a adesão de uma quantidade suficiente de trabalhadores para ser colocada em prática, constituam eles a maioria ou a minoria, ela será realizada, contanto que esteja de acordo com a vontade daqueles que a apoiam. E comumente acontece que a maioria reúne-se à minoria, ou a minoria à maioria... cada qual rendendo-se à atração de ver-se unida aos demais.

A solidariedade natural, em outras palavras, torna-se a força estimulante e concordante da humanisfera, tal como surge no mundo divisado por todos os anarquistas. Verdade é que existirá um departamento administrativo em cada humanisfera, mas "sua única autoridade é o *livro das estatísticas*". Assim como cada indivíduo será seu senhor em cada particular, também cada humanisfera será autônoma, e o único elemento relacional entre as diversas comunidades será o econômico, baseado na troca de produtos. Mas essa troca, de alguma forma, será livre, originando-se na benevolência universal e não levando em conta obrigações.

A troca ocorre naturalmente, não arbitrariamente. Desse modo, uma esfera humana poderá um dia dar mais e receber menos; isso tem pouca importância, pois noutro dia sem dúvida receberá mais e dará menos.

Nesse aspecto, combinado com outros elementos derivados de Fourier e Proudhon, identificamos uma clara antecipação das ideias de organização econômica elaboradas por Kropotkin em *A Conquista do Pão;* visto que Jean Grave republicou *L'Humanisphère,* é possível que seu amigo Kropotkin tenha conhecido as ideias de Déjacque.

Alonguei-me com certa minuciosidade ao tratar de Bellegarrigue, Coeurderoy e Déjacque com o propósito de mostrar a variedade de pensamentos entre os anarquistas franceses, mesmo durante o período inicial de 1850. Nenhum desses homens, entretanto, exerceu influência apreciável de qualquer espécie, seja direta ou indiretamente, e quando o anarquismo começou a ganhar importância mais uma vez na França, durante os anos de 1860, a princípio teve um caráter mutualista, originando-se quase que inteiramente das ideias que Proudhon formulou durante seus últimos meses no *De la Capacité Politique des Classes Ouvrières*. Embora alguns dos líderes mutualistas, tais como Tolain e Limousin, ao surgirem como candidatos a eleições tivessem se apoiado na atitude abstencionista de Proudhon no que dizia respeito à política, o movimento ganhou um caráter não político em suas linhas gerais, e procurou introduzir-se nas diversas associações de trabalhadores que começavam a aparecer como resultado da política de Napoleão III de tentar obter o apoio das classes mais baixas. O mutualismo não apenas tornou-se uma influência predominante em muitas dessas organizações, como também os seus partidários começaram, em várias direções, a reviver o jornalismo libertário.

Alguns dos propagandistas mais ativos eram amigos de Proudhon, como Darimon, por exemplo, que advogava operações bancárias populares no *La Presse,* e Langlois, que escreveu no *Rive Gauche,* o órgão dos intelectuais republicanos mais jovens. Mais representativo da tendência geral, porém, era o desejo dos trabalhadores proudhonianos de fundar seus próprios jornais; em junho de 1865 apareceu o *La Tribune Ouvrière,* anunciado pelos editores como "uma espécie de termômetro do desenvolvimento intelectual das classes trabalhadoras". Nos quatro números do *La Tribune Ouvrière,* entre os contribuintes mais ativos estavam os artesãos que antes se haviam envolvido com a criação da Internacional, em particular Tolain e Limousin. Evitavam os ataques políticos diretos ao governo e empenhavam-se em criticar as concepções de arte e ciência burguesas a partir do ponto de vista colocado por Proudhon em *Du Principe de l'Art,* mas seu indisfarçado anticlericalismo desagradava ao governo, que logo extinguiu a publicação. Os editores tentaram em seguida publicar um jornal em Bruxelas para ser introduzido na França. O primeiro número *do La Presse Ouvrière,* entretanto, foi apreendido pela guarda aduaneira e, embora uma das edições de seu sucessor, o *La Fourmi,* tivesse recebido permissão de ultrapassar a fronteira, a polícia emitiu o alerta de que apreenderia os números seguintes. Uma vez que se opunham à atividade clandestina, os mutualistas conformaram-se com a situação e passaram a contribuir com artigos para um jornal republicano conciliador, o *L'Avenir National.*

A associação e a confiança mútua dos trabalhadores eram as panaceias que os mutualistas formularam no *L'Avenir National*, como o fizeram no *Le Courrier Français*, jornal declaradamente socialista e proudhoniano que o poeta Vermorel fundou pouco depois. O próprio Vermorel era um jornalista intransigente e difícil, e, com as páginas do *Le Courrier Français*, ressurgiu no jornalismo parisiense uma centelha do fogo proudhoniano de 1848 e 1849. Duchêne e Tolain, Jules Guesde e Paul Lafargue escreveram nessas páginas, cuja vigorosa crítica, tanto ao governo quanto aos financistas, sustentou a reivindicação de Vermorel de ter sido ele quem levantou mais uma vez a bandeira do socialismo e proporcionou seu primeiro órgão autêntico e reconhecido desde o desaparecimento do *Le Peuple*. Seu destino não diferiu dos jornais de Proudhon. Prejudicado por perseguições, multas e processos difamatórios, extinguiu-se em 1868.

Nesse meio tempo, contudo, um importante movimento operário, dominado por ideias proudhonianas, começava a surgir como resultado das atividades da Internacional. Foram lentos os começos da Associação na França. Tolain, Fribourg e Limousin foram nomeados correspondentes franceses na abertura do Congresso de Londres de 1864, mas só abriram o escritório da Internacional em Paris nove meses mais tarde, aos 8 de julho de 1865. No início receberam fraco apoio, em grande parte porque os blanquistas, receando que a Internacional lhes arrebatasse uma significativa parcela de seguidores entre os operários parisienses, acusaram a organização de ser um instrumento dos bonapartistas, uma insinuação que pelo menos recebeu do interesse de Jerome Bonaparte um certo colorido na delegação de trabalhadores que compareceu à manifestação de Londres de 1862. Posteriormente, num esforço que procurava dissipar suspeitas, os membros da comissão convidaram 150 trabalhadores parisienses militantes para participarem de um encontro secreto. Insistiram então no caráter operário de sua organização, no desejo de recrutar o maior número de republicanos, na intenção de evitar a ação política. Seus esforços foram bem-sucedidos; uma nova e maior comissão, que incluía alguns dos críticos anteriores, foi designada, e a Internacional pôde ir-se espalhando pelas províncias, de modo que, por volta de setembro de 1865, os delegados franceses na Conferência de Londres podiam informar correspondentes em Lyon, Marselha, Rouen, Nantes e em diversas cidades menores.

Não obstante, o número de membros efetivos da Internacional na França durante muito tempo permaneceu baixo. À época do Congresso de Genebra, cm 1866, ao que parece estava abaixo dos 500. Contudo, pouco menos de quatro anos mais tarde, às vésperas da Guerra Franco-prussiana, a Internacional afirmava contar com 245 mil membros na França. São muitas as razões para um tão rápido crescimento. Os trabalhadores que se organizavam em sindicatos ficaram por muito tempo distantes da Internacional, em grande parte porque, a princípio, acreditava-se que seus líderes não aprovavam greves. Em seguida, no início de 1867, os bronzistas entraram em greve e a Internacional resolveu apoiá-los. Tolain viajou para Londres em busca de recursos financeiros e seu sucesso impressionou os empregadores de tal forma, que acabaram por atender às exigências dos grevistas. Como consequência, um sindicato após outro filiou-se à Internacional, que, durante esse período de inquietação trabalhista, continuou a apoiar os trabalhadores toda vez que proclamavam nova greve.

Tão logo a Internacional começou a atuar dessa maneira, terminou a tolerância que o governo imperial em princípio havia ampliado. As primeiras medidas oficiais contra a organização encontraram uma desculpa na participação de seus membros em demonstrações republicanas durante o novembro de 1867. No dia 30 de dezembro, Tolain e seus colegas da comissão de Paris foram chamados a juízo sob a acusação de pertencerem a uma organização ilegal com mais de vinte membros. Em março de 1868 foram multados e o sindicato dissolvido. Mas continuou a crescer na semi-clandestinidade. Antes da condenação da primeira comissão, já havia sido eleita uma segunda, aos 8 de março de 1868; seus líderes eram Eugène Varlin e Benoît Malon. Em poucos meses, também foram presos, porque Varlin havia organizado uma coleta de fundos para sustentar uma greve de operários de construção em Genebra; dessa vez, cada um dos acusados ficou três meses na prisão, e de novo a Internacional foi dissolvida. Continuou a atuar, porém, e inclusive sobreviveu a um terceiro julgamento, de modo que, no começo da Guerra Franco-Prussiana, a federação francesa legalmente inexistente tornou-se, em termos numéricos, a mais forte de toda a Internacional.

A elevação de Varlin e Malon a posições de influência era indicativa de profundas mudanças na orientação da Internacional francesa, as quais começaram nos primeiros dias de 1868. As ideias anarquistas continuaram a inspirar a organização, mas a arregimentação de grandes massas de trabalhadores organizados mudou a ênfase do mutualismo para o coletivismo. Além disso, a influência de Bakunin e sua Aliança começava agora a ter efeitos na França. Élie e Élisée Reclus ligaram-se estreitamente a Bakunin já a partir de 1864. Durante os anos que se seguiram, inúmeros outros militantes franceses entraram para a Aliança, inclusive Benoît Malon, Albert Richard, de Lyon, e Bastelica, de Marselha, enquanto Varlin, como consequência de suas atividades em Genebra, estabeleceu contatos duradouros com a Federação de Jura. Por intermédio desses homens, além de outros militantes menos conhecidos, em particular na região sul, as ideias de Bakunin começaram a penetrar num movimento operário que, por volta de 1869, já fundava os alicerces das Câmaras Federadas dos sindicatos, antecipando de perto as *Bourses de Travail* fomentadas pelos anarcossindicalistas vinte anos mais tarde. Uma grande influência ideológica sobre esses acontecimentos na França foi exercida pelo *L'Égalité*, que saiu publicado em Genebra, mas que, em princípio, deveria ser distribuído na França. Este jornal pretendia ser originalmente um órgão da Aliança bakuninista, mas posteriormente transformou-se no primeiro porta-voz da tendência libertária no interior da Internacional, e entre seus colaboradores estavam os homens que, em torno de 1868, haviam moldado as posições do movimento na França: Reclus, Malon, Varlin e Richard.

Ainda assim, nem todos os coletivistas franceses na Internacional foram absolutamente discípulos de Bakunin.

Varlin, apesar de suas ligações com os anarquistas de Jura e Genebra, ao que parece caminhou de maneira independente até alcançar sua posição coletivista. O bakuninismo puro exerceu influência tão-somente no Vale do Ródano, e foi a presença de grupos de partidários nas cidades do Midi que levou Bakunin, em setembro de 1870, a desempenhar seu único papel direto na história do anarquismo francês, quando ele viajou a Lyon para tomar parte da insurreição comunalista, a qual também era a primeira revolta francesa em que os anarquistas desempenharam um papel importante. Relatei já o fracasso, de certo modo cômico, cuja principal importância no presente contexto está no fato de que ilustra a falta de preparo dos bakuninistas do Midi para uma ação séria. O aspecto mais surpreendente da insurreição de Lyon talvez esteja em que não desacreditou o anarquismo do Vale do Ródano; com efeito, o fato de que foram os anarquistas os únicos a pelo menos tentarem uma ação revolucionária séria na região neste período lhes confere uma vantagem. Evidentemente, quando na França ressurgiu a doutrina, após os banimentos que se seguiram à Comuna de Paris, foi primeiro em Lyon que se fez sentir com sucesso seu poder de atração.

Entrementes, na Comuna de Paris de 1871, os internacionalistas exerceram um papel corajoso e importante. Sua posição se mostrara confusa durante a Guerra Franco-prussiana; Tolain e seus partidários haviam publicado uma declaração em que vagamente proclamavam a solidariedade internacional dos operários, e no início de agosto de 1870 alguns internacionalistas de Paris idearam uma trama abortiva para conquistar o Palais-Bourbon e proclamar a República Social, mas o antimilitarismo, que nas décadas posteriores tornou-se a posição anarquista predominante, não chegou a manifestar-se em nenhuma forma definida. Mesmo durante a Comuna, os grupos franceses da Internacional não haviam alcançado unanimidade quanto ao seu apoio, pois Tolain e alguns mutualistas continuaram afastados. Contudo, uma importante contribuição às atividades da Comuna e, em particular, à organização dos serviços públicos, foi feita por membros de várias facções anarquistas, incluindo-se os mutualistas Courbet, Longuet e Vermorel, os coletivistas libertários Varlin, Malon e Lefrançais, e os bakuninistas Élie e Élisée Reclus e Louise Michel. Todavia, a Comuna de fato conserva-se por si só como um episódio na história revolucionária. Nem os blanquistas nem os anarquistas, e ainda menos os marxistas, podem reivindicá-la como obra sua. Num sentido mais amplo, pode-se tomar como verdadeiro que a Comuna lutou sob a bandeira do federalismo proudhoniano; algumas frases do Manifesto dirigido ao povo francês, de 19 de abril de 1871, poderiam ter sido escritas pelo próprio Proudhon:

> A completa autonomia da Comuna estendeu-se a todas as localidades da França, garantindo a cada uma seus direitos integrais e a todos os franceses o pleno exercício de suas capacidades, como homens, cidadãos e trabalhadores. A autonomia da Comuna terá como limite apenas a idêntica autonomia de todas as demais comunidades que concordarem com o contrato; sua cooperação deve assegurar a liberdade da França.

Entretanto, mesmo os mutualistas e coletivistas da Comuna pouco fizeram para colocar em prática suas ideias durante o período em que dividiram o controle de Paris; contentavam-se em dar o melhor de si para levar avante os serviços existentes e com algumas poucas medidas reformistas que visavam o melhoramento das condições de trabalho. O máximo que se pode dizer é que eles mostraram com frequência que os operários podem ser eficientes administradores.

Em termos de história anarquista, os efeitos secundários da Comuna provavelmente foram mais importantes que a própria insurreição. O resultado imediato de seu malogro foi a extinção de todas as atividades socialistas e a aprovação de uma lei específica em março de 1872 pela qual se proibia a Internacional por ser uma organização subversiva. Isso significava que, por mais de uma década, toda atividade anarquista ou socialista na França era ilegal e deveria ser mantida em segredo. Outra importante consequência foi uma fuga em massa de todos os principais internacionalistas que – como Varlin – não haviam sido sumariamente mortos pelas tropas de Versailles ou – como Louise Michel – levados para as colônias penais. Muitos dos expatriados estabeleceram-se do outro lado da fronteira, nos cantões de fala francesa da Suíça; aí formaram um importante elemento na Internacional de Saint-Imier e procuraram criar uma base de onde a propaganda sairia direto para a França.

Na região sudeste da França, próxima da Suíça e, portanto, bastante aberta à influência da Federação de Jura e dos exilados partidários da Comuna de Paris, a atividade anarquista começou a aparecer depois dos meses de repressão que se seguiram à Comuna. As primeiras organizações formavam-se de pequenos grupos clandestinos que, nos finais de 1872, principiaram a restabelecer ligações com os bakuninistas que se encontravam do outro lado da fronteira, a realizar reuniões secretas em Lyon e Saint-Étienne, e a importar literatura de Genebra. No outono de 1872, realizou-se um pequeno congresso secreto de militantes locais em Saint-Étienne. Todos os seus participantes aderiram à Internacional de Saint-Imier e suas resoluções, em favor de grupos autônomos e abstenção de atividades parlamentares, tinham um caráter anarquista. Pouco depois, um grupo de refugiados bakuninistas do sul da França fundou um comitê de propaganda em Barcelona e, no início de junho de 1873, publicou o primeiro número do *La Solidarité Revolutionnaire,* que em dez edições exerceu forte influência sobre os grupos nascentes do Midi e, em particular, sobre o primeiro congresso anarquista importante depois da Comuna, realizado na noite de 15 de agosto no porão escuro de uma taverna de Lyon.

Os trinta delegados, sem exceção, eram coletivistas, pois, embora os mutualistas tivessem ressurgido mais tarde, durante os anos de 1870, e continuado a ter alguma influência sobre os sindicatos até os finais de 1880, as duas tendências libertárias diferenciaram-se nitidamente a partir desse momento. Enquanto os coletivistas tornavam-se firmemente extremistas em suas ideias revolucionárias, os mutualistas, seguindo o exemplo de Tolain, que então fizera concessões e entrara para as fileiras da respeitabilidade como senador da Terceira República, tornavam-se firmemente reformistas, de maneira que já não era mais possível considerá-los representantes de um ponto de vista anarquista, nem mesmo de forma aproximativa.

O Congresso de Lyon preocupava-se principalmente com questões de organização e demonstrou que os antiautoritários – que até então não se chamavam abertamente de anarquistas – planejavam a recriação de um movimento nacional. Alguns grupos da região tinham já acatado os conselhos de Bakunin – transmitidos por intermédio de um operário de Saint-Étienne de nome Giller – a respeito de reorganizarem-se segundo o tradicional modelo conspiratório de grupos de cinco, mas não é certo que tal tipo de segmentação tivesse sido adotado, e havia uma tendência compensadora a uma forma de maior alcance de organização federal. Foi esta forma que o Congresso secreto de Lyon buscou. Reafirmou-se a autonomia dos grupos, mas ao mesmo tempo criou-se um conselho regional para a França oriental, e conselhos semelhantes foram planejados para as regiões do norte, do centro e do sul. O conselho regional do leste consolidou-se de fato, em grande parte devido à energia de Gillet, e enviou seus delegados ao Congresso de Genebra da Internacional de Saint-Imier.

As esperanças de se restabelecer a Internacional na França foram frustradas, ao final de 1873, por uma série de prisões de propagandistas ativos que culminou no julgamento da Conspiração de Lyon em abril de 1874. Vinte e nove bakuninistas foram acusados de conspirar contra o Estado, e parece não haver dúvida de que pelo menos alguns deles, como Gillet e Camille Camet, velho companheiro de Bakunin na Comuna de Lyon, tinham experimentado criar uma organização insurrecional com o intuito de aproveitar-se da desordem que poderia vir após a tentativa, amplamente aguardada, de se restaurar a monarquia. Contudo, as evidências foram insuficientes para sustentar a causa do processo e os acusados foram finalmente condenados por se terem filiado à ilegal Internacional e por terem escondido armas; Camet, quando foi preso, portava um revólver carregado, uma faca e um punhal. Dos acusados, apenas três não foram encarcerados, e a Internacional interrompeu suas atividades na França até mesmo como uma organização clandestina.

Foram necessários sete anos para que de novo surgisse em solo francês um movimento anarquista identificável como tal; nesse momento, os antiautoritários já não eram a força dominante no socialismo francês. Nesse meio tempo, apareceram movimentos de orientação política e, ironicamente, seus líderes mais importantes saíram das fileiras anarquistas. O primeiro a separar-se foi Jules Guesde, que em novembro de 1877 fundou um semanário socialista que tinha o velho título bakuninista, *L'Égalité,* mas que tendia para o marxismo, que viria a dominar o *Parti Ouvrier* fundado por Guesde em 1882. O rival antiautoritário do *L'Égalité* era *L'Avant-Garde,* de Paul Brousse, que apareceu durante o mês de agosto de 1877 em Chaux-de-Fonds, na Jura suíça. Nesse período, Brousse era um dos anarquistas franceses exilados mais intransigentes; a primeira edição de seu periódico saiu com o *slogan:* "Coletivismo; Anarquia; Federação Livre", e exigia a destruição completa do Estado e sua substituição por uma sociedade baseada no contrato e na "livre formação de grupos humanos segundo suas necessidades e interesses, e livre federação desses grupos". Contudo, após a extinção do *L'Avant-Garde,* nos finais de 1878, e o breve aprisionamento de Brousse, este rapidamente mudou de ponto de vista e finalmente também ingressou para as fileiras socialistas, tornando-se o líder de uma facção dissidente dentro do *Parti Ouvrier,* a qual defendia a doutrina não anarquista do possibilismo e procurava alcançar o socialismo por meio da legislação da manufatura e do governo municipal.

Antes, porém, dessa extraordinária mudança, Brousse fora um dos mais ativos promotores do renascimento do anarquismo francês. No início de 1877 ele retornou clandestinamente à França com o propósito de restabelecer contatos com os militantes de Lyon e deu início a uma série de reuniões na

Vila de Perly, na fronteira da Suíça. Cerca de cinquenta franceses cruzaram clandestinamente a fronteira para o primeiro desses encontros; mais tarde, num congresso específico em Chaux-de-Fonds, em agosto de 1877, os delegados de doze grupos reuniram-se para tornar a fundar a Federação Francesa da Internacional, com um programa que aceitava o princípio da propaganda pela ação já sustentado pelas federações italiana e espanhola. A própria Internacional, naquele momento, estava moribunda, mas as reuniões de 1877 pelo menos indicavam uma ressurgência do sentimento anarquista no Vale do Ródano. No ano seguinte, graças em grande parte às atividades de Kropotkin e Andrea Costa, os primeiros grupos parisienses começaram a aparecer, embora seu desenvolvimento viesse a sofrer uma interrupção quando Costa e vários de seus companheiros foram aprisionados.

Somente em 1881 o movimento anarquista separou-se nitidamente da tendência socialista geral da França. Até então, os guesdistas, os mutualistas e os coletivistas que agora se voltavam para o comunismo anarquista participaram dos congressos do Trabalho Nacional realizados durante a segunda metade dos anos de 1870 na esperança de criarem um movimento dos trabalhadores unificado; apenas os blanquistas, liderados por Édouard Vaillant, mantiveram-se à parte. O primeiro e o segundo congressos, em Paris (1876) e Lyon (1878), foram dominados pelos moderados mutualistas. Quando o terceiro Congresso realizou-se em Marselha, em 1879, evidenciou-se uma importante mudança no clima político geral da França; as tendências reacionárias do início da Terceira República enfraqueciam e diversos movimentos de esquerda começaram a surgir. No Congresso de 1879, a nova atmosfera refletia-se no triunfo do coletivismo sobre o mutualismo; os socialistas e os anarquistas votaram juntos em favor da propriedade pública dos meios de produção. Discordavam, entretanto, quanto à questão da atividade parlamentar, e a vitória guesdista sobre esse ponto preparou a ruptura da instável unidade entre as várias facções.

Ao final de 1879, a Câmara dos Deputados aprovou uma anistia geral para aqueles que haviam tomado parte da Comuna.

Os exilados retornaram dos países que lhes deram refúgio; os prisioneiros voltaram da Nova Caledônia e foram recebidos com entusiasmo por multidões que os aguardavam nas estações. A entrada de incansáveis militantes fortaleceu as várias facções socialistas; ao mesmo tempo, avivou as diferenças de seus pontos de vista. Nos congressos regionais de Marselha e Lyon, durante o mês de julho de 1880, a maioria anarquista sustentou decisões que rejeitavam a atividade política, enquanto em Paris os socialistas autoritários alcançavam a vitória. A verdadeira ruptura do movimento teve início no Congresso do Trabalho Nacional de 1880, em Le Havre, onde os mutualistas apartaram-se completamente para formar o seu próprio *Union des Chambres Syndicalistes,* de vida breve. Os anarquistas permaneceram, mas as irreconciliáveis divergências quanto às táticas, que surgiram durante o Congresso Le Havre, tornaram difíceis quaisquer colaborações posteriores entre eles e os socialistas. A crise final sobreveio em maio de 1881, quando se tratava de um aspecto relativamente secundário de procedimento durante o Congresso Regional do Centro, em Paris. As nove organizações anarquistas participantes exigiram que os delegados identificassem os próprios grupos sem revelar seus nomes. *A* maioria guesdista recusou-se a aceitar essa condição e os anarquistas retiraram-se para realizar seu Congresso Socialista Revolucionário de 25 a 29 de maio; os duzentos militantes presentes votaram em favor da propaganda pela ação e da abolição da propriedade – inclusive da propriedade coletiva – e contra a participação na ação política. Divisões semelhantes ocorreram em seguida nas províncias, e a identidade isolada do movimento anarquista na França foi mais tarde acentuada pela participação de vários grupos e muitos importantes líderes anarquistas franceses no Congresso da "Internacional Negra" de 1881.

O ano de 1881 pode, desse modo, ser considerado como aquele em que um movimento anarquista separado e reconhecido iniciou sua trajetória independente na França. É difícil avaliar a força real desse movimento em seus estágios iniciais. Tanto em termos de grupos quanto de membros, parece ter sido bem menor do que poderia sugerir sua reputação na França durante os anos de 1880. Os próprios anarquistas amiúde fizeram alegações disparatadas; em 1882, para dar um exemplo, os delegados que compareceram ao Congresso Internacional em Genebra falaram em 3 mil militantes apenas na cidade de Lyon e outros 2 mil na região circunvizinha. Por razões diferentes, os jornais conservadores também tendiam a exagerar a força anarquista; em 1883, *L'Univers* estimou que havia 5 mil membros ativos no momento em Paris. Contudo, as provas recentemente recolhidas por Jean Maitron nos relatórios confidenciais da polícia e em estimativas anarquistas* mais equilibradas sugerem que, em 1882, havia cerca de quarenta grupos em todo o país, com um total de membros ativos de aproximadamente 2.500. Lyon e Paris foram os centros mais ativos, com 500 militantes cada um; houve fortes grupos em Bordeaux, Marselha e Saint-Étienne. Não foi grande o crescimento em força numérica durante a década seguinte; uma estimativa da polícia feita no final de 1894 forneceu um total de pouco mais de 4.500 ativistas, mas ao que parece o levantamento baseou-se em parte nas listas de assinatura dos jornais anarquistas, e os assinantes não eram necessariamente anarquistas ativos; o poeta Stéphane Mallarmé assinava regularmente jornais libertários, mas a mais flexível das imaginações não permitirá a ninguém considerá-lo um militante anarquista.

Com base nesses números, parece sensato pressupor que, durante os anos de 1880, houve cerca de cinquenta grupos anarquistas na França com um número médio de 3 mil membros ativos e uma margem de simpatizantes cuja força é insinuada pelo fato de que, ao final da década, os dois jornais anarquistas principais de Paris, *Le Révolté* e *Le Père Peinard*, vendiam mais de 10 mil exemplares por semana.

Havia poucos vínculos organizacionais entre os grupos. Depois de várias tentativas frustradas de se formar uma organização regional, nacional e internacional, em 1881 e 1882, a

---

* *Histoire du Mouvement Anarchiste en France* (1880-1914), Paris, 1955.

tendência à autonomia dos grupos tornou-se progressivamente mais forte, e nenhuma organização nacional de anarquistas franceses atingiu uma existência ativa antes das vésperas da I Guerra Mundial. Mas a falta de união organizacional não significa forçosamente uma ausência de solidariedade ou de comunicação; na prática houve uma verdadeira unidade de sentimento no movimento francês e um permanente intercâmbio intelectual entre grupos e indivíduos, encorajados pelo surgimento de publicações que circularam no âmbito nacional e pela presença de diversos propagandistas proeminentes que apreciavam o prestígio, se não a força, comumente concedido aos líderes políticos. Élisée Reclus, o geógrafo internacionalmente célebre; Louise Michel, a heroína da Comuna e veterana das colônias penais; Jean Grave, um sapateiro transformado em incansável editor e propagandista; Sébastian Faure, o ex-seminarista jesuíta que se tornou importante filósofo e pedagogo libertário; Émile Pouget, editor do destemido *Le Père Peinard* e, mais tarde, um dedicado intérprete do anarcossindicalismo: todos esses homens e mulheres foram personalidades nacionais na França do *fin-de-siècle*, e suas atividades como escritores e conferencistas deram ao movimento anarquista uma importância bem maior, aos olhos dos trabalhadores e dos intelectuais, do que sua força numérica poderia nos levar a crer.

Além do mais, não devemos nos esquecer de que os anarquistas franceses restringiram deliberadamente seus grupos a homens e mulheres que ansiavam por tomar parte na propaganda regular por meio do discurso, do manifesto escrito ou da ação. Após o esvaziamento da Internacional, não voltaram a tentar firmar o grande número de membros a que comumente aspiram os partidos políticos. Sua influência real – ao contrário de sua força numérica – iria tornar-se evidente antes do final do século pela sua capacidade de prevalecer, durante pelo menos uma década, sobre o maior movimento operário da França anterior a 1914, o movimento sindicalista revolucionário que alcançou seu ponto culminante nos dias dourados da CGT. Atingiram tal posição de influência não por causa do número, mas porque se entregaram com paixão a ideais que pareciam coincidir com os anseios e a experiência dos operários franceses numa época em que a ofensiva ostentação da opulência caminhava de mãos dadas com a extrema miséria, em que a descarada corrupção e a franca repressão incitavam a imaginação do pobre a sonhar desesperadamente com uma igualdade idílica conseguida por meio de uma Revolução Social.

Mas, antes que começasse a se abrir a fase sindicalista do anarquismo francês, houve um período claramente definido, de caráter algo diferente, que começou com a separação do principal movimento socialista de 1881 e terminou com o julgamento dos Trinta, em 1894. Esse período foi sobretudo de gestos dramáticos e do culto da violência romântica, e seu ápice chegou com uma série de impressionantes atos terroristas que marcaram o início dos anos de 1890. Em hipótese alguma todos os anarquistas desse período foram terroristas; com efeito, apenas uma pequena minoria implicara-se em atos de violência. Mas a ideia de violência exercia um extraordinário fascínio até mesmo sobre aqueles cuja índole mais pacífica recusava-se à sua prática.

Diversas influências contribuíram para uma tal posição. Em 1877, Paul Brousse, cujo desempenho na ressurreição do anarquismo após a Comuna já mencionamos, converteu-se à ideia da propaganda pela ação antes elaborada pelos internacionalistas italianos, e no ano seguinte Andrea Costa – um dos principais representantes dessa tendência na Itália – difundiu seu ponto de vista em Paris. As tendências bakuninistas dos anarquistas do Vale do Ródano levaram-nos a simpatizar naturalmente com a ideia da violência conspiratória, e a tendência foi estimulada pelas discussões apaixonadas do Congresso Internacional de Londres de 1881 sobre as questões da insurreição e do terrorismo. O desligamento de outras correntes do movimento socialista sem dúvida eliminou certas influências moderadas, e ao mesmo tempo encorajou o desenvolvimento daqueles aspectos da teoria e das táticas que diferenciavam os anarquistas dos marxistas e mutualistas. Finalmente, houve a perniciosa influência do chefe de Departamento de Polícia de

Paris, Louis Andrieux, e de seu comandado Serreaux, um *agent provocateur* belga cujo verdadeiro nome era Égide Spilleux.

Serreaux fez contato com os grupos de Paris durante 1880 e, devido à sua eloquente defesa da violência, atraiu sobre si a atenção de todos. Pouco depois de seu aparecimento, divulgou suas ideias de fundar um jornal anarquista e ofereceu 3 mil francos pelo termo de responsabilidade exigido por lei, mais um subsídio de 1.500 francos mensais, durante seis meses, para garantir a fundação do jornal. O dinheiro, na verdade, vinha de Andrieux, mas Serreaux alegou tratar-se de doação de uma senhora de Londres, simpatizante da causa anarquista. Ele teve o cuidado de encontrar uma cúmplice para fazer o papel da caridosa herdeira, e esta o desempenhou suficientemente bem a ponto de enganar um dos principais líderes anarquistas franceses, Émile Gautier, que a visitou. Jean Grave e Élisée Reclus, a quem Serreaux procurou primeiro, desconfiaram da história, assim como também Kropotkin e Malatesta, mas o desejo de ter um periódico próprio diminuiu os receios da maioria dos camaradas de Paris, e no dia 12 de setembro de 1880 lançou-se um jornal semanal com o título de *La Révolution Sociale*.

La Révolution Sociale foi o primeiro jornal anarquista a aparecer na França desde a extinção da Comuna, e o movimento, como um todo, foi entusiástico, como o foi seu verdadeiro fundador, Andrieux, que observou nas suas memórias: "Dar aos anarquistas um jornal equivalia a instalar uma linha telefônica entre o centro conspirador e o escritório do prefeito de polícia". O papel de Serreaux, porém, não era apenas o de espião; a ele cabia também provocar, e as colunas do *La Révolution Sociale,* que recebeu contribuições de Gautier, Merlino, Cafiero e Louise Michel, sustentavam não só um tom violento como também – com calculada indiscrição – nomes de publicações e inclusive endereços de grupos anarquistas e de seus principais membros. Em breve foi despertada a suspeita dos camaradas mais astutos, mas *La Révolution Sociale* continuou por mais de um ano, terminando em setembro de 1881 simplesmente porque Andrieux deixou a prefeitura.

Apenas em 1885 apareceu em Paris um periódico anarquista regular, quando *Le Révolté,* que Jean Grave editou em Genebra em 1883, foi transferido para a capital francesa, onde continuou a ser impresso a partir de 1887 com o título diferente de *La Révolte*, até desaparecer em março de 1894 como consequência da onda de repressão policial.

No intervalo entre 1881 e 1885, o centro do jornalismo anarquista mudou-se para a cidade militante de Lyon, com seus estreitos vínculos com os anarquistas de Genebra e do norte da Itália e a sua habitual lealdade à tradição bakuninista. Nessa cidade, no início de 1882, apareceu o primeiro número de *Le Droit Social*. Seus editores eram homens dotados de um entusiasmo e uma tenacidade excepcionais, capazes de uma franca militância que continuamente colocava problemas entre a publicação e as autoridades. *Le Droit Social* desapareceu sob o peso das penalidades em julho de 1882; menos de três semanas mais tarde, seu sucessor, *L'Étendard Révolutionnaire,* vinha à luz, e por mais de dois anos continuou a sucessão de jornais com diferentes títulos, mas com a mesma orientação política e os mesmos colaboradores, até que, aos 22 de junho de 1884, saiu o último número do *Le Droit Anarchique*. Era o nono na sucessão de jornais anarquistas publicados em Lyon; o sétimo chamara-se, com humor desafiador, *L'Hydre Anarchiste*. Os editores dessa acidentada dinastia de jornais afirmaram que uma média de 7 mil exemplares haviam sido distribuídos e, mesmo que se fechem os olhos aos habituais exageros, não resta dúvida de que – ao lado do *Le Révolté* de Genebra como único rival – *Le Droit Social* e seus sucessores desempenharam um papel extremamente importante na formação do anarquismo francês durante os primeiros anos da década de 1880.

Resta um jornal anarquista da década que, ao nosso ver, reflete com uma eloquência ainda maior do que a de todos os que foram mencionados o espírito do período de propaganda pela ação. Trata-se do *Le Père Peinard* cujo primeiro número apareceu no dia 24 de fevereiro de 1889 sob a perspicaz editoria de Émile Pouget. O jornal representou uma nova orientação no jornalismo anarquista. Nas mãos de Kropotkin e Grave, *Le Révolté* falava na linguagem do instruído, simplificada e liberta da artificialidade acadêmica, mas de um vernáculo incorrupto. Pouget revoltou-se tanto contra a linguagem da classe média quanto contra a moralidade e a política da classe média, e propositadamente estimulava seus colaboradores a empregarem o *argot* dos bulevares distantes. Ademais, nas suas exortações aos leitores *les bons bougres* não perdia oportunidade de recomendar ação insólita e decisiva. O resultado foi um jornal irascível, insolente, imprevisível e bem-humorado, que até hoje entretém por seu vigor e excentricidade, enquanto as elucubrações sérias de Grave no *Le Révolté* exigem um esforço até mesmo do mais dedicado pesquisador moderno.

O violento espírito da época manifestava-se ainda de outras maneiras. Aparecia nos nomes adotados pelos grupos anarquistas – *La Panthère de Paris, La Haine de Bordeaux, Les Terribles de La Ciotat* –, nas canções escritas pelos *chansonniers* anarquistas, das quais *La Dynamite,* de Marie Constant, uma das inúmeras sapateiras revolucionárias do período, achava-se entre as mais populares:

> *Nos pères ont jadis dansé*
> *Au son du canon du passé;*
> *Maintenant la danse tragique*
> *Veut une plus forte musique:*
> *Dynamitons, dynamitons.**

Havia muitos que não se limitavam a falar de dinamite. Com efeito, dada a quantidade de violenta propaganda oral e escrita que começou a emanar das fontes anarquistas na França depois do Congresso de Londres de 1881, e o entusiasmo despertado pelo assassínio populista do czar Alexandre II, em 1881, é surpreendente que a onda de terrorismo tenha atingido tão lentamente o cume nos inícios de 1890.

---

* Nossos pais outrora dançaram / Ao som do canhão do passado; / Nos dias de hoje a dança trágica / Exige música mais drástica: / Dinamitemos, dinamitemos. (N. do T.)

O primeiro ato de violência amplamente divulgado durante este período foi uma tentativa de explodir a estátua de Thiers, em Saint-Germain, em junho de 1881; visto que o prefeito Andrieux admitiu um conhecimento antecipado do plano e nada fizera para impedi-lo, esse ato bem pode ter sido planejado por ele próprio e Serreaux e, portanto, não pode ser considerado uma autêntica ação de propaganda anarquista. Poucos meses mais tarde, o primeiro atentado de morte teve como responsável um anarquista francês. Émile Florian, jovem tecelão desempregado, caminhou de Reims a Paris com o propósito de matar o líder republicano Gambetta. Não conseguindo aproximar-se de sua vítima, Florian resolveu matar o primeiro burguês com quem deparou, e no dia 20 de outubro disparou contra um certo dr. Meymar, ferindo-o levemente, para em seguida tentar matar-se. Sua tentativa tem importância tão-somente porque estabeleceu um modelo; todos os atos terroristas praticados por anarquistas franceses seriam de indivíduos ou, no máximo, de pequenos círculos de três ou quatro pessoas, incitados por decisões de pessoas e não de grupos. Neste sentido, a prática do terrorismo na França diferiu acentuadamente daquela na Rússia, onde quase todos os crimes políticos foram cometidos por grupos organizados do Partido Social Revolucionário.

O primeiro crime consumado ocorreu apenas na primavera de 1884, quando um jardineiro chamado Louis Chavès, um defensor convicto da propaganda pela ação que fora despedido de seu emprego num convento em Marselha, resolveu vingar-se por meio do que lhe pareceu um ato de propaganda pioneiro. Aceitou sua própria destruição como algo inevitável e escreveu ao *L'Hydre Anarchiste* uma carta explicativa que ele imaginou chegaria após sua morte:

> Parte-se do um para chegar-se ao cem, como diz o ditado. Portanto eu gostaria de ter a glória de ser o primeiro a começar. Não é com palavras e jornais que mudaremos as condições que estão aí. O último conselho que dou aos verdadeiros anarquistas, aos anarquistas ativos, é que, seguindo o meu exemplo, se armem de

um bom revólver, de um bom punhal e de uma caixa de fósforos...

Retornou então ao convento e matou a madre superiora. Quando a polícia chegou para prendê-lo, recebeu-os à bala, sem aviso, e morreu alvejado por eles.

Chavès tornou-se a sensação do momento para os jornais anarquistas, que exaltaram seu heroísmo e apontaram seu gesto como um exemplo. Um jornal chegou a oferecer uma assinatura em troca de um revólver para vingá-lo, mas ninguém veio a usá-lo, e quase oito anos se passaram antes que outro assassino anarquista obtivesse êxito em seu atentado.

Trata-se de uma ação direta de caráter diverso que, nesse meio tempo, levou a um dos incidentes mais impressionantes da história do anarquismo francês. A série de acontecimentos começou na cidade mineira de Monceau-les-Mines, que era dominada por uma companhia particularmente implacável e com cuja administração os representantes da Igreja e do Estado locais colaboravam de bom grado. Uma organização conhecida como Grupo Negro começou a enviar cartas de advertência a diretores e oficiais do governo; em agosto de 1882, os membros do grupo deram início a uma sucessão de atos anti-religiosos, primeiro destruindo cruzes de beiras de estradas e depois, na noite de 15 de agosto, reunindo um grande número de pessoas para pilhar e atear fogo a uma capela e a uma escola religiosa numa aldeia vizinha, após o que fizeram soar o alarma e caminharam para Monceau, dispersando-se porém antes de alcançarem a cidade. As autoridades agiram sem demora e prenderam 23 homens, que foram levados a julgamento numa atmosfera de perturbação e apreensão; o tribunal recebeu a proteção de divisões de regimentos de infantaria e gendarmes. As provas apresentadas durante o julgamento sugerem que o Grupo Negro, cujo número de membros foi estimado em 800, era uma organização terrorista operária do tipo rudimentar, que surge quando o desespero de trabalhadores semi-analfabetos e famintos é confrontado por uma repressão inconcebível e implacável. Os membros reuniam-se nas florestas à noite e os neófitos eram iniciados em complicadas cerimônias seguidas de juramentos macabros.

Apesar dos esforços da acusação para envolver os anarquistas nos incidentes de Monceau-les-Mines, nenhum fato foi apresentado, de onde se pudesse inferir que haviam tido alguma participação neles. Por outro lado, os anarquistas de Lyon mostraram-se surpresos e cheios de admiração ao tomarem conhecimento das proezas dos mineiros e imediatamente mandaram seus representantes à região. Não há dúvida, porém, de que membros de grupos anarquistas da região tomaram parte em uma série de dinamitações de igrejas e casas de administradores durante os anos de 1883 e 1884, embora também se tivesse mostrado nos julgamentos referentes a essas explosões que pelo menos uma delas fora planejada por um agente policial cujo objetivo era implicar terroristas de que se suspeitava.

Os acontecimentos de Monceau-les-Mines talvez fossem logo esquecidos, se o governo francês não tivesse concebido a ideia de que a primeira série de atentados fazia parte de uma trama insurrecionária bem maior, arquitetada pela já extinta Internacional de Saint-Imier. Agindo segundo essa hipótese, a polícia deu início, nos meados de outubro, a uma série de prisões em Paris e na região sudeste da França, e, como consequência, aos 8 de janeiro de 1883, 65 importantes anarquistas foram levados a julgamento em Lyon; assim como Peter Kropotkin e Émile Gautier, quase todos os principais militantes do leste da França encontravam-se entre eles.

A atmosfera na qual transcorreu o julgamento de Lyon tornou-se especialmente tensa devido à explosão, pouco depois de terem sido iniciadas as prisões, de uma bomba colocada no restaurante do Théâtre Bellecour de Lyon, um local que antes fora denunciado no *Le Droit Social* como um ponto de encontro da "fina flor da burguesia" e que deveria ser destruído como o primeiro ato da Revolução; morreu apenas um empregado do restaurante. O crime nunca chegou a ser resolvido satisfatoriamente, embora no final de 1883 um jornalista anarquista de nome Cyvoct tivesse sido condenado, com base em provas muito circunstanciais, a trabalhos forçados na Ilha do Diabo.

Os anarquistas negaram coerentemente qualquer ligação com o caso e defenderam a inocência de Cyvoct. Lembrando-nos do quanto se mostravam ansiosos para aclamar como heróis outros terroristas do período, vemo-nos tentados a aceitar suas negações e a suspeita de que, como pelo menos uma das dinamitações em Monceau-les-Mines, o atentado pode de fato ter sido incitado pela polícia. Não podia ter acontecido em momento mais propício – durante o julgamento dos membros do Grupo Negro e logo após o início das prisões generalizadas de líderes anarquistas.

Discutimos já, no capítulo sobre Kropotkin, os traços principais do julgamento de Lyon. Acusados de pertencerem à proibida Internacional, Kropotkin, Gautier e alguns dos demais réus provaram efetivamente que a Internacional não mais existia, mas isto não impediu que se lhes aplicassem uma sentença, o que demonstrou nitidamente a intenção do governo francês de decapitar o movimento anarquista antes que ele viesse a se fortalecer. Kropotkin e Gautier, os dois intelectuais de importância nacional, e Bernard e Bordat, os líderes do forte movimento de Lyon, receberam cada um uma sentença de cinco anos. Liégon, Ricard e Martin, os militantes mais ativos em Villefranche, Saint-Étienne e Vienne, respectivamente, foram sentenciados a quatro anos cada um.

A mesma ansiedade governamental de manipular a justiça em nome da conveniência política manifestou-se em outro célebre julgamento anarquista em 1883, o de Louise Michel e Émile Pouget. Durante os anos de 1880, antes dos anarquistas começarem a entrar em grande número no movimento trabalhista organizado, inclinaram-se a concentrar-se nos grupos mais baixos da sociedade, e, em particular, em Paris, nos dos desempregados, a quem instigaram ao protesto contra sua condição, por meio de ações ilegais. Em 9 de março de 1883, uma reunião dos desempregados em lugar aberto, próximo dos Invalides, foi desfeita pela polícia e cerca de 500 manifestantes, liderados por Louise Michel e Pouget, que portava uma bandeira preta, marcharam na direção do Boulevard Saint-Germain. Na Rue des Canettes, os manifestantes, que gritavam "Pão, trabalho ou ataque!", saquearam uma padaria. Duas outras padarias foram igualmente pilhadas e o pão conseguido distribuído entre os participantes da marcha. Em seguida, depois de permitir que a passeata alcançasse a Place Maubert, a polícia os atacou. Pouget, nobremente, provocou um confronto com o intuito de propiciar a fuga de Louise Michel, que, no entanto, foi aprisionada e no devido momento levada ao tribunal. O caso complicou-se com o fato de que panfletos foram encontrados em casa de Pouget, os quais dirigiam-se a "soldados que tinham resolvido apoiar a Revolução", incitando-os a queimar seus quartéis, matar seus oficiais e reunir-se aos insurgentes em sua luta contra a polícia. Os panfletos haviam sido impressos em Genebra, mas Pouget responsabilizara-se pela tarefa de distribuí-los na França. Louise Michel foi acusada, com pouquíssimas provas, de ter incitado o saque às padarias. Foi condenada a seis anos de prisão solitária e Pouget a oito anos.

Àquela altura, o governo francês deve ter-se congratulado pelo enrijecimento da justiça, que havia posto na cadeia, e por um longo período de tempo, os mais ativos e inteligentes anarquistas da França. Mas a opinião pública abalou-se com o julgamento e as sentenças e, finalmente, pediu a concessão de uma anistia que libertou Louise Michel, Pouget e todos os que tinham sido condenados pelo julgamento de Lyon. Longe de prejudicar o movimento anarquista, os julgamentos de Lyon e de Paris aumentaram-lhe o prestígio entre os operários e grandes setores das classes instruídas.

Com efeito, ao final dos anos de 1880, o lugar do anarquismo entre as complexas configurações de anseios pela libertação dos laços sociais, morais e artísticos que caracterizaram *o fin-de-siècle* na França acabou por ser reconhecido tanto pelos intelectuais como pelos artistas. O primeiro grupo de estudantes anarquistas formou-se em Paris, em 1890, e a partir desse ano muitos escritores e pintores começaram a identificar-se com o anarquismo, que se tornou algo assim como um modismo nos círculos artístico-literários, tal como se tornou em Londres, Nova York e São Francisco nos anos 40. O célebre visitante Oscar Wilde, respondendo a um questionário que a revista simbolista *L'Hermitage* submeteu a diversos escritores em 1893, declarou que certa vez havia apoiado politicamente a tiranos, mas que agora era um anarquista. Falou a um grande número de companheiros franceses, como se pode verificar nos jornais anarquistas e nas revistas literárias de tendência anarquista.

Entre os pintores, Camille Pissaro e seu filho Lucien envolveram-se profundamente com o movimento anarquista e constantemente colaboraram com desenhos e litografias para *Le Père Peinard e Les Temps Nouveaux,* o jornal fundado por Jean Grave em 1895, após o fechamento de *La Révolte.* Grave, de fato, atraiu para as suas páginas muitos dos importantes pintores experimentais e os mais vigorosos caricaturistas dos anos de 1890; não apenas os dois Pissaro, mas também Paul Signac, Van Dongen, Felix Vallotton, Steinlen, Caran d'Ache e Van Rysselberghe fizeram ilustrações para *Les Temps Nouveaux,* e poucos anos mais tarde Vlaminck e outros pintores fauvistas consideraram o anarquismo uma doutrina conveniente.

No que diz respeito aos escritores, muitas das personalidades típicas dos anos de 1890 rodearam como insetos ilustres e fascinados a perigosa chama do anarquismo. Octave Mirbeau, Richepin, Laurent Tailhade, Bernard Lazare e Paul Adam colaboraram com *Les Temps Noveaux,* enquanto o poeta simbolista Stuart Merrill foi um dos "anjos" que ajudaram o jornal a sair de suas periódicas crises financeiras. Em 1892, outro importante simbolista, Francis ViéléGriffin transformou sua revista, *Les Entretiens Politiques et Littéraires,* num órgão do anarquismo literário; seus colaboradores incluíram Paul Valéry, Henri de Regnier, Remy de Gourmont e Stéphane Mallarmé. A mais ferrenha revista anarquista, *L'Endehors,* uma espécie de *Le PèrePeinard* intelectual dirigida por um inflamado excêntrico que se denominava Xo d'Axa, mas cujo nome verdadeiro era Galland, publicou trabalhos de escritores como Émile Verhaeren e Saint-Pol Roux. De uma maneira ou de outra, quase todos os escritores simbolistas de importância estavam ligados ao anarquismo quanto aos seus aspectos literários.

O que no anarquismo atraía escritores e pintores não era evidentemente a prosaica atividade cotidiana dos grupos.

Talvez não fosse nem mesmo a ideia de anarquia em si mesma, mas, antes, um espírito de ousadia e de indagação que Mallarmé expressou com sensibilidade ao testemunhar em favor de um amigo anarquista no julgamento dos Trinta, em 1894, descrevendo-o como "um espírito elevado e interessado em tudo que é novo". O que empolgou artistas e intelectuais foi o cultivo anarquista da independência, da mente e da liberdade de ação e de experiência. Significativamente, quando os terroristas levaram a efeito a série impressionante de atentados e assassínios durante os anos de 1892 e 1893, a *intelligentsia* libertária, longe de abandonar o anarquismo, viu nesses atos de protesto isolado uma poderosa expressão de individualidade. Viram também, com sua sede *fin-de-siècle* pelas variações de experiência, um terrível embora intrigante sensacionalismo nas vidas dos assassinos. Provavelmente, sobretudo, reconheceram o elemento de misticismo deturpado que fazia parte da atitude terrorista, a qual Paul Adam, ao referir-se a Ravachol, o mais formidável de todos os assassinos, identificou como *"Le Rénovateur du Sacrifice Essentiel"*.

A sequência de atos terroristas que Ravachol iniciou em março de 1892 constitui a passagem mais impressionante e controvertida da história do anarquismo francês. Compreendeu um breve período – de março de 1892 a junho de 1894 –, mas durante o qual houve onze explosões de dinamite em Paris, em que nove pessoas foram mortas; o ministro Serbian foi gravemente ferido por um sapateiro anarquista e o presidente da República morto pelo punhal de um assassino. Como resultado desses atos, quatro assassinos foram executados, leis contra grupos revolucionários foram aprovadas e o movimento anarquista enfrentou sua pior crise, para a ela sobreviver e ao final ressurgir modificado e renovado.

Como já demonstramos, o terrorismo dos anos de 1890 foi preparado por uma década em que os anarquistas franceses tinham falado muito em violência sem mostrarem qualquer inclinação significativa de transformar as palavras em ação. Passado tanto tempo, não é fácil compreender o motivo pelo qual em 1892 grupos de jovens devessem aparecer, ao mesmo tempo, decididos a agir com violência e dispostos a sacrificarem-se em nome do que lhes parecia ser a justiça. Ao contrário de seus homônimos medievais, esses assassinos não pertenciam a qualquer organização e não trabalhavam em nenhum grupo disciplinado. Agiam por iniciativa própria, levando o individualismo a um extremo stirnerita. A sociedade os julgava criminosos; eles próprios se consideravam juízes e algozes. Muitos de seus companheiros anarquistas os aplaudiam, elevando-os até mesmo à posição de mártires, mas geralmente recusavam-se a imitá-los. E, segundo seu ponto de vista anarquista, estavam certos em relutar a imitá-los, uma vez que o assassínio é a forma máxima de poder, e o terrorista que mata por sua própria responsabilidade é decerto o mais irresponsável dos tiranos. O assassínio, com efeito, completa um círculo que une o anarquismo ao seu contrário. Talvez alguém possa comover-se com as intenções sinceras desses homens e com as trevas de seu destino, mas seus atos permanecem tão negativos quanto qualquer outro crime. Contudo, suas sombras caminham tenebrosamente ao lado do historiador do anarquismo; ele não pode rejeitá-las como intrusas ao longo de sua estrada. Apenas pelo direito trágico elas reivindicam seu lugar.

Os atos terroristas de 1892 e 1894 seguem uma curiosa cadeia de causa e efeito que teve início num incidente aparentemente insignificante nos arredores de Paris. No dia 1º de maio de 1891, um grupo anarquista tentou fazer uma manifestação no subúrbio de Levallois. A polícia dispersou os manifestantes e saiu à caça dos líderes, que foram apanhados numa casa de vinho de Clichy. Os anarquistas achavam-se armados; seguiu-se um tiroteio e um deles feriu-se. O homem alvejado e dois outros foram feitos prisioneiros e levados a julgamento, onde o promotor Bulot exigiu a pena de morte; o júri absolveu o homem ferido e, induzido pelo presidente do Tribunal, Benoît, condenou os outros dois a uma longa pena de prisão.

Esse caso, que foi motivo de relativamente poucos comentários na imprensa anarquista, provocou profunda irritação num tintureiro chamado Koenigstein, conhecido como

Ravachol. Ravachol converterá-se ao anarquismo quando ainda jovem e, em grande parte devido à sua extrema pobreza, introduzira-se no submundo do crime. Era uma época em que as razões do roubo eram amplamente debatidas nos círculos anarquistas. Homens de princípios nobres e vida exemplar, como Élisée Reclus e Sébastien Faure, entusiasmavam-se de tal modo com suas convicções sobre a imoralidade da propriedade, que estavam prontos para justificar qualquer tipo de roubo em bases puramente teóricas; outros, como Jean Grave, viam na prática do crime uma corrupção que tornaria os homens incapacitados para os elevados ideais de uma sociedade livre. Ravachol era daqueles homens que colocavam em prática as teorias de Reclus e de Faure, e sua vida talvez seja lição prática da verdade dos argumentos de Grave. Ele começou com pequenos furtos e passou para o contrabando e falsificação de bebidas alcoólicas, não sendo bem-sucedido em nenhuma dessas atividades. Durante esse período, desenvolveu uma filosofia elementar que, ingenuamente, combinava a defesa da violência no presente com uma visão idílica da confraternidade futura. Exprimiu essa filosofia numa das canções que cantava acompanhado de seu próprio acordeão:

> *Pour établir l'Égalité*
> *Il faut le coeur plein de colère,*
> *Réduire les bourgeois en poussière;*
> *Alors au lieu d'avoir la guerre,*
> *Nous aurons la Fraternité.**

Em breve resolveu deixar as formas pouco lucrativas do pequeno crime e passar para o roubo em grande escala. Durante o começo do verão de 1891, cometeu dois crimes condenáveis que só vieram à luz algum tempo mais tarde e que de modo algum enquadravam-se na categoria da propaganda pela ação. Um foi a violação do túmulo da Comtesse de la Rochetaillée,

---

* Para firmar a Igualdade / Há que encher o peito de cólera, / Reduzir burgueses a pó; / E então em vez de termos guerra, / Teremos a Fraternidade. (N. do T.)

em Terrenoire, à procura de anéis e joias; nada encontrou de valor e, um mês depois, envolveu-se no crime que definitivamente pode-se atribuir a ele. A vítima foi Jacques Brunel, um miserável nonagenário conhecido como o Eremita de Chambles, que vivera de esmolas durante cinquenta anos e que supostamente teria acumulado grande fortuna. Os boatos, que em casos semelhantes costumam revelar-se mentirosos, mostraram-se verdadeiros quanto ao Eremita: quando Ravachol e seus cúmplices assassinaram o velho, carregaram consigo 15 mil francos. No ano seguinte, levado a julgamento sob a acusação de homicídio, Ravachol declarou que seus motivos não eram de todo egoístas:

> Se matei, em primeiro lugar foi para satisfazer minhas necessidades pessoais; em segundo, para ajudar a causa anarquista, pois todos trabalhamos para a felicidade do povo.

Quanto ele contribuiu para a causa, isso não se sabe, mas é sabido que empregou parte de seus ganhos para sustentar as famílias dos homens presos que estavam ligados ao caso Clichy. Entrementes, quatro de seus cúmplices no assassínio do Eremita de Chambles foram descobertos e aprisionados por terem participado do caso. Ravachol foi preso, mas fugiu, e a polícia mostrou uma singular falta de interesse em sair no seu encalço. Isso despertou rumores de que ele era um informante, e um escritor no *Le Révolté* caracterizou-o como "nada mais que uma nova versão do agente Serreaux, que anteriormente havia editado *La Révolution Sociale,* de triste lembrança para monsieur Andrieux".

O desejo de afastar esse estigma pode ter sido um dos motivos que levaram Ravachol a praticar uma série de crimes que não poderiam ser interpretados fosse como atos de um agente da polícia, fosse como objetivando ganho pessoal. As vítimas escolhidas por ele eram homens que tinham desempenhado o mais importante papel no processo dos implicados no incidente de Clichy. No dia 11 de março de 1881, explodiu a residência do presidente Benoît. Dezesseis dias depois, aos 27 de março, explodiu a casa do promotor Bulot. Ninguém foi atingido por essas explosões. Dois dias mais tarde, Ravachol foi preso, após impressionante luta, num restaurante onde um garçom o reconheceu e informou a polícia.

No dia 26 de abril, numa sala de tribunal ostensivamente policiada, Ravachol foi condenado a trabalhos forçados. Dois meses mais tarde, compareceu a Montbrison para enfrentar o julgamento pela morte do Eremita de Chambles. Agora estava sendo julgado pela sua maneira de viver, mas no tribunal mostrou uma tranquilidade que deixou perplexos todos os presentes. Recebeu a condenação à morte com um grito de *"Vive l'Anarchie!"* e caminhou para a guilhotina cantando uma canção anticlerical.

Ravachol restava na tradição do bandido heróico. Sua coragem era inegável. Mesmo seu idealismo e seu senso de missão parecem ter sido sinceramente conservados. Ele realmente acreditava que seus atos terríveis produziriam um mundo em que tais horrores jamais precisariam de novo ser praticados pelos homens contra os homens. Via-se como o romancista Octave Mirbeau o caracterizou: "O mau tempo a que se segue a alegria do sol e do firmamento sereno". A pobreza e a experiência da injustiça, que haviam cometido contra ele e outros, atingiram-lhe profundamente o espírito, e agiu em nome de um objetivo que acreditava ser justo. Esqueceu-se porém de que os meios podem desvirtuar os fins, de que o desprezo pelas vidas dos indivíduos – inclusive pela vida de um velho imprestável como o Eremita de Chambles – pode conduzir ao desprezo pela vida como um todo. Estava tragicamente enganado, e pagou estoicamente pelos seus erros.

Quando Ravachol se pôs de pé diante de seus juízes em Montbrison, disse as seguintes palavras: "Sacrifiquei minha própria vida. Se ainda luto é em nome da ideia anarquista. Pouco me importa se fui condenado. Sei que serei vingado". E o processo de vingança começou no exato instante em que pronunciara essas palavras. Quatro dias depois de sua primeira dinamitação, uma bomba explodiu misteriosamente do lado de fora do quartel de Lobau, em Paris. Em seguida, um dia antes de ser condenado no primeiro julgamento, outra bomba, colocada no restaurante em que ele fora preso, matou o proprietário e um freguês. Apenas em 1894, o responsável por esses atos foi preso em Londres e levado à França para julgamento. Era Théodule Meunier, um marceneiro que representava um tipo de terrorista bem diferente de Ravachol. Homem de vida exemplar, trabalhador discreto e de excelentes qualidades, também era, como seu antigo companheiro Charles Malato o descreveu, "o mais extraordinário tipo de iluminista revolucionário, um ascético e um visionário, tão apaixonado em sua busca da sociedade ideal quanto Saint-Just, e tão inclemente na procura de uma maneira de alcançá-la". A violência natural que se encapelava no interior de Ravachol não fazia parte da natureza de Meunier, mas a fria racionalidade que o impelia era igualmente destrutiva. Meunier escapou à guilhotina, mas durante os longos anos que suportou a colônia penal jamais se arrependeu de ter matado pessoas inocentes. "Fiz apenas o que tinha de fazer", disse ele a Jean Grave mais de vinte anos depois. "Se pudesse começar tudo de novo, faria a mesma coisa."

Após a execução de Ravachol, houve um intervalo de calma de vários meses na campanha terrorista. E então, aos 8 de novembro de 1892, uma bomba explodiu nos escritórios de uma companhia de mineração na Avenue de l'Opéra. Quatro policiais morreram quando outra explodiu na delegacia da Rue des Bons-Enfants. Não se descobriu imediatamente o responsável, e passou-se mais de um ano antes que a febre terrorista repentinamente alcançasse o clímax numa série de atos espetaculares.

Eles começaram no dia 13 de novembro de 1893, quando outro trabalhador honesto, discreto e fanático, Léauthier, inspirado pelo pensamento de que "não estarei atingindo um inocente, se atingir o primeiro burguês que encontrar na minha frente", agrediu o ministro Serbian com uma faca de sapateiro e feriu-o gravemente. Quatro semanas mais tarde, no dia 9 de dezembro, Auguste Vaillant atirou uma bomba da galeria da Câmara de Deputados e desencadeou o medo nos corações dos governantes franceses.

Ao contrário de Meunier e Léauthier, Vaillant era um afável boêmio, criado na pobreza, mudando continuamente de emprego para emprego, convertendo-se primeiro ao socialismo e depois ao anarquismo e, finalmente, emigrando para a Argentina, onde tentou lavrar uma concessão de terra na província do Chaco. Não o conseguindo, retornou à França em março de 1893. Lá procurou um tipo de trabalho que traria bem-estar à companheira e à filha, e viu-se angustiado com a pobreza a que estavam obrigados a viver. A situação tanto o atormentou que, afinal, ele resolveu praticar um ato simbólico que seria "o grito de toda uma classe que reivindica seus direitos e que em breve transformará em ação as palavras". A evidente tortura mental que o levou a planejar e realizar o atentado torna-o um dos mais compassivos terroristas; sua mente ao menos trabalhava com paixão, impelida pela dedicação e compaixão pelos seres humanos bem próximos de seu coração, e confusamente acreditava que um grande gesto despertaria os homens do pesadelo da injustiça.

Mas o medo provocado por seu atentado não deixou lugar para compaixão e compreensão. Ninguém morrera como consequência do ato, mas ele foi condenado à morte; pela primeira vez, desde o início do século, dava-se uma tal sentença a um homem que em verdade não havia matado ninguém. Mas, apesar de uma petição que um dos deputados feridos fez circular, o presidente Sadi Carnot recusou-se a absolvê-lo.

Vaillant foi para o cadafalso com a mesma coragem de Ravachol, a bradar: "Viva a Anarquia! Minha morte será vingada!" E vingada ela foi, terrível e repetidamente. Uma semana após sua execução, uma bomba foi jogada no Café Terminus, na Gare St. Lazare. Vinte pessoas feridas; uma delas morreu.

O responsável, preso imediatamente, era um jovem chamado Émile Henry, filho de um famoso comuneiro; mais tarde, confessou com orgulho que havia colocado a bomba que explodira na delegacia da Rue des Bons-Enfants. Talvez Henry tenha sido o mais singular – e decerto o mais violento dos terroristas franceses. Possuía uma inteligência excepcional e um considerável talento literário, mas sacrificara a possibilidade de uma carreira satisfatória para dedicar-se à propaganda anarquista. A princípio opusera-se à teoria da propaganda pela ação, mas a execução de Ravachol exercera grande influência sobre ele e pouco depois transformou-se num radical defensor de atos violentos que "despertam as massas... e lhes revelam o lado vulnerável da burguesia". Com a lógica implacável que numa mente calculista substitui a paixão, Henry seguiu o novo caminho até o extremo, e este extremo levou-o ao ataque indiscriminado a pessoas certamente inocentes das injustiças que ele tanto odiava. Lamentava apenas, disse mais tarde, que a explosão não causara mais vítimas.

O crime de Henry semeou o horror na França e escandalizou os próprios anarquistas, que perceberam a encruzilhada à que sua década de violentos sonhos os havia levado. "O ato de Henry", disse o militante Charles Malato, "atingiu acima de tudo a anarquia". O acontecimento teve um efeito solene semelhante nos anarquistas literários. Laurent Tailhade vira "um belo gesto" no atentado de Vaillant; Victor Barracund vira Ravachol como "uma espécie de Cristo violento"; mas foram poucos os que, após o aterrador "ato de Henry", não ecoaram as palavras admiráveis com que Octave Mirbeau distinguiu o anarquismo essencial dos atos cometidos em seu nome:

> Um inimigo mortal da anarquia não poderia ter agido melhor do que este Émile Henry ao jogar sua inexplicável bomba no meio de pessoas anônimas e pacíficas que iam ao café para tomar um copo de cerveja antes de se dirigirem para casa... Émile Henry diz, afirma, declara ser ele próprio um anarquista. Talvez isso seja possível. Virou moda nos dias de hoje, entre os criminosos, usar o anarquismo para justificar qualquer agressão praticada por eles... Todos os partidos têm seus criminosos e seus tolos, porque todo partido é feito de homens.

A lição não fora inútil. A partir da explosão do Café Terminus pode-se datar o início de uma nova tendência no anarquismo francês que aponta para a tomada de responsabilidades mais realistas no mundo de sua época. Mas a era do terror não havia exatamente terminado. Pouco depois da prisão de Henry, uma sucessão de três explosões cessou quando um anarquista belga, Pauwels, explodiu a si mesmo em Madeleine. No dia 4 de abril, uma explosão num restaurante – o último dos atentados a bomba – ironicamente feriu o admirador de Vaillant, Laurent Tailhade. Mas a derradeira vingança pela qual Vaillant clamara ainda estava por vir, e trouxe um impressionante final aos anos de violência. No dia 24 de junho, o presidente Carnot chegou em Lyon numa visita oficial. No mesmo dia chegava de Cette o anarquista italiano Santo Caserio; às nove horas da noite, pontualmente, ele misturou-se à multidão que se juntava ao redor do presidente e apunhalou-o no fígado, enquanto gritava: *"Vive la Révolution! Vive l'Anarchie!"*, o que já se caracterizara como um ritual. Carnot veio a falecer como consequência dos ferimentos. Fora um ato de justiça primária. Carnot não mostrara nenhuma piedade por Vaillant, e Caserio, vingador sanguinário, também não mostrou por ele piedade. Mas, para quem buscava algo mais além da lei da vendeta, o incidente foi simplesmente o último de uma série de atos sacrificiais heróicos e inúteis, os quais não favoreceram a causa do anarquismo nem aliviaram o peso da injustiça suportado pelo homem do século XIX.

Os anarquistas compreenderam esse quadro, auxiliados pela luta pela vida que o movimento viu-se obrigado a manter como resultado indireto da campanha terrorista. Tomada pelo pânico que se seguiu ao atentado de Vaillant, a Câmara dos Deputados aprovou uma série de medidas que foram difamadas na história política da França ao serem chamadas de *les lois scélérates*. A primeira delas considerava crime não apenas incitar a atos criminosos, como também justificá-los. A segunda dizia respeito às "associações de malfeitores" e os definia antes pelo propósito que pela ação. Finalmente, após a morte de Carnot, uma terceira lei proibiu atos de propaganda anarquista "por quaisquer meios".

Uma aplicação rigorosa dessas leis seria capaz de pelo menos derrubar completamente o movimento anarquista. E isso era o que o governo esperava conseguir. Seu primeiro alvo foi a imprensa anarquista. No dia 21 de fevereiro de 1894, *Le Père Peinard* rendeu-se às pressões e parou de circular. Menos de três semanas mais tarde, *La Révolte* interrompeu as atividades. Muitos anarquistas intelectuais foram presos e, no dia 6 de agosto, alguns dos mais conhecidos foram levados às salas dos tribunais para o Julgamento dos Trinta.

A acusação preparou o julgamento dos Trinta com um maquiavelismo auto-anulador. Colocou entre os réus um famigerado bando de "anarquistas ilegais" liderado por um mexicano de nome Ortiz; em termos mais claros, tratava-se de ladrões profissionais que abriram mão de parte de seus lucros para a causa. Colocando dezenove célebres teóricos anarquistas no banco dos réus ao lado desses "Robin Hood" modernos, a acusação esperava confundir a questão perante o júri e apresentar homens como Jean Grave, Sébastien Faure, Paul Reclus e Émile Pouget como cúmplices de criminosos. O julgamento estendeu-se por uma semana e, a despeito da visível predisposição do júri, as ligações que a acusação procurou estabelecer foram facilmente refutadas. Ao final, apenas Ortiz e dois de seus companheiros foram condenados à prisão. O veredito que absolvia os verdadeiros líderes anarquistas ditou o fim não apenas da época terrorista, mas também da reação por ela produzida.

A vitalidade essencial do anarquismo francês e a resistência de suas raízes no terreno político do século XIX foram mostradas pela velocidade com que o movimento ergueu-se da obscuridade de 1894, quando sua imprensa foi arrasada, seus líderes respondiam a processo e sua estrutura de grupos autônomos foi quase inteiramente desmantelada, e caminhou em direção ao ponto mais alto de sua influência, alcançado nos últimos anos do século XIX e nos primeiros do século XX. O período de 1881 a 1894 constituiu um momento de isolamento, quando os anarquistas erravam por uma imensidão de grupos sociais marginais e buscavam o caminho para o milênio em atos desesperados e visões idílicas. O período de 1894 a 1914 assistiu a um equilíbrio fecundo entre o visionário e o prático, acompanhado por uma tendência a experimentar não apenas os meios de perturbar o sistema de autoridade existentes, mas também os de preparar homens e mulheres para uma vida mais plena e livre, e até mesmo organizações que poderiam ser consideradas esboços fragmentários do futuro. O anarcossindicalismo, assim como o movimento que visava estabelecer colônias anarcocomunistas nas regiões rurais francesas (que resultaram na criação de diversas comunidades que perduraram até os anos 30) e o movimento da educação libertária (que levou à formação de algumas famosas escolas progressistas, incluindo-se a La Ruche, de Faure, e das Universités Populaires com seus cursos noturnos para adultos), todos evidenciaram um anarquismo em busca de soluções construtivas.

Naturalmente, é verdade que havia outros campos de atividade em que estava implicada apenas a resistência a firmar autoridade. Isso se observava em particular com a *Ligue Antimilitariste* e outras organizações de resistência à guerra, nas quais os anarquistas constituíam o elemento mais ativo. Finalmente, o término da era terrorista e o encarceramento do famigerado Ortiz não trouxeram um ponto final às atividades ilegais. À margem do movimento, e em particular na facção individualista, que se tornou relativamente forte após o ano de 1900 e deu início à publicação de seu próprio jornal sectário, *L'Anarchie* (1905-14), havia grupos e indivíduos que viviam, em grande parte, do crime. Entre eles encontravam-se algumas das mais originais, e também das mais trágicas, personalidades da história anarquista. O grupo liderado por Marius Jacob atuou com sucesso durante cinco anos, de 1900 a 1905, realizando centenas de roubos e orgulhando-se de roubar apenas os improdutivos.* Havia ainda o grupo bem mais sinistro de Bonnot, composto de indivíduos neo-stirneritas, o qual, em 1913, empreendeu uma carreira de banditismo em grande escala; a maioria de seus membros morreu em confrontos

---

* Certa vez, enquanto roubava uma residência, Jacob de súbito percebeu que esta pertencia ao escritor Pierre Loti; imediatamente abandonou-a sem nada levar.

com a polícia. Essas, porém, foram exceções, contrárias às tendências, em geral, construtivas do anarquismo ao longo das duas décadas após 1894.

Uma vez que não dispomos de espaço para analisar a contento todas as variações da atividade anarquista francesa em seu período mais fértil, nos limitaremos a dizer algumas palavras sobre a organização e a imprensa do movimento para nos determos um pouco mais sobre o anarcossindicalismo e sua relação com o movimento anarquista no sentido estrito. Com efeito, a partir de 1890 interessam-nos duas formas paralelas e entreligadas de doutrina libertária – ou, possivelmente, três, se levarmos em consideração os individualistas, que se opuseram firmemente à tendência sindicalista e inclusive rejeitaram o comunismo anarquista que a precedeu. O movimento anarquista em si permaneceu uma organização de propagandistas – pela palavra de preferência à ação –, tornando-se adepto principalmente da doutrina comunista livre de Kropotkin e organizando-se, como anteriormente, em grupos autônomos. A desconfiança na unidade organizacional persistiu até pouco antes das vésperas da I Guerra Mundial. Somente em 1908, com o incentivo do Congresso Internacional de Amsterdam, de 1907, a tendência começou a manifestar alguma alteração e os primeiros esforços de organização regional ocorreram no norte e no centro da França. Mais tarde, em 1911, uma Aliança Anarquista-Comunista foi criada, precariamente apoiada por membros individuais, mas dela surgiu finalmente um Congresso Nacional, realizado em Paris durante o mês de agosto de 1913, o qual criou uma *Fédération Communiste Révolutionnaire Anarchiste* de caráter nacional. A curta vida da FCRA terminou com a deflagração da I Guerra Mundial, mas suas sucessoras, que adotaram diversos nomes, conservaram uma frágil existência pacífica na França até o presente.

A força quantitativa do movimento ao longo do século XX dificilmente poderá ser precisada, devido à ausência de qualquer tentativa de se registrar o número de membros. Sessenta grupos tomaram parte do Congresso de agosto de 1913, mas, visto ter havido oposição a ele, outros grupos certamente existiram. No que diz respeito aos indivíduos, um líder anarquista da época, A. Hamon, estimou os adeptos do anarquismo na virada do século em 60 mil "ou talvez 100 mil", uma afirmação da qual se deve duvidar em vista de sua imprecisão. Jean Maitron, ao criticar A. Hamon, apresentou números que insinuam ter havido pouco mais de 500 militantes nos grupos de Paris, tal como vinte anos antes, e diante dessa prova ele sustenta que o movimento na França não era mais amplo em 1900 do que o fora em 1800. Contudo, quando se consideram as múltiplas formas de atividade anarquista que se desenvolveram fora dos grupos de propaganda, e quando se traz à memória o número de anarquistas convictos que trabalharam dentro dos sindicatos, parece certo que os adeptos ativos das diversas formas foram relativamente mais numerosos que os 3 mil militantes franceses dos anos de 1880, embora mesmo os cálculos menores de Hamon pareçam bem mais generosos.

A influência anarquista se fez sentir mais fortemente durante as décadas posteriores a 1894, por meio de sua imprensa e da participação ativa nos sindicatos. *A* imprensa anarquista saiu enriquecida das perseguições de 1894. Pouget, que fugira para a Inglaterra para evitar o julgamento dos Trinta, continuou a publicar no exílio *Le Père Peinard;* ao voltar à França em 1895, fundou *La Sociale,* mas no ano seguinte retomou o título anterior, e *Le Père Peinard* existiu até 1900, quando Pouget o abandonou com o intuito de editar o diário da *Confédération Générale du Travail* que reviveu o antigo título proudhoniano *La Voix du Peuple.* Entrementes, Jean Grave, ciente de que uma nova era nas atividades anarquistas havia começado, retornou ao jornalismo com o apropriadamente intitulado *Temps Nouveaux,* que não era simplesmente um substituto do *La Révolte,* uma vez que tomava uma nova orientação ao apoiar desde o início a tendência do anarcossindicalismo que se ia desenvolvendo. Finalmente, em dezembro de 1895, Sébastien Faure fundou o mais duradouro de todos os jornais anarquistas distribuídos nacionalmente, *Le Libertaire,* que continuou a sair, com interrupções forçadas pelas duas guerras mundiais, até o final da década de 50.

Durante esse período, houve também esforços de se criarem diários anarquistas, mas, salvo *La Voix du Peuple,* que pertencia a um sindicato e apenas em parte tinha orientação anarquista, nenhum deles foi bem-sucedido. O mais importante foi *Le Journal du Peuple,* fundado por Sébastien Faure durante o auge da agitação de Dreyfus; publicava artigos de socialistas de esquerda e anarquistas, e seguia uma linha nitidamente anticlerical, mas, jamais obtendo sucesso financeiro, desapareceu depois de dez meses de existência em dezembro de 1899. Dois anos depois, Faure fundou em Lyon um segundo diário anarquista, *Le Quotidien,* que publicou quase 300 números até também se extinguir por falta de apoio suficiente. Evidentemente, fora dos sindicatos, o número de adeptos dos anarquistas não era grande o bastante para apoiar qualquer publicação mais frequente que os periódicos mensais; mesmo estes achavam-se sempre em débito e precisavam ser subsidiados por grupos de apoio.

A doutrina do anarcossindicalismo só pôde se desenvolver com o aumento da participação de anarquistas franceses no movimento sindical durante a década de 1890; ao longo dos anos que se seguiram, difundiu-se para além da França e em grande parte substituiu o comunismo anarquista na posição libertária dominante, não apenas nos países latinos, como também na Alemanha, Holanda e Escandinávia.

Nem a abordagem básica do anarcossindicalismo nem as formas de ação defendidas por seus partidários eram inteiramente novas. Na Inglaterra dos anos de 1830, sob a influência teórica de Robert Owen, o *Grand National Consolidated Trades Union* não apenas definiu a urgência da necessidade dos trabalhadores por melhores condições dentro do capitalismo, como também vislumbrou a fundação de uma sociedade socializada por meio de um movimento divorciado da atividade política. E o método que os owenistas aprovaram para pôr termo ao capitalismo e instaurarem um mundo novo foi o Grande Feriado Nacional da Classe Trabalhadora – uma versão pioneira da greve geral, concebida e defendida em 1833 pelo encarregado de restaurante inglês William Benbow. Até mesmo na França, a ênfase sindicalista sobre a necessidade do trabalhador de conseguir sua própria libertação datava do *De la Capacité Politique des Classes Ouvrières,* de Proudhon; Varlin e os bakuninistas franceses haviam também reconhecido, antes da Comuna de Paris, o papel dos sindicatos na luta social, e a greve geral havia recebido apoio de coletivistas não marxistas dentro da Internacional, em particular como meio de resistência à guerra. Original, no anarcossindicalismo, foi a adaptação desses elementos do passado às circunstâncias do mundo industrial do final do século XIX, além da criação de uma teoria que transformou o sindicato no centro da luta de classes e no núcleo de uma nova sociedade. A ênfase que se dava ao sindicato, de preferência à Comuna, como unidade social básica, e à ação industrial, em oposição à ação insurrecional ou conspiratória, era o ponto em que os anarcossindicalistas diferenciavam-se dos comunistas anarquistas e dos coletivistas.

O movimento sindical começou a regenerar-se na França depois da legislação de 1884, que permitia associações trabalhistas para a defesa dos interesses econômicos. Quase imediatamente os anarquistas principiaram a entrar para os sindicatos; entre os primeiros, encontrava-se o carpinteiro Joseph Tortelier, famoso orador e grande defensor da greve geral como meio de fazer a Revolução Social.

Contudo, ainda foi necessário algum tempo antes que surgisse nos sindicatos uma tendência claramente revolucionária. A primeira organização geral, a *Fédération Nationale des Syndicats,* foi criada em 1886; tratava-se de um órgão reformista controlado pelos socialistas do *Parti Ouvrier* de Guesde. Dois anos mais tarde, uma tendência anarquista começou a emergir. Incentivados pelo governo de Waldeck-Rousseau, que esperava conseguir paz social namorando os operários, os sindicatos de Paris fundaram em 1888 uma *Bourse de Travail,* ou uma bolsa de trabalho, para concorrer com o *bureaux de placement,* que trabalhava no interesse dos empregadores; o inverso ocorreu. Os grupos locais de sindicatos formados pela *Bourse* recorreram ao descentralismo anarquista e ofereceram um meio de opor-se às tendências de centralização dos guesdistas dentro da *Fédération Nationale des Syndicats*. Além do mais, os anarquistas esperavam que as *Bourses* resultassem no controle sindical da produção de trabalho e dessa maneira firmassem um instrumento útil de poder econômico.

O movimento expandiu-se rapidamente, *Bourses de Travail* foram implantadas em muitas províncias e sem demora os anarquistas firmaram o controle sobre as mais importantes. Em 1892, já existiam em número suficiente para formar uma *Fédération des Bourses de Travail,* onde os anarquistas também se infiltraram efetivamente; em 1894, Fernand Pelloutier tornou-se secretário-assistente da Federação e, em 1895, passou para a posição de secretário-geral, enquanto outro anarquista, Paul Delesalle, foi nomeado seu assistente. Pelloutier era um jovem e brilhante jornalista que começara como radical e então aderiu aos guesdistas; desiludido com sua experiência de partidos políticos, concluiu que a ação industrial, que culminaria da greve geral, era a melhor proteção para os operários nas condições existentes, além de ser o melhor meio de alcançar a possível Revolução Social. Seria um exagero dizer – como disse GDH. Cole – que "Pelloutier fundou o sindicalismo", mas é verdade que seu entusiasmo idealista e sincero o transformou no primeiro e mais importante líder. Os anarquistas em geral levaram consigo para dentro das *Bourses de Travail* o ódio pelo Estado e o extremado antimilitarismo, representados em particular por Georges Yvetot, que sucedeu Pelloutier no secretariado da Federação depois da morte prematura deste, em 1901.

Nesse ínterim, os anarquistas também começaram a insinuar-se na rival *Fédération Nationale des Syndicats*. Em aliança com os blanquistas e o grupo socialista revolucionário liderado por Jean Allemane, conseguiram depor os guesdistas do controle da FNS. A partir de então, tornou-se possível a colaboração entre as duas organizações e, num congresso conjunto realizado em Nantes, em 1894, uma grande maioria de delegados concluiu que "o meio revolucionário definitivo era a greve geral" e constituiu uma comissão especial, controlada pelas facções revolucionárias, para transmitir essa ideia milenar aos operários.

A fusão efetiva das duas federações não ocorreu imediatamente (embora tivesse sido recomendada com insistência num congresso conjunto em 1893), em grande parte porque os militantes das *Bourses de Travail* relutavam em abandonar a forma descentralizada de organização. Como consequência, o movimento sindicalista só foi unir-se em 1902. Um primeiro passo na direção da unificação fora dado em 1895, quando a *Fédération Nationale des Syndicats* se transformou na *Confédération Générale de Travail;* ao proporcionar uma estrutura de duas seções – uma dos sindicatos nacionais, outra das federações locais –, era o que esperava a filiação das *Bourses de Travail,* mas Pelloutier e seus seguidores integraram a Confederação apenas por alguns meses, deixando-a em seguida. Entrementes, em 1898, a CGT planejou um ensaio de greve geral dando apoio a uma greve de ferroviários, que, como funcionários públicos, estavam excluídos das disposições do *Trade Union Act* que legalizavam greves; os ferroviários, entretanto, deixaram-se intimidar pelas ameaças do governo e a grande greve geral de caráter experimental acabou em fracasso, levando ao descrédito os moderados da CGT, que haviam permitido que os planos da greve chegassem ao conhecimento das autoridades. Com isso os anarquistas puderam fortalecer sua influência dentro da Confederação e, em 1902, as duas posições encontravam-se suficientemente próximas para favorecer uma união. Na CGT ampliada, um ex-blanquista, Victor Griffuelhes, tornou-se secretário-geral, mas os anarquistas Yvetot e Delesalle chefiavam a seção das *Bourses de Travail,* enquanto Pouget chefiava a seção das federações nacionais e também editava *La Voix du Peuple.*

Entre 1902 e 1908, os anarquistas atingiram o auge de sua influência entre os operários franceses. A CGT, naturalmente, jamais foi uma organização inteiramente anarquista. Uma minoria conservou uma posição reformista, enquanto, entre a maioria revolucionária, os anarquistas completavam-se com blanquistas, allemanistas e uma nova geração de sindicalistas "puros", dos quais Pierre Monatte era o representante típico, e via no sindicato militante o único meio e o único fim da atividade revolucionária. A CGT como um todo também não representava maioria entre os operários da França; os teóricos do anarcossindicalismo receberam bem esse fato, uma vez que, para eles, uma organização relativamente pequena de militantes devotados poderia ativar as massas indiferentes numa situação crítica e ao mesmo tempo não perderia sua potência imergindo numa massa de inscritos inativos. A concepção bakuninista de uma elite revolucionária desempenhou importante papel na teoria anarcossindicalista.

Durante a primeira década do século XX, a CGT empenhou-se na ação trabalhista, transformando-a num tenso período de greves, sabotagens, violência policial e tentativas sindicalistas de minar o moral das forças armadas. Talvez não se tenha alcançado muito, em termos materiais, na melhoria das condições de trabalho, mas isso não pareceu importar aos anarcossindicalistas; desejavam criar um clima de luta em que os antagonismos de classe se exasperassem e os trabalhadores percebessem, por experiência, a necessidade de uma solução revolucionária para o problema social.

Nesse contexto de intenso conflito, os sindicalistas revolucionários elaboraram suas teorias. Começando com a concepção de uma sociedade dividida entre produtores e parasitas, viram nos sindicatos uma união de luta por parte dos produtores, uma união fortalecida pelo fato de que ligava homens pelos seus laços mais fundamentais – os laços do trabalho comum e dos interesses econômicos comuns. Apenas na luta industrial o operário realmente confronta-se com seu inimigo mais próximo, o capitalista; apenas nessa luta ele pode praticar "ação direta", ação não deturpada por intermediários. Aos olhos do sindicalista revolucionário, a ação pode ser ou não ser violenta. Pode assumir a forma da sabotagem, do boicote, da greve. Sua forma máxima é a greve geral, que os anarcossindicalistas consideraram como o meio de derrubar não apenas o capitalismo, mas também o Estado, e de instaurar o milênio libertário. Esse ensinamento reforçou a tradicional rejeição do anarquista à ação política, visto que o sindicato parecia proporcionar uma alternativa prática ao partido político; também deixou inquebrantável seu ódio pelo Estado, pela Igreja, pelo Exército, os quais permaneciam como apoio de fundo ao inimigo direto, o capitalista.

Uma tal doutrina atraiu não apenas trabalhadores militantes, mas também intelectuais em que eles não confiavam. Entre estes, o mais imaginativo foi Georges Sorel. Sorel, cujas ideias foram bem desenvolvidas no seu *Reflexões sobre a Violência,* não tinha ligação direta com o movimento sindicalista e era repudiado por seus teóricos, Pelloutier, Pouget, Pataud e Yvetot. Era um engenheiro de profissão que se interessara primeiro por Marx e depois por Bergson, e que tentara combinar as ideias desses complexos filósofos com a experiência prática do movimento sindicalista com o propósito de criar sua própria teoria de desenvolvimento social. De acordo com essa teoria, a luta de classes era valiosa porque contribuía para a saúde e a vitalidade da sociedade, e deveria ser perseguida com violência porque – diz Sorel com palavras que parecem prenunciar escritores como Malraux e Sartre – a ação violenta propicia momentos extremos "quando nos esforçamos para criar um novo homem dentro de nós mesmos" e "possuímos a nós mesmos". Esses momentos, para Sorel, são a verdadeira liberdade; ele não procura nenhum mundo que vá além deles. E, desse modo, quando exalta a concepção da greve geral, ele o faz não por pensar que algum dia ela atingirá o objetivo milenar, mas porque a ideia de seu sucesso é um "mito social" inútil, para sustentar o entusiasmo dos trabalhadores e manter-lhes a disposição para tomar parte da luta – que é incessante. Há elementos em Sorel que certamente lembram os de Proudhon, a quem ele admirava, mas jamais afirmou ser anarquista e seu lugar na história anarquista é periférico. Suas ideias tanto poderiam tê-lo levado para a direita quanto para a esquerda; com efeito, posteriormente ele se envolveu em movimentos monarquistas e anti-semitas e finalmente encontrou um lugar entre os profetas do fascismo italiano.

Na França, a influência do anarcossindicalismo alcançou seu pico por volta de 1906, com a famosa Carta de Amiens, que anunciou a completa autonomia do movimento sindicalista e negou todas as sujeições políticas, fossem da direita, fossem da esquerda. Começou a declinar por volta de 1908, em parte devido a uma série de greves desastrosas que provocaram o encarceramento dos principais líderes sindicalistas revolucionários – Griffuelhes, Pouget, Yvetot e outros – e levaram à sua substituição pelo grupo sindicalista "puro", liderado por Leon Jouhaux, que caminhou com firmeza para a direita. Como consequência, os sindicatos nacionais, que sempre se inclinaram para o reformismo do movimento sindicalista inglês, foram gradualmente ganhando mais poder dentro da Confederação; os anarquistas permaneceram bem entrincheirados dentro das *Bourses de Travail,* mas sua interferência na política da CGT como um todo declinou rapidamente de 1909 a 1914, a força com que mantinham suas posições-chave enfraqueceu e a organização deixou de portar sua marca distintiva.

Durante o apogeu anarcossindicalista, os grupos de propaganda estritamente anarquista prosseguiram no seu trabalho e as relações entre essas duas correntes de movimento eram comumente tensas. Desde o início, os individualistas opunham-se a qualquer participação nos sindicatos. No outro extremo, Jean Grave e *Temps Noveaux* de modo geral simpatizavam com os sindicalistas. No *Le Libertaire,* Sébastien Faure sustentou durante vários anos uma oposição baseada numa concepção purista do comunismo anarquista, mas mais tarde passou a uma neutralidade benevolente. À medida que o tempo foi transcorrendo e os sindicalistas mais jovens começaram a pensar em termos de uma revolução apenas por meio da atividade industrial, muitos anarquistas desligados dos sindicatos perturbaram-se com a visão de um futuro dominado por sindicatos monolíticos, e o debate entre Malatesta e Pierre Monatte, no Congresso Internacional de Amsterdam de 1907, destacou uma diferença de ponto de vista que se foi acentuando quando evoluiu um tipo de sindicalismo revolucionário cujos expoentes julgaram desnecessário afirmar sua sujeição ao anarquismo.

Tanto para o comunismo anarquista quanto para o anarcossindicalismo na França, a I Guerra Mundial precipitou um declínio que havia sido iniciado anos antes. O antimilitarismo proclamado a alto e bom som pelos anarquistas e sindicalistas não produziu nenhum efeito espetacular quando foram postos à prova pela guerra. Muitos dos anarquistas de idade militar alistaram-se sem oferecer qualquer resistência, e vários de seus líderes, inclusive Jean Grave, Charles Malato e Paul Reclus, afirmaram seu apoio aos aliados. É verdade que Sébastien Faure e E. Armand, o principal individualista, continuaram opondo-se, mas a desunião do movimento apressou sua decadência. Os jornais anarquistas pararam de ser publicados; dissolveram-se os grupos anarquistas; nenhum movimento subterrâneo efetivo chegou a existir plenamente.

Terminada a guerra, a Revolução Russa, com a concreção de sua realização, tornou-se uma influência igualmente desagregadora. Dentro da CGT, criou acentuadas divisões de opinião. Os comunistas e os sindicalistas revolucionários, a princípio, aliaram-se e formaram um *Centre Syndicaliste Révolutionaire* no interior da Confederação, sobre o qual os anarquistas, orientados por Pierre Besnard, exerceram controle temporário. Em 1921, o *Centre* dividiu-se para dar forma a uma organização rival, a *CGT Unitaire*. Mais uma vez os anarcossindicalistas a princípio ganharam posição privilegiada e conseguiram provocar, em diversas partes da França, um movimento grevista cujo fracasso deixou-os desacreditados e permitiu aos comunistas tomarem o controle da CGTU no Congresso de Saint-Étienne, em 1922. Pouco depois, a CGTU uniu-se ao Profintern, e em seguida sobreveio nova divisão, quando os anarquistas retiraram-se para formar uma União Federal de Sindicatos Autônomos, que se aliou à Associação International dos Trabalhadores, recentemente fundada em Berlim, e em 1925 tornou-se a *CGT Syndicaliste Révolutionaire*. A CGTSR sobreviveu até 1939, mas nunca chegou a ser mais que um pequeno movimento partidário, e, a partir de 1923, o anarcossindicalismo desempenhou um papel insignificante na atividade operária da França.

O declínio do movimento anarquista em si observou-se antes na militância que no número de militantes. Os jornais e os grupos anarquistas reviveram após 1918, mas o encantamento revolucionário que o anarquismo, nas suas mais variadas formas, monopolizara entre 1880 e 1910 apagou-se sob a luz da Revolução Russa, e muitos dos ativistas mais jovens saíram do Partido Comunista, enquanto não surgia nenhum líder de estatura, e muitos dos sobreviventes da elite da pré-guerra estavam desacreditados por terem apoiado a guerra. O anarquismo francês não tomou direções novas. Simplesmente seguiu, com energia enfraquecida, os caminhos traçados nos anos fecundos após 1894. Com a diminuição da importância da classe dos artífices, que no passado contribuíra sobremaneira para aumentar suas fileiras, ele parecia estar em descompasso com o espírito dos trabalhadores franceses, embora se tenha mantido vivo, em grande parte, devido ao fascínio que a lógica das doutrinas radicais exerce sobre certos tipos de franceses em todas as classes.

Contudo, se o movimento libertário nacional tornou-se uma espécie de fóssil vivo durante os anos de 1918 a 1939, Paris e regiões do sul da França continuaram sendo notáveis centros anarquistas devido à disposição da maior parte dos governos franceses entre os anos de 1920 e 1930 de dar asilo a refugiados políticos. Uns após outros, como que em ondas, quando o pesadelo totalitário abalou a Europa, os anarquistas estrangeiros dirigiram-se para a França. Vieram primeiro da Rússia, depois da Itália e da Alemanha, e, finalmente, da Espanha, até que, em 1939, provavelmente havia no solo francês mais anarquistas estrangeiros que nacionais. Nestor Makhno e Alexander Berkman morreram na França; Camillo Berneri, o último dos grandes anarquistas italianos, viveu ali até seu senso de dever levá-lo de volta à Espanha, onde morreu. Esses homens, porém, estavam apenas de passagem, aguardando – comumente em vão – o dia em que o destino os chamaria de volta à luta em seus próprios países. Tiveram pouca influência sobre o movimento francês, e sua presença em nada contribuiu para deter o declínio que viera da morte de suas raízes na vida popular.

Anarquismo na Espanha

Em relação ao resto da Europa, a Espanha sempre se manteve isolada do ponto de vista geográfico, econômico e histórico. A um tempo conservadores e revolucionários, presos à tradição e dados a extremos temperamentais, os espanhóis são um povo violento e generoso, independente e de moral rígida, que vive, em sua maior parte, da terra – tanto quanto possa viver – e para o qual pobreza não significa falta de dignidade. Neste país rude e no espírito orgulhoso de seus habitantes, o anarquismo encontrou o seu meio mais adequado, e durante cinquenta anos, mesmo quando já perdera a importância nas demais partes do mundo, ainda deu à Espanha um ideal que despertou a imaginação dos pobres e uma causa que atraiu centenas de milhares de adeptos entre os operários das fábricas de Barcelona e os trabalhadores de Madri, e sobretudo entre os camponeses da Andaluzia e Aragão, do Levante e da Galícia. Nessas circunstâncias favoráveis, o anarquismo adquiriu uma força moral que o fez ultrapassar o plano meramente social e político e assumir, em muitas partes da Espanha, a forma espiritualmente libertadora de uma nova religião. Os anarquistas espanhóis se diferenciaram dos anarquistas do resto da Europa não somente em termos de número, mas também quanto à sua natureza.

Contudo, sua doutrina surgiu da mesma fonte e compartilhou os mesmos profetas – primeiro Proudhon, depois Bakunin e por último Kropotkin, este em menor grau. A influência de Proudhon começou cedo, pois em 1845 seu discípulo Ramón de la Sagra, a quem Max Nettlau descreveu como o primeiro anarquista espanhol, fundou em Coruña um jornal chamado *El Porvenir,* rapidamente fechado pelas autoridades. É com justeza considerado o primeiro de todos os jornais anarquistas, precedendo de três anos o de Proudhon,

Le Représentant du Peuple, que teve vida mais longa. Ramón de la Sagra esteve em Paris durante a Revolução de 1848, quando participou das atividades de Proudhon, particularmente no Banco do Povo, mas sua influência na Espanha foi relativamente pequena, e ele morreu no exílio.

O movimento que agora conhecemos como anarquismo espanhol, com seu extremismo e sua paixão milenar, foi, no entanto, precedido pelo que Max Nettlau chamou de "uma aprendizagem federalista", época em que a influência de Proudhon em sua forma moderada desempenhou um papel importante na história política espanhola. O inspirador principal do federalismo espanhol, e o mais devotado dos apóstolos proudhonianos, foi um bancário de Madri chamado Pi y Margall; significativamente, ele era catalão de nascimento e, por conseguinte, estava predisposto a rejeitar a centralização política. Pi destacou-se na época da malograda Revolução Espanhola de 1854, quando publicou seu primeiro livro, *La Reacción y La Revolución.* Não defendia o anarquismo puro; na verdade politicamente ainda se mantinha talvez mais perto de Jefferson do que de Proudhon, já que ideava a criação de um governo que deveria seguir numa direção revolucionária por meio de reformas graduais: "Eu devo dividir e subdividir o poder; devo torná-lo mutável e continuar destruindo-o". Na essência dessa perspectiva encontra-se por fim a anarquia, mas Pi, diferentemente dos verdadeiros anarquistas, tinha em vista a tomada do poder a fim de demolir-lhe a estrutura.

Mais tarde, Pi tornou-se o principal tradutor de Proudhon para o espanhol; iniciou com *Du Principe Fédératif,* seguindo-se *Solution du Problème Social, De la Capacité Politique des Classes Ouvrières* e *Systeme des Contradictions Économiques.* Em 1870, data da edição espanhola deste último livro, boa parte da obra de Proudhon já se encontrava traduzida para o espanhol, tornando possível uma introdução efetiva aos aspectos mais significativos de seu pensamento. Essas traduções iriam ter um efeito profundo e duradouro no desenvolvimento do anarquismo espanhol depois de 1870, mas já antes as ideias proudhonianas, interpretadas por Pi, haviam inspirado fortemente o movimento federalista que nascia nos princípios de 1860. Sem dúvida alguma, o federalismo não proveio exclusivamente de influências ideológicas externas; ele surgiu da importância tradicional que a Espanha dá ao regionalismo, do culto da *patria chica* e do ressentimento da dominação de Castela pela Catalunha, Galícia e Aragão. Durante a Revolução de 1873, os federalistas, liderados por Pi y Margall, teriam seu momento efêmero de glória, mas naquela época uma corrente mais avançada do anarquismo, derivada de Bakunin, já havia alcançado a Espanha.

A adaptação do federalismo proudhoniano empreendida por Pi y Margall atraía sobremaneira a classe média inferior, principalmente a que se encontrava fora de Castela, e que no século XIX constituiu a principal força dos movimentos revolucionários espanhóis. O anarquismo bakuninista, por sua vez, apelou diretamente para os artesãos, em especial de Barcelona e Madri, onde também já existia um clima favorável. Desde o malogro do movimento revolucionário de 1854, havia um descontentamento manifesto entre os trabalhadores urbanos e rurais. Em 1855, deu-se a greve geral em Barcelona e outras cidades catalãs; em 1861, uma série de levantes entre os camponeses andaluzos; em 1866, uma revolta séria em Madri e, em 1867 – um ano antes do surgimento dos bakuninistas –, houve um amplo movimento de insurreição rural que se espalhou através da Catalunha, Aragão e Valência.

Ao lado dessas explosões espontâneas de fúria, surgiram organizações da classe trabalhadora de vários tipos, a partir da legalização dos sindicatos, em 1839. Os tecelões de Barcelona começaram a se associar em 1840 e tentaram, sem êxito, estabelecer uma federação de sindicatos na cidade. Houve até tentativas de formação de grupos socialistas. Em 1846, Fernando Garrido, um discípulo de Fourier, fundou em Madri um jornal socialista, *La Atracción,* e durante os anos de 1860 tornou-se um defensor fervoroso do cooperativismo. Consideravelmente à esquerda de Garrido se encontrava Antonio Gusart, que começou por publicar *El Obrero* em

Barcelona durante 1864 e, em 1865, convocou um congresso de quarenta associações trabalhistas para criar uma federação de cooperativas. Em 1862, os delegados espanhóis na Exposição de Londres parecem ter tomado parte nas discussões que precederam a criação da Primeira Internacional, e em 1865 a agência da Associação em Paris anunciava que mantinha correspondência com os "democratas espanhóis". Finalmente, no Congresso da Internacional em Bruxelas, em 1868, o primeiro delegado espanhol, um ourives catalão, apareceu sob o nome de Sarro Magallan – seu verdadeiro nome era A. Marsal y Anglosa – e representou a Associação dos Trabalhadores da Catalunha e a *Legión Ibérica del Trabajo*. Marsal constituiu o elo entre as duas fases do movimento da classe trabalhadora na Espanha, uma vez que em 1870 ele estaria presente ao primeiro Congresso da Internacional da Federação Espanhola.

Mas o verdadeiro começo do movimento anarquista na Espanha foi motivado pela Revolução de setembro de 1868, que levou a rainha Isabel ao exílio. Isto pareceu a Bakunin uma oportunidade de ouro para o estabelecimento da Internacional – sob sua própria égide, e não sob a de Marx – através dos Pireneus. Consequentemente, organizou uma campanha missionária de dimensões consideráveis. Élie Reclus, irmão do antropólogo Élisée, e pelo menos dois dos discípulos marselheses de Bakunin – Bastelica e Charles Alerini – foram à Espanha nos últimos meses de 1868, em nome dos interesses de Bakunin, mas a tradição anarquista espanhola foi justa em reconhecer que o mérito do estabelecimento de seu movimento coube principalmente a Giuseppe Fanelli, que chegou a Barcelona, quase sem um tostão, em outubro de 1868. É muito curioso, considerando a reputação que Barcelona viria a ter como centro do anarquismo espanhol, que Fanelli não tenha conseguido estabelecer qualquer contato nessa cidade, seguindo então para Madri, onde Fernando Garrido o indicou a alguns jovens tipógrafos federalistas que já conheciam as ideias libertárias por meio das traduções que Pi fizera de Proudhon, mas que não tinham sequer ouvido falar sobre a Internacional. Gonzales Morago, o único membro do grupo que conhecia um pouco de francês e podia, portanto, comunicar-se com Fanelli, organizou um encontro que somente pode ser descrito como pentecostal. Vários dos jovens presentes àquela noite haveriam de se tornar líderes vitalícios do anarquismo na Espanha, e um deles, Anselmo Lorenzo, deixou uma descrição eloquente da ocasião:

> Fanelli era um homem alto, de aspecto amável e grave, barba preta cerrada e olhos pretos grandes e expressivos que, ou fulguravam como um raio, ou transmitiam certa compaixão bondosa, de acordo com os sentimentos que o dominavam. Sua voz tinha um tom metálico e era suscetível a todas as inflexões apropriadas ao que dizia, passando rapidamente dos tons de raiva e ameaça contra os tiranos e exploradores até os de sofrimento, pesar e consolo. Falava dos sofrimentos dos explorados como alguém que, sem passar por eles, os compreendia, ou como alguém que, por meio de sentimentos altruístas, comprazia-se em anunciar um ideal ultra-revolucionário de paz e fraternidade. Ele falava em francês e em italiano, mas nós podíamos entender sua mímica expressiva e acompanhar seu discurso.

O anarquismo espanhol começou neste extraordinário momento de comunicação acima dos obstáculos da língua. A maior parte dos ouvintes de Fanelli converteu-se imediatamente à doutrina bakuninista, e alguns dias depois, ao retornar a Barcelona, Fanelli repetiu sua proeza missionária. Nas poucas semanas em que esteve na Espanha, mal aprendeu uma palavra de espanhol, mas reunião após reunião logrou a conversão mesmo daqueles que não sabiam outra língua. Nunca, nem antes nem depois dessa experiência, Fanelli mostrou poderes missionários tão excepcionais; a única explicação possível para seu êxito pode estar na suposição de que, naquela época de perturbações sociais, quando os trabalhadores e os jovens intelectuais consideravam o federalismo de Pi y Margall muito ameno e gradualista para seus anseios impacientes, o anarquismo de Bakunin – que incluía, mas foi além das doutrinas básicas do federalismo – era o verdadeiro credo pelo qual eles estavam esperando.

Um movimento considerável cresceu rapidamente a partir desses pequenos núcleos. Começaram a surgir jornais internacionalistas – *La Federación* em Barcelona e *Solidariedad* em Madri. Formaram-se seções da Internacional na Andaluzia, em Valência, no norte da Espanha, e, no início de 1870, a Associação já contava com cerca de 15 mil filiados espanhóis. Dois delegados espanhóis, Dr. Gaspar Sentiñon e o tipógrafo Rafael Farga-Pellicer, participaram do Congresso da Internacional na Basileia em 1869 e integravam a maioria que apoiou Bakunin naquele vitorioso primeiro *round* do combate com Marx. Enquanto lá estiveram, Bakunin os alistou em sua pequena Fraternidade Internacional e, por sua sugestão, fundaram a União Espanhola de Democracia Social. Aparentemente essa foi uma organização independente da antiga Aliança, e formou um grupo iniciado e secreto de militantes dentro da Federação Espanhola da Internacional.

A Federação foi fundada num Congresso Geral realizado em Barcelona em junho de 1870. Noventa delegados representaram 150 associações de trabalhadores com 40 mil membros, mas algumas delas eram sindicatos ainda não oficialmente filiados à Internacional, e o número real de internacionalistas provavelmente se situava em torno de 20 mil. Os estatutos da Federação do Jura foram adotados para a Espanha, e o Congresso não deixou dúvidas quanto a suas tendências bakuninistas. É verdade que logo depois ocorreu uma ruptura devido às atividades de Paul Lafargue, enviado por Marx a Madri na esperança de demover os espanhóis da fidelidade a Bakunin, mas apenas uma pequena minoria ingressou nas seções autoritárias, e o movimento da classe trabalhadora espanhola como um todo se manteve orientado em direção ao anarquismo.

Nesse meio tempo, Amadeus da Casa de Savoia aceitara a coroa da Espanha, e nos primeiros meses de seu reinado a Internacional não somente aumentou o número de membros, como também dirigiu muitas greves bem-sucedidas em Barcelona. O êxito trouxe a repressão; a polícia começou a deter os líderes internacionalistas, e o Conselho Regional migrou para Lisboa, onde estabeleceu uma seção que se tornou o primeiro núcleo da atividade anarquista em Portugal. Ali permaneceram por três meses, vivendo comunitariamente e aguardando o tempo propício para retornarem à Espanha. A perseguição à Internacional foi logo abrandada, e em setembro os líderes estavam de volta para um Congresso em Valência, em que se criou uma estrutura elaborada de federações locais e se decidiu por formar sindicatos para determinadas indústrias dentro do quadro mais amplo da Internacional. Em janeiro do ano seguinte, perturbado por esses sinais de reinício das atividades, o governo dissolveu oficialmente a Internacional, sob o pretexto de que se tratava de uma organização com associações fora da Espanha. A Associação ignorou o decreto e, na primavera de 1872, Anselmo Lorenzo prosseguiu sua viagem apostólica através da região da Andaluzia, onde começou a converter pequenos camponeses e trabalhadores sem terras, os quais mais tarde se tornariam um elemento importante no movimento anarquista espanhol.

Nessa época, a Federação Espanhola assumiu sua posição na disputa dentro da Internacional. Anselmo Lorenzo seguiu como delegado à Conferência de Londres de 1871, e logo depois os internacionalistas espanhóis deram sua aprovação à Circular de Sonvillier. No Congresso de Haia, seus delegados estavam entre a minoria bakuninista, e mais tarde tomaram parte ativa em Saint-Imier na fundação da Internacional antiautoritária. Finalmente, em dezembro de 1872, um Congresso Geral em Córdoba aprovou por unanimidade os atos do Congresso de Saint-Imier, e aceitou para a Espanha o mesmo tipo de organização descentralizada estabelecido para a Internacional considerando autônomas as seções locais e delegando ao Conselho Regional as funções de um órgão de correspondência e estatística. Contudo persistiu um tipo de organização de reserva, constituída por líderes militantes que, embora não reconhecida oficialmente, controlava de modo virtual a política da Internacional.

Por volta de junho de 1873, quando o rei Amadeus decidiu renunciar ao incômodo trono espanhol e proclamou-se uma nova república, a força da Internacional novamente aumentou de forma considerável, e pela primeira vez a maioria de seus membros, agora totalizando 50 mil, provinha dos distritos rurais do sul. Na nova república, a linhagem federalista dos descendentes de Proudhon desempenhou um papel importante. Foi Pi y Margall quem propôs nas cortes que a Espanha deveria se tornar uma república federal e quem se tornou seu presidente, empenhado em levar o país rumo a uma administração descentralizada em que as regiões se tornariam cantões com grande autonomia, o poder da Igreja seria severamente restringido e as comunidades camponesas deveriam se encarregar das terras não cultivadas dos grandes latifúndios do sul. Mas a presidência de Pi foi breve e infeliz, visto que a república desmoronou rapidamente, em parte devido à insurreição dos reacionários carlistas no norte, e em parte porque os federalistas entusiastas do sul decidiram reconhecer sua independência antes mesmo que ela tivesse sido legalizada. A maior parte das grandes cidades de Andaluzia e do Levante – Sevilha, Granada, Valência, Cádiz, Málaga e Cartagena – declararam-se cantões livres. Criaram-se Comitês de Segurança Pública, fecharam-se igrejas e cobraram-se impostos dos ricos. Pi y Margall renunciou num infeliz gesto de protesto diante da decisão do governo provisório de Madri de enviar tropas para o sul. Os levantes foram sufocados rapidamente em todas as cidades, exceto em Cartagena, onde os extremistas federalistas de toda a região se coligiram e resistiram a um cerco que se estendeu por mais de cinco meses.

Os anarquistas desempenharam apenas um papel secundário nessa luta de morte entre seus primos federalistas. A Internacional como organização se absteve de qualquer ação, tendo aprovado uma resolução condenando toda atividade política, mas os membros enquanto indivíduos tinham liberdade para seguir suas próprias inclinações, e alguns deles participaram dos levantes locais e até serviram nos Comitês de Segurança Pública. Contudo, os anarquistas se viram envolvidos em certas atividades independentes, insignificantes mas proféticas, durante os acontecimentos de 1873. Provocaram vários levantes em pequenas aldeias andaluzas, mas a principal proeza internacionalista do período foi a revolução em miniatura na cidade produtora de papel de Alcoy, próxima a Valência. Alcoy era um antigo baluarte internacionalista, graças em grande parte à atividade de um professor anarquista, Albarracín. Logo que a República foi declarada, os trabalhadores da indústria de papel entraram em greve pela jornada de oito horas de trabalho, que era parte de um programa industrial do governo federalista. Enquanto os trabalhadores estavam se manifestando diante da Prefeitura, a polícia abriu fogo contra eles, desencadeando-se uma luta generalizada que se estendeu por toda a noite e avançou pelo dia seguinte. Liderados, segundo a lenda, por Albarracín montado num cavalo branco, os trabalhadores ganharam o controle da cidade, depois de matar uma dezena de policiais. Atiraram no prefeito, a quem responsabilizavam pelo começo da luta, incendiaram algumas fábricas e casas abastadas e, num último assomo grotesco, exibiram triunfalmente pelas ruas as cabeças de seus inimigos mortos.

Violências como as ocorridas em Alcoy não eram novidade na Espanha. Costumavam acontecer geralmente associadas a levantes populares, e eram quase nada em comparação com as crueldades cometidas pelos carlistas de Navarra contra os liberais que lhes caíam às mãos. Além disso, o próprio isolamento do incidente de Alcoy mostra a que ponto a Internacional como um todo estava distante, nessa época, de uma política de violência generalizada. Mas isto desencadeou um protesto que se devia menos à presença familiar da violência, que à ideia de que a agitação popular, até então esporádica e não dirigida, estava agora sendo canalizada por uma poderosa organização revolucionária. E não há dúvida de que, apesar de sua inatividade geral em 1873, e apesar da fúria desencadeada contra ela depois do episódio de Alcoy, a Internacional aumentou sua influência e o número de seus membros em virtude da tensão geral dos primeiros meses da república. Os delegados espanhóis no Congresso de Gênova da Internacional de Saint-Imier, em 1873, de fato declararam que representavam 300 mil membros; isto é sem dúvida uma exageração grosseira:

segundo as estimativas mais confiáveis, o verdadeiro número de membros em 1873 estaria entre 50 e 60 mil.

Esse crescimento constante da Internacional atraiu contra si a hostilidade de todas as forças reacionárias da Espanha, e quando o exército tomou o controle do país em janeiro de 1874, dissolvendo as Cortes em preparativos para a restauração da monarquia dos Bourbon, um de seus primeiros atos foi extinguir a Federação Espanhola. Desta vez as intenções das autoridades eram secundadas por ações rigorosas; seções locais, sedes de sindicatos, grupos de discussão dos trabalhadores – tudo foi disperso; foram presos 500 militantes ativos, enquanto muitos outros foram exilados. A proibição de organizações da classe trabalhadora durou sete anos, mas os anarquistas sub-repticiamente continuaram suas atividades com uma razoável margem de êxito. Apenas uns poucos meses depois da extinção oficial da Internacional, em junho de 1874, realizou-se um Congresso secreto a que estiveram presentes delegados de mais de 400 seções de todas as partes da Espanha. Outros congressos se seguiram, ao lado de uma ampla distribuição de jornais clandestinos, principalmente na Andaluzia, onde o anarquismo sobreviveu como movimento de massas durante os anos de clandestinidade. Nas cidades, os sindicatos achavam-se impossibilitados de funcionar: restavam apenas reduzidos grupos de elite que se encontravam furtivamente e realizavam muito pouco. Mas, nos distritos rurais do sul, esta foi a época em que o anarquismo dos camponeses, com seu peculiar entusiasmo semi-religioso, começou pela primeira vez a se expandir num movimento que haveria de continuar forte na Andaluzia por mais de meio século. Seu caráter foi bem descrito por Gerald Brenan, que, no fim dessa época, viveu no sul da Espanha e observou detidamente os anarquistas rurais:

> O caráter do anarquismo rural que surgia no sul da Espanha diferia (...) daquele desenvolvido nas grandes cidades do norte. "A ideia", como a chamavam, era transmitida de aldeia a aldeia por "apóstolos" anarquistas. Nos *gañanías,* ou barracões, dos trabalhadores rurais, nas

pequenas casas isoladas, à luz de candeeiros de azeite, os apóstolos falavam em liberdade e igualdade e justiça a ouvintes extasiados. Criaram-se pequenos círculos nas cidades e aldeias que abriram escolas noturnas, onde muitos aprendiam a ler, divulgavam propaganda anti-religiosa e com frequência praticavam o vegetarianismo e a abstinência alcoólica. Alguns proibiam até mesmo o cigarro e o café, e um destes velhos apóstolos que conheci sustentava que, quando chegasse a era da liberdade, os homens poderiam viver à base de alimentos crus cultivados por suas próprias mãos. Mas a principal característica do anarquismo andaluz era seu milenarismo* ingênuo. Considerava-se todo novo movimento ou greve como anunciador da vinda próxima de uma nova era da abundância, quando todos – até a Guarda Civil e os proprietários de terras – seriam livres e felizes. Como isto se daria, ninguém sabia dizer. Além do confisco das terras (nem sequer isto em alguns lugares) e da queima da casa paroquial, não havia propostas concretas.

Por mais ingenuamente milenarista que fosse, este revolucionarismo dos camponeses andaluzos não foi uma distorção da doutrina anarquista. Na verdade, a seu modo, puro e primitivo, revela determinados elementos do anarquismo que defensores mais sofisticados tenderam a disfarçar – o elemento moralista, em particular, e este transporte mental para um mundo sempiterno, sem progresso e liberto das tentações materiais, que parece ser a profissão de fé necessária para o verdadeiro anarquista inveterado.

Em 1878, uma nova e mais violenta era começou no anarquismo espanhol quando um jovem tanoeiro terragonês, Juan Oliva Moncasi, tentou assassinar o rei Alfonso XII. Seguiram-se prisões em massa de anarquistas e militantes sindicais, e durante os dois anos subsequentes houve greves de represália na Catalunha e queima de propriedades rurais na

---
* Heresia que previa um milênio de felicidade terrestre, sob o reinado de Custo ou outra divindade qualquer. (Séc. XIII)

Andaluzia, ao que o governo respondeu com mais repressão. O círculo vicioso continuou até 1881, quando um ministério liberal decidiu rompê-lo restituindo a legalidade às organizações da classe trabalhadora. A Internacional veio à luz e imediatamente se dissolveu para, alguns meses depois, ressurgir de suas próprias cinzas sob o novo nome de Federação dos Trabalhadores da Região Espanhola. Rapidamente recuperou um número de membros aproximado ao que contava na época de sua dissolução em 1874, mas desde o começo a Federação esteve dominada pelas diferenças regionais entre os catalães, que desejavam concentrar-se nas atividades sindicais, e os camponeses andaluzos mais fanáticos, particularmente os trabalhadores das vinhas de Jerez, favoráveis a uma intensificação da ação violenta. Essas diferenças tornaram-se críticas no Congresso de Sevilha, em 1882, onde um grupo que se autodenominava *"Los Desheredados"* (Os Deserdados) rompeu para formar sua própria organização terrorista. A doutrina dos *Desheredados* foi denunciada pelo restante dos anarquistas no Congresso de Valência, realizado pela Federação em 1883, mas isto resultou apenas em ameaças – nunca levadas a cabo – contra a vida de Farga-Pellicer e de outros líderes da Federação dos Trabalhadores.

É difícil determinar até que ponto os *Desheredados* realmente puseram em prática sua doutrina de violência, mas é certo que sua defesa indiscriminada do assassinato foi extremamente útil à Guarda Civil no caso de *La Mano Negra* (A Mão Negra), que em 1883 serviu de pretexto para a destruição temporária do movimento anarquista na Andaluzia. Um taverneiro de uma aldeia próxima a Jerez, suspeito de ser informante policial, foi assassinado por alguns dos camponeses do lugar. O comandante da Guarda Civil que investigava o assassinato declarou ter descoberto provas de que fora trabalho de uma grande associação secreta chamada *La Mano Negra,* que estava tramando o massacre de todos os proprietários de terras e intendentes da Andaluzia. A polícia imediatamente começou por prender todos os anarquistas ativos que encontrasse; pululavam informantes e *agents provocateurs,* e empregava-se livremente a tortura para arrancar confissões. No final libertou-se a maioria dos prisioneiros, mas uma centena foi levada a julgamento, e catorze condenados à morte, sete dos quais garroteados na praça de Jerez. A verdade sobre *La Mano Negra* nunca foi satisfatoriamente esclarecida, mas a maioria dos trabalhos de pesquisa realizados com imparcialidade que estudaram o caso põem em dúvida a existência de qualquer organização de grande porte. É possível que houvesse pequenos grupos terroristas na área de Jerez, do mesmo tipo primitivo do Bando Negro de Monceau-les-Mines, e que alguns dos *Desheredados* tivessem ligação com eles, mas apenas três assassinatos – de informantes – ficaram provados, e parece inverossímil que todos os homens executados ou enviados à prisão estivessem envolvidos nessas mortes.

Quer tenha existido ou não, a polícia usou *La Mano Negra* como pretexto para uma ampla tentativa de eliminar o anarquismo na Andaluzia. Pelo menos por essa vez, ela se saiu muito bem. Os remanescentes da Federação foram forçados a se refugiar no sul, e os membros das seções clandestinas reduzidos a um núcleo devoto de militantes convictos. Dos 30 mil membros andaluzos que a Federação contava em 1882, restaram apenas 3 mil ao fim do caso de *La Mano Negra*.

Ao mesmo tempo, mas por outras razões, a Federação estava se dissolvendo na Catalunha. Enquanto os anarquistas na Itália, na Suíça e na França passaram do coletivismo bakuninista para o comunismo anarquista nos fins da década de 1870, os espanhóis só perceberam com agudeza o conflito entre as duas doutrinas em meados da década de 1880, quando os escritos de Kropotkin foram pela primeira vez traduzidos para o espanhol. Mas não se tratava apenas de uma luta entre duas visões quanto ao modo de distribuir os frutos do trabalho; a questão se complicou por causa das diferentes atitudes com relação à organização dos grupos. Os comunistas anarquistas que então começavam a aparecer em Barcelona adotavam o ponto de vista ora corrente na França e na Itália de que era necessário se organizarem grupos constituídos, exclusivamente de dedicados propagandistas anarquistas, da ação e da palavra.

Os coletivistas, mantendo a atitude da velha Internacional, pensavam em termos de grandes organizações de trabalhadores, que teriam uma elite atuante de anarquistas convictos, mas sem exigirem a conversão total da massa de filiados.

Por volta de 1888, as duas facções na Catalunha reconheceram suas diferenças a ponto de estabelecerem organizações separadas. Os sindicatos formaram o Pacto de Solidariedade e Resistência, e os militantes puristas criaram uma Organização Anarquista da Região Espanhola. Alguns membros dessa organização pertenciam também ao Pacto de Solidariedade, de maneira que a divisão nunca foi claramente definida. Esta organização dual dos sindicalistas libertários e militantes anarquistas continuou na Espanha até o fim da década de 1930; apesar de suas diferenças, as duas tendências constantemente atuavam uma sobre a outra e, na realidade, provavelmente não teriam sobrevivido isoladas.

Como na França, os primeiros anos da década de 1890 na Espanha caracterizaram-se por uma onda repentina de insurreições, atentados a bomba e assassinatos. Já no começo de 1892 os distritos rurais ressurgiam em uma dessas ondas periódicas de entusiasmo característicos do anarquismo andaluz. Quatro mil camponeses, armados de foices e gritando "Viva a Anarquia!", entraram em Jerez e mataram alguns poucos comerciantes impopulares. Depois de uma noite de lutas esporádicas entre os insurretos e a Guarda Civil, chegou uma força da cavalaria e a rebelião foi rapidamente esmagada. Quatro dos líderes camponeses foram executados e muitos outros sentenciados a longas penas. A natureza da justiça espanhola desse período é demonstrada pelo fato de que entre os sentenciados encontrava-se um homem que, no momento do levante, cumpria pena em Cádiz por outro crime político.

Mais ou menos na mesma época em que se deu o levante de Jerez, os sindicatos de Barcelona convocaram uma greve geral em favor de uma jornada de oito horas de trabalho, e uma série de atentados a bomba, que começou com uma tentativa de explodir o edifício do Fomento em 1891, assumiu proporções epidêmicas, sem causar inicialmente grande dano a propriedades ou a pessoas. Algumas das bombas foram sem dúvida atiradas ou colocadas pelos anarquistas, entre os quais era especialmente ativo um pequeno grupo de italianos, mas outras foram obras de agentes contratados pela polícia ou pelas associações dos empregadores, cujos *pistoleiros* alugados nessa época começaram uma intermitente guerrilha urbana com anarquistas militantes. Por volta de 1893, a violência assumiu uma forma mais mortífera. Um jovem anarquista chamado Pallas, que estivera com Malatesta em sua expedição exploradora na Patagônia, atirou uma bomba em Martínez Campos, capitão-geral de Barcelona. Ele fracassou, mas isso não impediu que fosse levado à corte marcial e executado. Por vingança, seu amigo Santiago Salvador jogou uma bomba no Teatro do Liceu e matou vinte pessoas. O horror causado por este ato amedrontador foi usado pelo governo para justificar a criação de uma força policial especial antianarquista chamada Brigada Social, e também para deter indiscriminadamente tantos líderes anarquistas quantos achasse. Muitos deles, visivelmente inocentes, foram executados juntamente com Salvador, o verdadeiro culpado.

Ações como essas por parte das autoridades levaram a um aumento na onda de violência em Barcelona. Elevou-se o número de atentados e tiroteios, ao que a polícia respondia com mais prisões e uma aplicação desenfreada de tortura para arrancar confissões. Então, em junho de 1896, uma bomba foi atirada, do alto de uma janela, sobre uma procissão de Corpus Christi que passava pelas ruas de Barcelona. Nunca descobriram o perpetrador desse ato, mas um fato chamou a atenção: a bomba não foi atirada na ponta da procissão, onde se achavam todos os oficiais detestados pelos anarquistas, mas no fim dela, matando somente trabalhadores e mulheres. Tanto os republicanos como os anarquistas acusaram os clericais pelo atentado, porém o general Weyler, o novo capitão-geral de Barcelona (que mais tarde se tornaria famigerado por sua crueldade em Cuba), usou-o como uma desculpa para a prisão em massa dos oponentes do regime e da Igreja – anarquistas, republicanos, socialistas, livres-pensadores e separatistas catalães –, até que uns 400 prisioneiros fossem recolhidos às celas e calabouços da prisão de Montjuich, fora de Barcelona, onde os capangas da Brigada Social os submeteram a torturas tão aterradoras que vários prisioneiros morreram antes de ir a julgamento. Cerca de 87 homens foram finalmente indiciados, mas por essa época as notícias das torturas em Montjuich cruzaram os Pireneus e provocaram uma onda internacional de protestos, de forma que o tribunal condenou apenas 26 deles, oito à pena de morte e os demais a longas sentenças de encarceramento. Por fim, cinco homens foram executados, mas não se provou de maneira convincente que tivessem tido ligação com os atentados de junho de 1896. Até os 61 homens inocentados foram perseguidos vingativamente pelo governo de Canovas, que decidiu deportá-los para o clima insuportável da colônia africana de Rio d'Oro. Como Sadi Carnot, Canovas colheu os frutos de sua desumanidade: no balneário pireneu de Santa Aguada ele recebeu um tiro de Michele Angiolillo, um anarquista italiano que saiu de Londres com a intenção específica de vingar os horrores de Montjuich.

Durante a década de 1890, o anarquismo espanhol compartilhou com o movimento francês não apenas o terrorismo, mas também a sedução para intelectuais e artistas. Foi em 1896 que se fundou o mais importante jornal teórico anarquista da Espanha, *La Revista Blanca,* que iria contar entre seus colaboradores com professores universitários, engenheiros, letrados profissionais e até alguns oficiais do exército. Embora o anarquismo espanhol nunca tenha atraído tantos escritores e pintores eminentes como o movimento na França, pôde incluir entre seus simpatizantes – ao menos por algum tempo – não apenas o jovem Pablo Picasso, mas também o grande romancista Pío Baroja, que escreveu pelo menos um livro, *Aurora Roja,* nascido de sua ligação direta com os anarquistas. Outra manifestação do intelectualismo anarquista foi o surgimento de um movimento pela criação de escolas libertárias. Devido à circunstância de sua execução manifestamente injusta, em 1909, que deverei discutir adiante em mais detalhes, Francisco Ferrer se tornaria, graças à tortura, o mais célebre defensor desse movimento. Contudo, a Escola Moderna de Ferrer era apenas uma das muitas experiências na Catalunha, e nas aldeias da Andaluzia visava-se em especial à alfabetização de camponeses adultos e trabalhadores da indústria. Para fins de propaganda, após a morte de Ferrer, os anarquistas aumentaram desmedidamente o seu renome como pedagogista. Pelo contrário, Ferrer era na verdade um racionalista obtusamente ortodoxo, espírito tacanho e prosaico, e os poucos escritos que deixou pouco demonstram de uma concepção original da educação. No entanto, na Espanha de fins do século XIX, era talvez de esperar que qualquer homem se opusesse de alguma forma ao domínio da educação pela Igreja, como veio a demonstrar o destino de Ferrer.

De maior importância que o movimento educacional foi a revitalização dos sindicatos na virada do século, quando o exemplo do sindicalismo revolucionário francês deu vida nova à ala coletivista do anarquismo espanhol. A concepção de greve geral, reformulada pelos teóricos franceses numa estratégia revolucionária suprema, trazia um apelo direto para o milenarismo espanhol. Uma greve dos metalúrgicos de Barcelona em 1902, com efeito, se transformou em uma ampla greve geral; seu fracasso resultou no malogro da tentativa mais recente de recriar a velha Internacional – a nova Federação dos Trabalhadores da Região Espanhola, fundada em 1900. Logo em seguida o movimento chegou aos distritos rurais, em especial nas províncias de Cádiz e Sevilha, onde as greves estavam associadas a reivindicações de divisão das grandes propriedades. Todas fracassaram, pois os trabalhadores viviam à beira da inanição, mesmo quando estavam trabalhando, e não dispunham de meios para uma luta prolongada; mais que isso, com sua estreita visão de *patria chica,* a comunidade rural raramente foi além de seus próprios horizontes, e, então, em vez de um movimento coordenado que pudesse pelo menos influir para melhorar suas condições, eles se satisfaziam com uma série de sublevações isoladas e esporádicas que a Guarda Civil reprimia uma a uma, sem dificuldade.

Enquanto isso, o sucesso da CGT na França, em grande parte inspirado pelos anarquistas que alcançaram posições influentes em sua hierarquia, continuava a impressionar os trabalhadores de Barcelona, e em 1907 os sindicatos libertários da Catalunha reuniram-se numa federação especificamente sindicalista, conhecida como *Solidariedad Obrera,* que rapidamente se expandiu pelo resto da Catalunha, realizando seu primeiro congresso no início de 1908.

O novo movimento entrou em ação de forma dramática em julho de 1909, quando o exército espanhol sofreu um sério revés em uma de suas guerras eternas com os rifenhos no Marrocos e o governo decidiu convocar os reservistas da Catalunha. É difícil deixar de ver uma intenção provocadora no fato de se incluírem na ordem apenas os homens desta província violentamente separatista. Os anarquistas, socialistas e sindicalistas concordaram quanto a uma ação conjunta, e o *Solidariedad Obrera* convocou uma greve geral. Durante a "Semana Trágica" que se seguiu, travaram-se violentas lutas nas ruas de Barcelona; a polícia e as tropas levaram cinco dias para estabelecer o controle. Aproximadamente 200 trabalhadores foram mortos nas ruas e – na explosão da paixão anticlerical que habitualmente acompanha os levantes populares na Espanha – mais de cinquenta igrejas e conventos foram incendiados e muitos monges assassinados. O governo conservador reagiu da forma costumeira com prisões em massa, torturas em Montjuich e execuções sumárias incluindo a de Francisco Ferrer. Na verdade Ferrer achava-se na Inglaterra durante a Semana Trágica, mas ainda assim foi submetido à corte marcial e fuzilado sob a falsa acusação de ter fomentado o levante. Como depois das atrocidades de Montjuich em 1896 houve grandes protestos no exterior, Ferrer se tornou um mártir internacional e até na Espanha o clamor de desgosto diante dos métodos usados pelas autoridades forçou o primeiro-ministro conservador Maura a renunciar, o que levou ao poder o governo liberal de Canalejas.

A Semana Trágica e suas consequências incutiram nos libertários espanhóis a necessidade de uma organização de luta mais forte, e em outubro de 1910 representantes sindicais de toda a Espanha se reuniram em Sevilha para um congresso histórico. Apenas os sindicatos socialistas já filiados à UGT se mantiveram à parte; a grande maioria dos sindicatos remanescentes enviou seus representantes, e decidiu-se formar uma nova organização, a famosa *Confederación Nacional del Trabalho,* mais conhecida por CNT.

A CNT foi criada sob a inspiração da CGT francesa, mas no curso de seu desenvolvimento passou a diferir dela em vários pontos importantes. Primeiro, caiu imediatamente sob o controle total dos líderes anarquistas, e assim permaneceu sempre. É verdade que muitos trabalhadores não anarquistas se filiaram, e até alguns socialistas, mas nunca tiveram qualquer participação efetiva na liderança. Ademais, a organização dual da CGT – os *Bourses de Travail* locais e os sindicatos profissionais nacionais, bem consolidados numa elaborada estrutura confederativa, não foi de início imitada. A CNT tendeu antes a se fundamentar mais nos sindicatos únicos locais, que reuniriam trabalhadores de todas as categorias de uma fábrica ou até de uma cidade. Assim, a tendência era identificar o sindicato e a localidade, de acordo com a tradicional ênfase anarquista da comunidade enquanto unidade social básica, sendo os sindicatos únicos frouxamente ligados à federação regional e efetivamente à federação nacional. O modelo da burocracia permanente era tão cuidadosamente evitado, que a CNT possuía apenas um funcionário remunerado; o resto dessa enorme organização era mantido por trabalhadores escolhidos por seus companheiros. Isto foi possível porque a CNT nunca adotou a função de sociedade beneficente como os sindicatos comuns, e sequer manteve fundos de greve: a solidariedade espontânea entre os trabalhadores era encarada como proteção suficiente numa luta na qual não se via o milênio como tão distante assim. Desde o começo, os anarquistas consideravam a CNT como uma arma revolucionária, mas está na natureza das organizações de massa desenvolverem sua própria inércia, e a CNT, por sua vez, acabaria por revelar orientações reformistas e a tendência em ver materializada a organização sindical da revolução (meios e fins), o que distanciou muito a CGT francesa do legítimo anarcossindicalismo.

O entusiasmo gerado pela fundação da CNT levou a um imediato ressurgimento do anarquismo nas áreas rurais da Andaluzia, e a uma onda de greves em outras regiões. Uma espetacular greve geral em Saragoça se transformou num levante armado. Outras greves eclodiram em Sevilha e Bilbao, onde os trabalhadores socialistas da UGT solidarizaram-se com os anarcossindicalistas. Em Culhera, perto de Valência, os grevistas proclamaram a cidade uma comuna independente da Espanha, procedimento que alguns anos mais tarde seria imitado pelos insurretos rurais em muitas partes das províncias do sul. Canalejas respondeu a essas manifestações de anarquismo renascente extinguindo a CNT e, em 1912, quando o sindicato dos ferroviários entrou em greve, ele obrigou os trabalhadores a recuar, mobilizando-os por meio da lei militar. Mas a CNT continuou a crescer como uma organização clandestina, e Canalejas pagou por seus atos do mesmo modo como Canovas: ele foi alvejado e morto por um artilheiro anarquista em uma livraria de Madri.

Em 1914 a CNT ressurgiu, grandemente fortalecida nos anos intermédios através da expansão do anarquismo rural da Andaluzia ao Levante, e durante a I Guerra Mundial diversas circunstâncias levaram a outros sucessos. Em 1917, os líderes da UGT declararam uma greve nacional em favor de uma república democrática e socialista. *A* CNT tomou parte, mas, quando a greve fracassou, colheu benefícios com o descrédito temporário em que caíram os líderes socialistas. O êxito da Revolução Russa também reforçou a imagem da CNT como uma organização confessadamente revolucionária, e em 1918 os militantes mais dedicados realizaram um Congresso Anarquista Nacional em Madri para avaliar sua postura para com o sindicalismo na grande luta que parecia agora ter início. Diferentemente dos anarquistas da França e da Itália, eles foram quase unânimes ao decidir que, mesmo com a CNT não podendo ser considerada uma organização completamente anarquista, eles deveriam infiltrar-se e dirigi-la, de modo que os membros não comprometidos se imbuíssem do espírito libertário. Por volta de 1919, quando a CNT realizou seu congresso em Madri, o número de membros havia crescido para 700 mil, em sua maioria da Catalunha, Andaluzia, Levante e Galícia, onde o movimento recentemente formara um novo centro de atividade*.

Como a organização revolucionária mais influente na Espanha, a CNT era assiduamente cortejada pela (Terceira) Internacional Comunista, recém-fundada. No início, seus membros foram atraídos pelo fascínio causado pelo êxito da Revolução na Rússia, e um grupo de delegados enviados a Moscou, liderado por Andres Nin e Joaquim Maurin (mais tarde líderes do dissidente marxista *Partido Obrero de Unificación Marxista),* prometeu o apoio da Federação para a organização comunista. Em 1921, entretanto, outro líder sindicalista, Ángel Pestaña, voltou da Rússia com as notícias da perseguição dos anarquistas e da repressão brutal do motim dos marinheiros do Kronstadt. Seu relato causou repulsa geral entre os anarquistas e sindicalistas espanhóis, e no Congresso de Saragoça, em 1922, a CNT reafirmou sua crença no comunismo libertário e decidiu retirar-se da Terceira Internacional, dando sua adesão a uma nova organização sindicalista, a Associação Internacional dos Trabalhadores, que estava sendo fundada em Berlim. Não houve em seguida nada semelhante ao êxodo em massa dos militantes anarcossindicalistas franceses para o recém-fundado Partido Comunista, durante o início da década de 1920. As fileiras dos anarquistas espanhóis continuaram sólidas.

O período de 1919 a 1923, ano da instituição da ditadura de Primo de Rivera, foi turvado por um sério conflito entre a CNT e as organizações patronais de Barcelona. A violência

---

* Aqui é necessário cautela ao aceitar os números apresentados pelos anarquistas espanhóis, em especial porque a CNT marcou-se por sua negligência em manter registros dos seus membros. Entretanto, é digno de observação que até um escritor tão objetivo como Gerald Brenan sugira que "houve ocasiões em que o movimento anarcossindicalista liderava de um milhão a um milhão e meio de trabalhadores", embora junte a essa afirmação a observação de que "o núcleo de adeptos persistentemente fiéis da CNT não excedeu 200 mil".

provocada durante esse período e durante o resto da história da CNT até o fim da Guerra Civil espanhola, em 1939, deve ser vista, como já sugeri, no contexto da tradição geral de violência política existente na Espanha desde as guerras napoleônicas. Por mais vã e repugnante que se possa considerar a tendência anarquista espanhola de recorrer facilmente ao assassinato, é correto lembrar que a polícia, o exército e os *pistoleiros* a soldo dos empregadores eram ainda mais inclinados à violência e mais sádicos em seus métodos. Ainda que errados, os anarquistas matavam em geral para vingar as injustiças cometidas contra seus companheiros. Foi, por exemplo, em consequência da aplicação da *ley de fugas* (eufemismo usado para descrever a prática policial de atirar em detidos a caminho da prisão e declarar terem sido mortos ao tentarem fugir), que o primeiro-ministro conservador Eduardo Dato foi assassinado em 1921. Foi em vingança ao assassinato do líder da CNT Salvador Segui por policiais armados na rua, que o arcebispo de Saragoça foi baleado pelo famoso líder guerrilheiro Buenaventura Durutti. Uma vez que as doutrinas básicas do anarquismo repudiam desforra e punição, esses feitos na verdade foram não anarquistas, mas foram típicos da Espanha daquela época e reforçam a necessidade de se considerar o anarquismo espanhol como pertencente, em muitos aspectos, a uma categoria própria.

Deve-se também lembrar que, mesmo na situação explosiva que existiu de 1919 a 1923, sem dúvida nem todos os anarcossindicalistas eram favoráveis aos meios violentos. O próprio Salvador Segui e Ángel Pestaña lideravam, dentro da CNT, uma corrente moderada, que estava disposta a buscar acordos com os empregadores e até com o Estado. Por outro lado, os extremistas, liderados por fanáticos como Durutti e seu inseparável companheiro Ascaso, estavam inclinados a usar todos os meios para apressar o milênio revolucionário. Já que não temiam as autoridades e nem respeitavam os moderados dentro de suas próprias fileiras, esses homens continuamente aceleravam o ritmo e entregavam o movimento à repetição viciosa de assassinato e contra-assassinato. Além do mais, homens como Durutti, idealistas, reuniam à sua volta elementos menos sinceros, e na Barcelona dessa época surgiu toda uma classe *de pistoleiros* profissionais, que passavam de um lado para o outro, ora lutando pelos anarquistas, ora pelos empregadores ou até pela polícia, e alguns anos mais tarde aliando-se à Falange nascente. Não há dúvida de que a tendência anarquista de sentimentalizar a figura do criminoso como um rebelde que se insurge contra uma sociedade autoritária foi, em grande parte, responsável pela barbaridade que caracteriza as lutas dos trabalhadores da indústria em Barcelona, durante os anos que antecederam a paz imposta à cidade por Primo de Rivera.

O período que venho descrevendo iniciou-se nos primeiros meses de 1919, com a greve liderada pelos moderados da CNT na grande usina de energia elétrica de Barcelona, conhecida como a Canadiense. As reivindicações dos grevistas eram tão justas que a princípio a direção estava inclinada a chegar a um acordo, mas o capitão-geral de Barcelona, Milans del Bosch, interveio e pôs fim às negociações. A greve se espalhou, Barcelona ficou sem luz, e Milans del Bosch, depois de prender os líderes sindicais, decretou a lei marcial. Imediatamente a CNT declarou greve geral, e houve paralisação total nas fábricas de Barcelona. Foi uma greve completamente pacífica que demonstrou com que eficácia os trabalhadores poderiam agir sem fazer uso da violência. O exército respondeu com suas habituais prisões em massa, seguidas de cortes marciais que impuseram pesadas sentenças, e pelo resto do ano seguiu-se uma série de greves de protesto, com represálias por parte dos patrões, recrudescendo a violência de ambos os lados. O resultado foi que, pelos fins de 1919, não tendo alcançado nenhuma vitória definitiva e tendo rejeitado um acordo trabalhista com a UGT socialista, proposto por Segui, a CNT começou novamente a perder terreno entre os trabalhadores catalães.

Enquanto isso, agitados pelos rumores da Revolução Russa e pelas notícias da ampla greve geral de Barcelona, os distritos rurais da Andaluzia voltaram a se manifestar. A exemplo de outras ocasiões, o milenarismo anarquista arrebatou as regiões rurais como um enorme renascimento religioso. Díaz del Moral, na sua *History of Agrarian Agitations in the Province of Cordoba**, deixou uma descrição fascinante do processo em evolução:

> Nós que vivemos aqueles anos de 1918-19 nunca esqueceremos essa visão surpreendente. Nos campos, nos abrigos e pátios, onde quer que os camponeses se encontrassem para conversar, por qualquer motivo, havia apenas um assunto, sempre discutido com seriedade e fervor: a questão social. Quando os homens descansavam do trabalho, durante as pausas diárias para fumar, ou após o jantar, o mais instruído lia os folhetos e jornais em voz alta, enquanto os outros ouviam com a máxima atenção. Então vinham as perorações, corroborando o que se acabara de ler, e uma sucessão interminável de louvores. Eles não compreendiam tudo. Ignoravam algumas palavras. Umas interpretações eram ingênuas, outras maliciosas, dependendo da personalidade do indivíduo; mas no final todos concordavam. E como não? Tudo o que ouviam não era *a pura verdade,* a qual eles experienciaram pela vida afora, ainda que nunca tenham sido capazes de expressá-la?

Em poucas semanas, o núcleo original de dez ou doze adeptos se transformava em um de duzentos: em poucos meses praticamente toda a população trabalhadora, tomada de um vigoroso proselitismo, propagava o ideal inflamado de modo arrebatador. Os poucos que não cediam, ou porque fossem pacatos ou temerosos, ou porque receassem perder o respeito público, poderiam ser instigados por grupos de seguidores nas montanhas, enquanto aravam a terra, nas casas ou nas tavernas, nas ruas e nas praças. Eram bombardeados com argumentos, imprecações, desacato, ironia, até concordarem. Era impossível resistir. Convertida a aldeia, a agitação se espalhava... Cada

---

* Citado por E. J. Hobsbawm em *Primitive Rebels: studies in archaic forms of social movement in the 19th and 20th centuries.* Manchester, 1959.

homem era um agitador. Então o fogo se espalhava rapidamente para todas as aldeias combustíveis.

E, com as centelhas da conversão, as greves se espalharam pela zona rural, até que todo o sul estava em chamas, e os proprietários de terra ou atendiam às reivindicações de seus trabalhadores ou fugiam aterrorizados. Finalmente, em maio de 1919, uma expedição militar foi enviada para a Andaluzia e a CNT proscrita na província, e o movimento grevista enfraqueceu tanto pela fome dos camponeses quanto pela presença dos soldados.

Enquanto isso, novos distúrbios ocorriam na Catalunha, onde os empregadores começavam a formar sindicatos sob seu próprio controle – os *Sindicatos Libres* – em rivalidade com a CNT e a UGT. No começo de 1920, a CNT convocou uma nova greve geral em Barcelona. Todos os sindicatos, com exceção dos mantidos pelos empregadores, foram imediatamente reprimidos em Barcelona, e presos os membros do Comitê Nacional da CNT; mas isso não impediu que as greves continuassem durante todo o ano, com vitórias consideráveis em termos de aumento salarial, o que deu novo prestígio à CNT e possibilitou-lhe estabelecer bases fortes em baluartes socialistas como Madri e Astúrias.

Houve uma trégua temporária na violência durante os últimos meses de 1920, mas o conflito encarniçado que estava tornando Barcelona famosa na Europa reiniciou quando o rei Alfonso XIII forçou o governo a designar como governador civil o brutal e inflexível general Martínez Anido, que terminaria seus dias como ministro dos Negócios Interinos do governo de Franco. Martínez Anido combinou a brutalidade da casta militar espanhola em seu grau máximo com um apoio ferrenho aos empregadores mais reacionários da cidade, tendo sido ele quem organizou, através de seu Departamento de Polícia, uma impiedosa campanha de assassinatos contra os militantes da CNT. Durante sua gestão, ocorreu uma média de quinze assassinatos políticos por semana nas ruas de Barcelona, aproximadamente metade dos quais cometida por terroristas designados pela polícia, e metade por *pistoleiros* anarquistas que puseram em prática suas represálias com precisão matemática. No final, a opinião pública espanhola ficou tão profundamente chocada diante da revelação de seus métodos através da imprensa, que Martínez Anido foi demitido; mas o conflito por ele fomentado só cessou depois do estabelecimento da ditadura de Primo de Rivera, em setembro de 1923, quando o governo tentou promover acordos razoáveis entre patrões e empregados e manter o controle por meios menos brutais que os utilizados por Martínez Anido e seus agentes de polícia.

A ascensão de Primo de Rivera significou um longo período de clandestinidade para o anarquismo na Espanha. Em comparação com o general Franco, Primo de Rivera parece, em retrospectiva, um progressista exemplar. Dotado de um senso real dos problemas econômicos da Espanha, não tinha nenhum preconceito contra a classe trabalhadora como tal. Seu anseio por uma sociedade equilibrada e ordenada – tão diferente de sua caótica vida pessoal – o tornou simpático aos socialistas, e durante seu regime nasceu uma curiosa aliança entre esta aristocracia andaluza absorvente e amável e o bombástico estucador madrilenho Largo Caballero, que mais tarde se julgou o Lênin espanhol. Mas entre os anarquistas e o ditador não havia uma base comum, e a CNT anunciou sua presença declarando uma greve geral. Ela fracassou, porque a UGT socialista recusou-se a participar.

Em maio de 1924, a CNT foi dissolvida por ordem de Primo de Rivera, proibida a circulação de seus jornais, fechados todos os seus sindicatos únicos e presas várias centenas de seus membros mais ativos. Primo de Rivera foi menos brutal, porém mais eficiente na repressão que seus predecessores e, como uma organização de massa, a CNT virtualmente deixou de existir até a queda dele. Seus membros se associaram e fizeram o possível para desbaratar os *Sindicatos Libres* patrocinados pelo ditador; aqueles seus líderes que continuaram em liberdade, ou mantiveram a organização clandestina, reduzida a um mínimo de homens, que – como sempre em períodos de clandestinidade – caiu sob a influência de extremistas anarquistas, ou exilaram-se na França. De lá organizaram uma marcha armada inconsequente em direção a Navarra, no inverno de 1924, e depois assentaram e se lançaram à séria tarefa de reorganização do movimento. No fim de 1926 eles se encontraram no Congresso de Lyon e decidiram criar uma federação anarquista ibérica no exílio. A ideia alcançou a Espanha e, em julho de 1927, reunindo-se secretamente em Valência, os representantes dos esparsos grupos anarquistas aceitaram a ideia de criar a Federação Anarquista Ibérica (mais conhecida por FAI) como uma organização clandestina dedicada à atividade revolucionária. A FAI, que voltou a agir abertamente no começo da Guerra Civil em 1936, foi a primeira organização nacional de anarquistas fortemente coesa a existir por um período de tempo considerável, na Espanha, e sua resistência – já que continuou no exílio depois da destruição da República em 1939 – pode ser em grande parte atribuída ao fato de que toda sua existência se passou num período de agitação e excitação sociais, iniciando-se na última fase da ditadura de Primo de Rivera e permanecendo durante os anos tempestuosos da República e os trágicos anos da Guerra Civil. Foi fundada principalmente com a intenção de opor-se à corrente reformista entre os sindicalistas, liderados por Ángel Pestaña, e rapidamente determinou uma ascendência sobre a CNT, de modo que a pequena minoria anarquista organizada detinha quase todos os cargos de importância dentro do extenso órgão sindical, dominando seus escritórios e comitês. Deste modo, provavelmente pela única vez na história do anarquismo, ganhou realidade o plano de Bakunin – uma elite secreta de militantes devotados no controle de uma organização de massa de trabalhadores parcialmente convertidos. Mas a FAI não incluiu apenas os líderes de sindicatos de trabalhadores braçais e os teóricos do anarquismo espanhol; incluiu também um contigente suspeito do submundo de Barcelona. Como Franz Borkenau observou em *The Spanish Cockpit:*

> A FAI reflete exatamente o fenômeno estranho que é o anarcossindicalismo espanhol como um todo. Planejada para agrupar todos os elementos que não fossem apenas sindicalistas da CNT, mas anarquistas capazes e

convictos, ela reúne em suas fileiras a elite do movimento anarquista, a guarda ativa que tem passado por inúmeras lutas, prisões, emigração, sentenças de morte, e que é, indubitavelmente, um dos elementos mais idealistas existentes no mundo, e indivíduos suspeitos que outros grupos hesitariam não somente em confiar-lhes posições de responsabilidade, mas até em admitir como membros.

Também aqui, poderíamos observar, parece evidente a herança de Bakunin, pois foi ele quem conferiu maior relevo à aliança entre idealistas e elementos marginalizados da sociedade, necessária para derrubar o Estado e preparar o terreno para a sociedade livre. Entretanto, essa combinação peculiar de tendências dentro da FAI possui um paralelo na história espanhola, particularmente entre as ordens religiosas militares, e mesmo entre os jesuítas no período em que misturavam devoção idealista a uma causa com um gosto pela conspiração, uma justificação da ilegalidade e do tiranicídio e – particularmente no Paraguai – uma inclinação pelos experimentos sociais de natureza comunista primitiva.

Essa comparação coloca uma questão óbvia. A FAI dizia--se uma organização anti-religiosa, e seus membros, durante a república e nos primeiros dias da Guerra Civil, estavam entre os mais ativos incendiários de igrejas. Mas a oposição anarquista espanhola à Igreja é um fenômeno passional singular, muito diferente da calma racionalidade dos livre-pensadores do outro lado dos Pireneus. Seus defensores compartilham do fervor iconoclasta das seitas radicais da Reforma, e este paralelo nos leva a uma interessante sugestão feita por Gerald Brenan, de que na Espanha, onde a Inquisição efetivamente sufocou qualquer inclinação pela dissidência religiosa durante o século XVI, o anarquismo assumiu de fato o caráter de um tardio movimento da Reforma.

Todo anarquismo tem, é claro, um elemento moral-religioso que o distingue dos movimentos políticos comuns, mas esse elemento é bem mais fortemente desenvolvido na Espanha do que em qualquer outro lugar. Quase todo observador perspicaz do anarquismo espanhol já ressaltou o fato de que isso é o que Borkenau chamou "um movimento utópico semi-religioso", e mais uma vez foi Brenan quem mostrou de forma mais convincente por que a paixão religiosa desse movimento deveria mesmo ter se voltado tão furiosamente contra a Igreja. Nada mais indicado que citar um trecho de sua excelente discussão do tema em *The Spanish Labyrinth,* baseada em uma convivência com os anarquistas espanhóis que se estendeu por muitos anos.

> O ódio fanático dos anarquistas pela Igreja e a violência extraordinária de seus ataques contra ela durante a Guerra Civil são do conhecimento de todos. (...) Penso que isto só pode ser explicado como um ódio de heréticos pela Igreja da qual eles nasceram. Aos olhos dos libertários espanhóis, a Igreja católica ocupa a posição do anti-Cristo no mundo cristão. É para eles bem mais que um mero obstáculo à revolução. Veem nela a fonte de todos os males, o corruptor da juventude com sua doutrina infame do pecado original, o blasfemo contra a Natureza e as leis da Natureza, que chamam *salud* ou Saúde. É também a religião que *arremeda,* com sua máscara de amor fraternal e perdão mútuo, o grande ideal de solidariedade humana.
>
> Eu diria então que a ira dos anarquistas espanhóis contra a Igreja é a ira de um povo fortemente religioso que sente ter sido deserdado e decepcionado. Os padres e os monges o abandonaram num momento crítico de sua história, e se passaram para o lado dos ricos. Os princípios humanos e esclarecidos dos grandes teólogos do século XVII foram lançados sobre um dos lados apenas. O povo começou então a suspeitar (no que foi ajudado sem dúvida pelas novas ideias trazidas pelo liberalismo) de que todas as palavras da Igreja eram uma impostura. Quando abraçaram a luta pela utopia cristã, estavam por conseguinte contra a Igreja e não do lado dela. Até a sua violência pode ser chamada de religiosa. A Igreja

espanhola, afinal, sempre foi uma igreja militante, e até o século XX ela acreditou em eliminar os seus inimigos. Sem dúvida, os anarquistas perceberam que, somente empregando os mesmos métodos para se livrarem de todos os que não pensassem como eles, poderiam se sair melhor que a Igreja na tarefa de instituir o paraíso terrestre. Na Espanha toda crença aspira a ser totalitária.

Nesta luta de homens fundamentalmente religiosos para conquistar a Espanha a um cristianismo deturpado, a FAI teve um papel não muito diferente daquele desempenhado, no passado, pelas ordens militares na luta pela conquista da Espanha aos infiéis do islamismo. Mas, desde que o anarquismo é um movimento social, bem como semi-religioso, a FAI teve outras funções além do incitamento de paixões anticlericais e, acima de tudo, procurou, desde o início, dar uma direção revolucionária mais constante que intermitente ao amplo movimento libertário encarnado na CNT. No ano seguinte à fundação da FAI, a CNT começou a formar comitês de ação para o combate à ditadura e a colaborar com outros grupos e movimentos na tentativa de mudar o regime. Nessa época, os anarquistas espanhóis estavam propensos a aceitar a solução temporária de uma república democrática, embora pretendessem usá-la apenas como trampolim do qual lançariam, tão rápido quanto possível, sua própria revolução. Nisto eles não eram excepcionais. Quando em 1930 caiu a ditadura de Primo de Rivera, ficou claro que a anarquia já estava em seus últimos dias, e todas as facções políticas da Espanha começaram suas composições para constituir a maioria da situação que se seguiria à sua queda. Os socialistas, os comunistas, os separatistas catalães e o exército, bem como os anarquistas, apoiaram a causa republicana, na medida em que realmente a apoiaram: para seus próprios fins.

A CNT voltou a agir abertamente em 1930, numericamente mais forte do que nunca e influenciada pela militância dos ativistas da FAI. O rei foi deportado em abril de 1931, em consequência das vitórias antimonarquistas nas eleições municipais, e os anarquistas preparavam-se para uma luta revolucionária que, muitos dos seus líderes achavam, seria apenas uma questão de meses. Em junho, a CNT reorganizou-se criando as federações nacionais de cada categoria, além dos sindicatos únicos, imitando tardiamente a estrutura dual da CGT, na convicção de que estava chegando o momento em que seria necessário uma estrutura sindical coordenada para gerir as questões de uma Espanha revolucionária. No fim do verão e no outono de 1931, começaram a demonstrar, por meio de uma série de greves em Sevilha, Madri e Barcelona, que não tinham intenção alguma de fazer distinções entre governos, e pretendiam levar avante sua ação independente com tanto vigor sob a República como sob a Monarquia. Nessa situação, a FAI desempenhou um papel de provocador, confundindo quase tanto os líderes da CNT quanto o governo republicano, ao organizar pequenos levantes com a finalidade de criar um clima de tensão em todo o país. Tentaram tomar de assalto a Central Telefônica de Madri e, no início de 1932, no vale de Llobrega, na Catalunha, lideraram um levante planejado como um ensaio em miniatura da revolução geral; uma de suas principais realizações foi a divisão das grandes propriedades entre os camponeses da região. O governo republicano favoreceu o jogo da FAI, adotando uma política de firme repressão, desvinculada de qualquer tentativa séria de solucionar o maior problema que atormentava a Espanha há gerações, o problema da reforma agrária. Ao se haverem especialmente com a insurreição de Llobrega, eles recorreram aos velhos métodos cruéis dos governos passados, deportando mais de uma centena de líderes anarquistas para a Guiné espanhola, sem sequer a formalidade de um julgamento. Em janeiro de 1933, como forma de protesto contra a constante detenção ilegal desses homens, os anarquistas organizaram uma outra insurreição em Barcelona e Valência, e a notícia desta insurreição provocou um pequeno levante na aldeia andaluza de Casas Viejas, onde um grupo de trabalhadores, liderados por um apóstolo anarquista rural, apelidado Seis Dedos, proclamou o fim da propriedade e do governo, sitiando os quartéis da Guarda Civil. Com ordens do governo central de subjugar o levante a todo o custo, o exército entrou em Casas Viejas, atacou Seis Dedos e seus homens, matando a maior parte deles, tanto na batalha como depois, de acordo com a *ley de fugas*.

A tragédia de Casas Viejas provocou a indignação contra o governo em toda a Espanha; em especial, pôs os camponeses e os trabalhadores da indústria contra os republicanos e até contra os socialistas que os apoiavam nas Cortes. As greves espalharam-se por todo o país, e a CNT aumentou seu prestígio e poder a tal ponto que, apesar de ter sido oficialmente extinta duas vezes durante esse ano, continuou a atuar abertamente e, em dezembro de 1933, organizou um levante considerável em Aragão, que durou quatro dias; as fábricas em Saragoça e Huesca foram tomadas pelos trabalhadores e tentou-se implantar a coletivização da terra.

Enquanto isso, a CNT estava às voltas com seus próprios problemas internos, devido em boa parte às diferenças de opinião entre os líderes da geração anterior à ditadura de Primo de Rivera – que se voltaram para o reformismo, mais interessados em obter melhores condições para os trabalhadores na sociedade existente – e a elite da FAI, que via toda a ação em termos apenas de sua utilidade em provocar uma revolução o mais breve possível. Os extremistas detiveram o controle da CNT a um tal ponto que ousaram expulsar o veterano secretário da organização, Ángel Pestaña, e Juan Peiro, editor do jornal da Confederação, *Solidariedad Obrera;* isto foi possível em parte devido à unidade de proposta da FAI e à dedicação quase religiosa de seus membros, e em parte ao apelo romântico dos líderes insurretos mais bombásticos, como Durutti e García Oliver. Pestaña, Peiro e outros líderes que não confiavam na condução da FAI nas questões sindicais lançaram um protesto público; visto que nele constavam trinta assinaturas, aqueles que o apoiaram tornaram-se conhecidos como os Treintistas. Com uma intolerância quase totalitária, seus oponentes tramaram a expulsão desses dissidentes da CNT; mas os reformistas não estavam inteiramente sem apoio, e muitos sindicatos de Valência e das pequenas cidades catalãs seguiram-nos num movimento minoritário conhecido como os *Sindicatos de Oposición*. A ruptura foi finalmente sanada em 1936, mas deixou sentimentos acerbos dentro do movimento, que persistiram durante a Guerra Civil e alcançaram até os anos de exílio, quando os anarquistas espanhóis na França, Grã-Bretanha e México mais uma vez separaram-se em facções rivais sobre questões como revolução e reforma.

Nesse tempo, o governo republicano renunciou, em grande parte devido ao ódio que atraiu sobre si na condução do caso *Casas Viejas,* tendo sido amplamente derrotado pelos partidos de direita nas eleições de dezembro de 1933. Mais do que qualquer outro fator, a hostilidade dos anarquistas foi responsável por esse revés. Nas eleições municipais que precipitaram a deportação do rei, muitos anarquistas foram às urnas – contra todos os seus princípios publicamente manifestos – pela razão tática de que a república parecia mais favorável a seus propósitos do que a monarquia. Em 1933, a CNT organizou uma vigorosa campanha abstencionista: a ausência dos milhões de votos que ela controlava significou uma derrota para a esquerda e dois anos de governo reacionário de direita.

Os anarquistas iniciaram negociações com o novo governo, à sua maneira, com greves em Saragoça, Valência e Andaluzia, mas a Catalunha se manteve relativamente tranquila, e por volta do fim de 1934 um de seus periódicos estados de lassidão apossou-se do movimento como um todo, de modo que os anarquistas não tomaram parte nas rebeliões organizadas em outubro desse ano pelos socialistas e pelos separatistas catalães, exceto nas Astúrias, onde os sindicatos da CNT em Gijon e La Felguera (que ironicamente eram mantidos pelos Treintistas reformistas) lutaram lealmente ao lado dos socialistas e sofreram com eles as atrocidades cometidas pela Legião Estrangeira e pelos mouros, pela primeira vez utilizados pelos espanhóis contra espanhóis.

Apesar da temporária perda de terreno entre os trabalhadores por causa do prestígio conquistado pela UGT nas Astúrias, a CNT manteve-se forte durante o período do governo de direita. No fim de 1934, um relatório policial estimou seus seguidores em um milhão e meio, e provavelmente não estava muito errado, já que durante o período republicano todas as organizações da classe trabalhadora na Espanha tiveram um crescimento constante no número de membros.

Quando os partidos de esquerda formaram uma coalização com a Frente Popular, Ángel Pestaña e um pequeno grupo de seguidores mais próximos foram os únicos anarquistas que se juntaram a eles. Os demais mantiveram-se arredios, mas decidiram votar novamente em dezembro de 1935, com o argumento de que muitos de seus militantes estavam na prisão e os líderes da Frente Popular haviam prometido a anistia. Uma vez mais usaram o seu poder de influência, fazendo com que seus votos dessem a vitória aos partidos que sua abstenção derrotara em 1933.

Mas, como a maioria dos que assim agem, os anarquistas não tinham intenção alguma de obedecer ao governo que colocaram no poder. Engrossadas suas fileiras com a libertação de seus líderes mais ativos e com a volta ao rebanho de 60 mil membros dos *Sindicatos de Oposición* no Congresso da CNT em Saragoça, em maio de 1936, eles se mantiveram a distância dos socialistas, que falavam em uma aliança revolucionária entre UGT e CNT (que se concretizou em 1938, quando já era tarde demais), e seguiam sua política de manter o país em estado de expectativa e inquietação por meio de uma sucessão de greves-relâmpagos. Por certo tinham em mente a ideia de revolução num futuro próximo, mas é uma questão acadêmica saber se teriam tentado algo em uma escala mais ampla do que os limitados levantes dos primeiros dias da República, em vista do fato de ter sido a direita e o exército os que estabeleceram o ritmo e desencadearam a Guerra Civil, com a rebelião dos generais em julho de 1936.

A história da Guerra Civil foi abordada em detalhes em outras obras, especialmente no notável trabalho de Hugh Thomas*. Limitar-me-ei aqui a discutir aqueles aspectos da guerra que esclareçam a natureza e o desenvolvimento do anarquismo espanhol. Com essa finalidade, pode-se dividir a guerra em duas fases: um período inicial, dinâmico, que se estende de julho

---

* *The Spanish Civil War*, Londres, 1961.

de 1936 aos primeiros dias de 1937, no qual a CNT e a FAI estavam entre os grupos dominantes, e um outro, subsequente, iniciado em maio de 1937, durante o qual estes movimentos perderam tanto em influência quanto em liderança, à medida que a centralização nas questões administrativas e militares logrou submeter as regiões legalistas da Espanha ao controle do governo republicano, com um consequente fortalecimento da influência comunista.

Os acontecimentos do verão e do outono de 1936 revelaram as virtudes e as falhas das organizações libertárias espanholas. Durante anos a FAI tinha se preparado para um tipo de situação em que uma greve geral e um período intenso e curto de insurreição poderiam derrubar o Estado e instaurar o milênio do *comunismo libertário*. Eles eram agitadores de rua e guerrilheiros experientes, e na situação crítica surgida com o golpe militar de 19 de julho estavam no melhor de sua forma. Em Barcelona e Valência, nos distritos rurais da Catalunha e em partes de Aragão, e até certo ponto em Madri e Astúrias, foi a ação imediata da elite da FAI e dos trabalhadores sindicalizados da CNT que derrotou os generais e preservou estas cidades e regiões para a república.

O triunfo das organizações da classe trabalhadora criou um clima revolucionário e até uma certa situação revolucionária temporária na Catalunha, no Levante e em partes de Aragão. Durante vários meses as forças armadas dessas regiões foram, em geral, milícias controladas pelos anarquistas. As fábricas foram em grande parte tomadas pelos trabalhadores e dirigidas pelos comitês da CNT, enquanto centenas de aldeias ou dividiam ou coletivizavam a terra, e muitas tentaram organizar comunidades libertárias do tipo defendido por Kropotkin. A vida mudou suas feições nos menores detalhes, como George Orwell registrou com vivacidade em *Homage to Catalonia,* ao descrever Barcelona durante os dias de domínio anarquista:

> Toda loja ou café trazia uma inscrição com os dizeres de que havia sido coletivizada; até os engraxates

foram coletivizados e suas caixas pintadas de vermelho e preto*. Tanto os garçons como os gerentes te olhavam de frente e te tratavam como igual. Formas subalternas e até cerimoniosas do discurso desapareceram temporariamente. Ninguém dizia *"Señor"* ou *"Don"* ou sequer *"Usted";* todos se chamavam de "Camaradas" e se tratavam por "tu", e diziam *"Salud"* ao invés de *"Buenos dias". (...)* Não havia carros particulares, todos tinham sido confiscados, e todos os bondes e táxis, e muitos dos outros meios de transportes foram pintados de vermelho e preto. Cartazes revolucionários por toda parte, flamejando nas paredes em vermelhos e azuis intensos, que faziam os poucos anúncios que sobraram parecerem manchas de lama. Por toda a Ramblas, a espaçosa artéria central da cidade, multidões transitavam para lá e para cá, com os alto-falantes berrando canções revolucionárias o dia inteiro e noite adentro. E o mais curioso de tudo era o aspecto das multidões. Na aparência exterior era uma cidade em que as classes abastadas praticamente deixaram de existir. E com exceção de um número reduzido de mulheres e estrangeiros não se via ninguém "bem vestido". Praticamente todos usavam roupas grosseiras de trabalho, ou macacões azuis, ou algum tipo de uniforme militar. Tudo isso era singular e tocante.

Talvez o elemento mais importante na situação tenha sido a ausência de autoridade efetiva. O governo central era fraco e distante e, na Catalunha, a FAI e a CNT detinham, pelo menos naquela época, mais poder do que quaisquer autoridades obscuras que mantivessem sinais de existência. Mas nem a CNT nem a FAI puderam manter a coesão daquilo que

---

* A bandeira dos anarcossindicalistas na Espanha era vermelha e preta, dividida diagonalmente. Nos dias da Internacional, os anarquistas, como outras facções socialistas, carregavam a bandeira vermelha; mais tarde, porém, tenderam a substituí-la pela preta. A bandeira vermelha e preta simbolizava uma tentativa de união do espírito do anarquismo tardio ao chamado coletivo da Internacional.

muito eufemisticamente chamavam "indisciplina organizada". Muito do que aconteceu na Espanha durante os primeiros dias de Guerra Civil foi obra de pequenos grupos que agiam sob sua própria responsabilidade anárquica. Às vezes, suas iniciativas foram boas; amiúde foram más. Foram tais grupos de anarquistas, por exemplo, que cometeram a maioria dos incêndios das igrejas, o que se tornou uma verdadeira epidemia no verão de 1936, e no curso dessa ação destruíram muitas obras notáveis de arte religiosa; ironicamente, seu respeito pela cultura fez com que preservassem pinturas famosas produzidas por uma cultura aristocrata, embora queimassem e reduzissem a pedaços justamente autênticas obras de arte folclórica, exemplos das realizações populares por eles tão valorizadas. Foram tais grupos também que promoveram muitas das execuções sumárias de suspeitos fascistas nesse mesmo período inicial; esses atos foram em geral coletivos, feitos não por trabalhadores comuns ligados à CNT, ou por militantes de maior responsabilidade na FAI, porém por grupos relativamente pequenos, algumas vezes de *pistoleiros* profissionais, e mais frequentemente por jovens fanáticos exaltados pertencentes à Organização Juventude Libertária. Suas vítimas favoritas incluíam tanto padres e monges, como gigolôs e prostitutos; ambas as classes foram atingidas pela intolerância moral, caracteristicamente espanhola – os padres por terem, a seu ver, ridicularizado as ideias de fraternidade humana, e os gigolôs e prostitutos por terem infringido a Lei da Natureza. O anarquismo como filosofia pouco teve a ver com tais excessos, que não ocorreram em nenhum outro país a não ser na Espanha. Derivavam basicamente de uma conjunção fatal das fantasias sexuais de destruição criadas por Bakunin com o estranho culto da morte que tem emprestado violência às causas políticas e religiosas na Espanha já desde o tempo da reconquista. Neste nível, não há realmente que escolher entre a minoria anarquista que matava padres e gigolôs na Catalunha e a minoria falangista que matava sindicalistas em Granada: ambas são produtos mais da história espanhola do que das filosofias políticas de que se diziam representantes.

Seja para o bem, seja para o mal, os anarquistas espanhóis estavam cheios de energia e capacidade prática durante o primeiro e fluido período da Guerra Civil. Mas suas virtudes eram dinâmicas: sempre floresceram em tempos de tensão e arrefeceram em outros tempos. Fortes nos impulsos espontâneos, não possuíam a tenacidade necessária para manter o que alcançavam. Sua coragem e iniciativa nos primeiros dias da revolta militar se transformaram em tédio e ineficiência à medida que o conflito se estendeu, e sua resistência à disciplina e à autoridade os incapacitou para as tarefas de uma guerra verdadeira e prolongada, o que é por si próprio um processo totalitário. Depois da primeira e espetacular investida da coluna de voluntários chefiada por Durutti contra Aragão, o *front* favorito dos anarquistas tornou-se um dos mais estáticos em toda a guerra, e a velha fortaleza anarquista de Saragoça, o objetivo da campanha, nunca foi tomada. Parte disso deveu-se ao fato de as unidades anarquistas não disporem de armas, em virtude da política do governo republicano, que tentou forçar as milícias independentes a formarem um exército disciplinado sob controle centralizado; parte deveu-se ao apego às causas locais que quase sempre faziam com que as questões na Catalunha, nas fábricas e nas fazendas coletivas parecessem mais importantes do que o que estava ocorrendo no *front* distante; e parte ao reconhecimento semiconsciente de que, inevitavelmente, à medida que a guerra continuava, estava sendo imposto ao país um modelo autoritário em que não poderiam sobreviver as experiências libertárias empreendidas com tamanho entusiasmo em 1936.

Neste ponto, é necessário lembrar que certas circunstâncias colocaram os anarquistas num terrível dilema. Sua organização, sua tática, sua atitude mental foram moldadas em cima de uma geração com o fim de oposição à autoridade estabelecida, ao término da qual se travaria o Armagedon anárquico e os santos libertários entrariam na Sião do *comunismo libertario,* que se ergueria das ruínas de um mundo morto. Mas, por volta do último outono de 1936, ficou claro que a verdadeira revolução não acontecera, que o *comunismo libertario* fora, quando muito, alcançado numa escala ínfima, que para levar avante a luta contra o agressor externo os anarquistas deviam colaborar a contragosto com o governo republicano e com os partidos autoritários a quem outrora se opuseram.

Nesta situação, os líderes anarquistas escolheram o caminho da conciliação e, feita a escolha, seguiram-na ao ponto de negar toda a tradição anarquista e entrar primeiro para o governo da Catalunha, em setembro de 1936, e, em seguida, para o governo de Madri, de Largo Caballero, em dezembro do mesmo ano. Não foram somente membros da facção reformista da CNT que assumiram pastas ministeriais; a eles se juntou o líder insurreto da FAI, García Oliver, que se tornou ministro da justiça, e que parece ter gostado dessa posição. O Comitê Peninsular da FAI declarou publicamente, em outubro de 1936, que sua participação nas instituições governamentais se justificativa porque a situação assim o exigia. Mas essa participação significava uma abdicação virtual das esperanças revolucionárias anarquistas; significava que os líderes anarquistas estavam fortalecendo as instituições do governo que eram seus inimigos naturais e que procurariam destruir sua influência libertária.

A presença de ministros anarquistas não impediu, e talvez até tenha encorajado, o golpe governamental de maio de 1937, quando irromperam as lutas em Barcelona por causa da invasão, pelo partido PSUC, dominado pelos comunistas, do edifício da Central Telefônica, que estava em mãos anarquistas desde o começo da Guerra Civil. Depois de vários dias de luta nas ruas – quando muitos dos combatentes anarquistas resistiram ao PSUC e às forças governamentais, em desafio aos apelos de seus próprios líderes para cessar-fogo –, a influência anarquista preponderante na Catalunha foi destruída. Desde essa época a CNT perdeu importância no cenário espanhol. O número de seus membros continuou elevado, chegando a aproximadamente dois milhões, e a FAI, tendo decidido franquear sua organização, passou de 30 mil membros em 1936 para 150 mil em 1938. Mas ambas as organizações haviam se descaracterizado em consequência de existirem antes por conciliação que por resistência, e a partir de meados de 1937 recuaram lentamente em todas as frentes de ação. A condução da guerra passou cada vez mais para o controle dos comunistas e dos instrutores militares russos. As fábricas coletivizadas foram tomadas pelo governo, e muitas das coletividades agrícolas foram destruídas quando as tropas comunistas sob o comando de Lister entraram em Aragão. Tudo isto aconteceu sem qualquer oposição anarquista considerável, e a desmoralização do movimento acabou ficando patente em janeiro de 1939, quando as tropas de Franco adentraram Barcelona, baluarte do anarquismo espanhol, sem a menor resistência.

É verdade que nem todos os anarquistas na Espanha concordavam com a política de conciliação. Alguns de seus membros mantiveram-se intransigentes na defesa de uma estratégia completamente anarquista para a situação; eles se constituíram em um grupo seleto que se denominava Amigos de Durutti (em memória do líder guerrilheiro, alvejado pelas costas no inverno de 1936 por inimigos políticos no *front* de Madri), e lideravam a resistência anarquista durante as lutas de maio em Barcelona. Tinham o apoio de alguns anarquistas italianos, franceses e alemães, que foram à Espanha na deflagração da Guerra Civil, e particularmente do intelectual italiano Camillo Berneri, assassinado por agentes comunistas nas ruas de Barcelona, por ser visto como uma ameaça a seus planos de imobilizar os anarquistas. Mas salientar que na Espanha houve anarquistas rigorosamente fiéis a seus ideais não é sugerir que eles tenham encontrado um modo de criar e preservar uma sociedade anarquista em meio a um acontecimento tão contrário à prática e aos princípios libertários como é uma guerra moderna. Dada a situação, o problema parece insolúvel, em termos anarquistas.

Os anarquistas na Espanha de fato fracassaram tanto no plano militar quanto político, porque não puderam se manter como tais e tomar parte nos governos e na guerra total. Através da conciliação, não fizeram seu fracasso menos inevitável; apenas o tornaram mais humilhante. Mas, fazendo um cômputo final, deve-se considerar o que os sobreviventes daqueles dias trágicos veem como suas realizações concretas. Os apologistas da liberdade frequentemente sugerem que, na gestão das fábricas e na coletivização efetiva da agricultura, os anarquistas espanhóis demonstraram que os trabalhadores podem ter êxito no controle eficaz de suas próprias indústrias e que o ideal de Kropotkin de um *comunismo libertario* é de fato praticável no mundo moderno.

Ainda não se escreveu a história completa da coletivização anarquista da indústria e da agricultura na Espanha, e é possível que não mais existam os registros nos quais essa história pudesse se basear. Mas os que foram preservados sugerem que essas experiências foram muito bem-sucedidas. A Espanha, com sua tradição de democracia aldeã e iniciativa comunitária, é um país apropriado, por natureza, para tais empreendimentos. Nos distritos rurais de Navarra, Astúrias e Pireneus ainda existiam aldeias onde o cultivo da terra e a posse dos rebanhos faziam parte de um sistema coletivo que, no passado, deve ter abrangido uma área mais ampla. Até nos distritos rurais do sul, dividido em grandes propriedades, ainda sobrevivem vestígios de uma idade de ouro do comunismo aldeão, e era nestes distritos que as fábricas de Barcelona recrutavam seus trabalhadores. Em sua propaganda pela coletivização, os anarquistas espanhóis de fato apelaram – como é comum entre os anarquistas – tanto para o sonho nostálgico de um passado perdido como para uma aspiração futura a um mundo melhor.

Os primórdios da coletivização parecem ter sido semelhantes nas aldeias e nas fábricas. Com a fuga dos proprietários de terra das aldeias, e mortos ou escorraçados os guardas-civis, o sindicato aldeão se transformou numa assembleia popular em que todo aldeão poderia participar diretamente nas questões da comunidade. Elegia-se um comitê administrativo, mas que atuava sob a constante supervisão do povo, reunindo-se pelo menos uma vez por semana numa concorrida assembleia para acelerar a consolidação do comunismo livre. Nas fábricas, o processo era semelhante, com uma comissão de trabalhadores responsabilizando-se pela assembleia-geral do sindicato, e técnicos (em poucos casos os antigos donos ou administradores) planejando a produção do ponto de vista dos trabalhadores.

O período de controle quase completo pelos trabalhadores em Barcelona durou de julho até 24 de outubro de 1936, quando *Generalitat,* o governo provincial da Catalunha, promulgou um decreto de coletivização que reconheceu o fato consumado de terem os trabalhadores assumido a responsabilidade das fábricas, mas ao mesmo tempo estabeleceu um mecanismo de coordenação que foi o primeiro estágio de uma supervisão e – finalmente – de controle governamental. Mas, por mais de quatro meses, de 19 de julho até o decreto começar a surtir efeito, as fábricas de Barcelona foram operadas pelos trabalhadores sem ajuda ou interferência estatal, e na maioria dos casos sem administradores experientes.

Os serviços públicos foram conduzidos da mesma forma, e Barcelona, uma cidade grande e moderna com necessidades complexas, foi mantida em atividade pela CNT com um grau surpreendente de eficiência. Como salientou o escritor libertário inglês Vernon Richards:

> Louva-se a capacidade de organização e inteligência com que os trabalhadores catalães conseguiram tomar as estradas de ferro e prosseguir nos trabalhos com um mínimo de atraso; todos os serviços de transporte em Barcelona e seus subúrbios foram reorganizados sob o controle dos trabalhadores e funcionaram mais eficientemente do que antes; os serviços públicos sob seu controle, como telefone, gás e luz, entraram em funcionamento normal 48 horas depois do fracasso do levante planejado pelo general Goded; a organização coletivista dos padeiros de Barcelona percebeu que, assim que tivessem a farinha de trigo (e as necessidades de Barcelona exigiam uma média de 3 mil sacos por dia), a população teria o pão*.

---
* *Lessons of the Spanish Revolution,* Londres, 1953.

Um observador menos parcial, Franz Borkenau, que chegou três semanas após o levante de julho, transmitiu em *The Spanish Cockpit* (1937) uma impressão direta e muito parecida dos fatos:

> A quantidade de expropriações nos dias seguintes ao 19 de julho é quase inacreditável (anotou ele em seu diário em 5 de agosto). Em muitos aspectos, entretanto, a vida estava muito menos perturbada do que eu esperava, de acordo com o noticiário dos jornais estrangeiros. Os bondes e os ônibus estavam circulando, e havia fornecimento de água e luz.

As observações sobre a eficiência das fábricas coletivizadas variavam consideravelmente, e não há dúvidas de que algumas delas estavam incapacitadas de operar satisfatoriamente por falta de matéria-prima. Entretanto, Gerald Brenan observa que há provas de que a coletivização foi bem-sucedida em muitas ocasiões "num grau surpreendente" e, nesta altura, Borkenau novamente faz um registro prudente, porém favorável, do que viu em 8 de agosto de 1936, quando visitou as oficinas coletivizadas da companhia geral de ônibus de Barcelona:

> Inegavelmente, a fábrica que vi é um grande sucesso para a CNT. Apenas três semanas depois do início da Guerra Civil, duas semanas depois do fim da greve geral, tudo parece correr tão calmamente como se nada tivesse acontecido. Visitei os homens em suas máquinas. As salas pareciam arrumadas, e o trabalho era realizado de maneira regular. Desde a socialização, esta fábrica consertou dois ônibus, terminou um que estava em construção e construiu um completamente novo. Este último continha a inscrição "construído sob controle dos trabalhadores". Foi concluído, asseverou o administrador, em cinco dias contra uma média de sete dias sob a administração prévia. Sucesso completo, portanto.
> É uma fábrica enorme, e as coisas não poderiam ter sido arranjadas para impressionar um visitante, se elas

estivessem realmente péssimas. Nem creio que tivessem feito quaisquer preparativos para minha visita...

Mas, ainda que fosse precipitado generalizar a impressão muito favorável causada por essa fábrica em particular, um fato permanece: para um grupo de trabalhadores, administrar uma fábrica, mesmo em condições favoráveis, e dentro de poucos dias fazer com que funcione com regularidade total é um feito extraordinário. Isto é uma prova clara do padrão geral de eficiência dos trabalhadores catalães e da capacidade de organização dos sindicatos de Barcelona.

Com base no que conhecemos da coletivização anarquista urbana, creio que podemos afirmar com segurança que os serviços públicos nas grandes e pequenas cidades foram executados adequadamente, como antes da Guerra Civil, e que pelo menos algumas das fábricas foram notadamente bem dirigidas. A tradição comunitária espanhola e a longa assimilação da doutrina anarquista de cooperação voluntária parecem ter dado aqui bons frutos.

Antes de mais nada, não há dúvida de que a coletivização das áreas rurais foi extensa. O escritor francês Gaston Leval* menciona 500 coletividades no Levante, 400 em Aragão, 230 em áreas de Castela, enquanto na Andaluzia todas as aldeias que escaparam do primeiro ataque violento dos nacionalistas automaticamente coletivizaram sua terra. Leval estipula que, ao todo, 3 milhões de pessoas estavam vivendo sob economias regionais coletivizadas, por volta de 1937. Como todas as estatísticas relativas ao anarquismo na Espanha, esta deve ser vista com precaução, mas é certo que nas áreas de influência a maior parte das aldeias foi coletivizada, e os camponeses participaram majoritariamente. É difícil dizer até que ponto a participação foi espontânea. Leval insiste que "é falso dizer que aqueles que participaram das organizações coletivistas foram obrigados a fazê-lo", mas há evidências de que, em muitas aldeias, camponeses relutantes cederam pelo temor de

---

* *Social Reconstruction in Spain,* Londres, 1938.

suas vidas ou, talvez com mais frequência, com receio daquele grande substituto anarquista para a autoridade constituída, o poder da opinião pública; ademais, aqueles que discordavam profundamente da nova ordem teriam fugido antes que a coletivização começasse.

As coletividades aldeãs normalmente consideravam-se comunidades independentes, cada qual em sua própria *patria chica,* mantendo relações de igualdade com aldeias vizinhas. Em geral, a terra era trabalhada comunitariamente, ao invés de ser dividida em lotes iguais, conquanto houvesse amplas variações nos métodos de organização do trabalho e distribuição da produção. Quase todas as aldeias decidiram abolir o uso do dinheiro, no que estavam de completo acordo com St. Paul; mas outras buscaram diretamente o *comunismo libertario,* ao criarem um sistema pelo qual os camponeses recebiam as mercadorias dos empórios das aldeias sem qualquer forma ou tipo de pagamento. Os padrões de vida e de trabalho variavam de região para região. Na Andaluzia, o ideal ascético era forte, e a meta era uma simplificação de vida que resultasse numa pobreza dignificada, livre e igualitária. Em Aragão e na Catalunha, o temperamento progressista do povo criou um desejo de aperfeiçoar métodos de cultivo, de modo que aqui a tendência estava voltada para uma agricultura científica e para o máximo de mecanização. Quase todas as aldeias coletivizadas parecem ter tido alto grau de consciência da necessidade da educação, de modo que fizeram planos ambiciosos para acabar com o analfabetismo dos adultos, tentaram criar serviços médicos e dar assistência às pessoas incapacitadas para o trabalho.

É difícil generalizar sobre o êxito da coletivização agrária, já que em parte alguma sobreviveu mais que duas estações e meia de colheita, e em alguns lugares onde o avanço nacionalista foi rápido não passou da primeira colheita. A única grande realização foi que, pela primeira vez na história de muitas regiões da Espanha rural, houve comida e trabalho, senão luxo, para todos. Terras que há gerações não eram cultivadas, foram novamente, e ninguém morreu de fome. Mas, como acontece quase sempre na Espanha, foi além dos limites das aldeias e dos distritos que o problema começou. Os sistemas de distribuição, nos quais o governo logo começou a interferir, foram o mais das vezes ineficientes, e os camponeses que produziam colheitas específicas, como laranjas ou olivas, perderam seus tradicionais mercados estrangeiros, e provavelmente sofreram um golpe maior do que aqueles que realizavam culturas variadas ou de cereais e viviam, em grande parte, de sua própria produção.

No entanto, também aqui o veredito final deve ser favorável. Os camponeses das regiões anarquistas da Espanha foram muito bem-sucedidos no sentido de convencerem muitos observadores de que a coletivização ainda é a única solução real para os eternos problemas fundiários da Espanha.

A coletivização durante os primeiros meses da Guerra Civil é, portanto, um campo de realização que deve ser realmente reconhecido como o último e maior dos principais movimentos anarquistas do mundo. Nas artes da guerra os anarquistas espanhóis fracassaram desgraçadamente, e sua organização e seus seguidores foram virtualmente destruídos em consequência de seu fracasso. Alguns milhares de imigrantes envelhecidos, um movimento minúsculo e clandestino conduzido sob circunstâncias de extrema dificuldade – isto é tudo o que resta hoje das centenas de milhares a quem a CNT e a FAI atraíram com sua visão de um mundo ideal. Mas, nas artes da paz, eles mostraram que sua crença nos poderes de organização dos trabalhadores e dos camponeses, nas virtudes sociais naturais do povo comum, no cômputo das circunstâncias especiais do país e da época, a coletivização das fábricas e propriedades agrícolas na Espanha sob inspiração anarquista perdura como uma experiência prática em grande escala, que não pode ser ignorada na avaliação final das pretensões anarquistas de terem encontrado uma forma de viver numa comunidade livre e pacífica.

Anarquismo na Itália

A tendência dos movimentos anarquistas em assumir características locais foi particularmente evidente na Itália, onde a atitude revolucionária desenvolvida durante o *Risorgimento* foi uma das profundas influências sobre o movimento libertário. Os primeiros anarquistas militantes do país eram antigos partidários de Mazzini ou Garibaldi; durante a monarquia de Savoia, o anarquismo permaneceu por longos períodos na mesma espécie de clandestinidade que os movimentos republicanos do início do século XIX, e as tradições de conspiração, insurreição e atos dramáticos desenvolvidos pelos carbonários ajudariam a determinar os métodos de ação anarquista. Até o tipo de organização flexível do movimento assemelhava-se àquela que os carbonários haviam adotado quando perseguidos, e os típicos heróis libertários, como Errico Malatesta e Carlo Cafiero, tinham o mesmo estilo de vida extravagante de Garibaldi e Pisacane.

Mas se o movimento pela libertação nacional influenciou o anarquismo italiano – e através dele, como veremos, os métodos anarquistas em outros países – as ideias de anarquistas estrangeiros, por sua vez, influenciaram o desenvolvimento geral dos movimentos revolucionários na Itália. Antes mesmo da chegada de Bakunin, em 1864, as ideias de Proudhon já exerciam sua influência sobre o pensamento republicano, especialmente através dos livros e discursos daquele que foi o Dom Quixote do *Risorgimento,* Carlo Pisacane, duque de San Giovanni.

Pisacane desempenhou um importante papel, como jovem que era, na Revolução de 1848, quando chefe do Estado-Maior no Exército da República Romana de Mazzini. Em 1857, ele antecipou a aventura siciliana de Garibaldi, com resultados bem mais trágicos, partindo do porto de Gênova, no vapor *Cagliari,* com um pequeno exército de republicanos, e desembarcando na costa da Calábria. Os revoltosos locais que esperava encontrar não se juntaram a ele e Pisacane acabou derrotado pelas forças dos Bourbon, morrendo no campo de batalha.

Pisacane tornou-se um dos heróis mártires do *Risorgimento,* mas foi só depois de sua morte, com a publicação, em Paris, de uma coleção de ensaios (sob o título *Saggi*) que suas ideias libertárias tornaram-se amplamente conhecidas. Durante os anos de exílio, entre 1848 e a fatal aventura calabresa, Pisacane leu e estudou a obra de Proudhon e Fourier, ingressando em uma discussão polêmica com Mazzini sobre a natureza da futura Revolução Italiana. Sua atitude não diferia muito daquela que Bakunin havia mantido durante sua fase pan-eslava; ele desejava chegar a uma revolução nacional através de uma revolução social. Os camponeses deveriam ser despertados antes que a nação pudesse ser livre, e isso só poderia ser feito proporcionando-lhes a libertação econômica, a libertação do jugo de seus tiranos mais imediatos, os proprietários das terras. Por essa razão, Pisacane tornou-se um socialista proudhoniano. Tal como Proudhon, ele também queria que cada homem tivesse "garantido o fruto de seu trabalho" e que "toda a propriedade fosse não apenas abolida, mas denunciada como roubo". Na verdade, Pisacane foi além de Proudhon, aproximando-se do coletivismo, pois queria que todas as fábricas se tornassem propriedade coletiva, e que a terra fosse cultivada pelas comunas de tal forma que todos pudessem repartir igualmente os produtos da agricultura.

Pisacane não se limitava a aceitar a teoria econômica básica de Proudhon. Ele também adotava as ideias deste sobre governo, e via como fundamental objetivo da revolução não o Estado centralizado dos jacobinos e blanquistas, mas "a única forma de governo justa e segura: a anarquia de Proudhon". Exigia a simplificação das instituições sociais e, mais ainda, declarou que "a sociedade, constituída em suas relações verdadeiras e essenciais, exclui qualquer ideia de governo". Mas talvez o mais notável ponto de ligação entre o anarquismo italiano e as antigas tradições do *Risorgimento* seja a defesa que Pisacane fez daquilo que viria a ser mais tarde conhecido como "propaganda através da ação".

> "A propaganda pela ideia é uma quimera – escreveu ele. – As ideias resultam das ações e não as últimas das primeiras. O povo não será livre quando tiver educação, mas só terá educação quando for livre. A única coisa que um cidadão pode fazer de bom pelo seu país é cooperar com a revolução material; portanto, conspirações, complôs, atentados etc. são a série de atos através dos quais a Itália avançará rumo ao seu objetivo."

Seria fácil escrever a história do anarquismo na Itália como uma crônica da luta para levar avante essas recomendações.

Pisacane não deixou nenhum movimento organizado, mas exerceu uma grande influência sobre os republicanos mais jovens, tanto por intermédio de seus companheiros mais próximos quanto postumamente, graças aos seus livros. Essa influência ajudaria a preparar a amistosa recepção que teve Bakunin ao chegar em Florença, em 1864. E isto é tão significativo que havia, tanto entre a Irmandade Florentina como entre a Irmandade Internacional, mais tarde fundada em Nápoles, vários dos velhos camaradas de Pisacane.

A influência de Proudhon também impregnava a Itália sob a forma do mutualismo. O primeiro jornal socialista fundado na Itália, *Il Proletario,* editado pelo florentino Nicolo lo Savio, era de inspiração proudhoniana. Entretanto, tal como acontecia na França, os mutualistas italianos tinham tendências moderadas e conservadoras, e sua participação no aparecimento do anarquismo foi insignificante. O movimento anarquista começa, na verdade, com a chegada de Bakunin.

Já demonstrei como Bakunin finalmente abandonou o pan-eslavismo dos primeiros tempos em Florença, adotando o anarquismo como sua doutrina revolucionária, e como, em consequência, o aparecimento do anarquismo na Itália coincidiu com o nascimento do movimento anarquista internacional no seu protótipo rudimentar, a Irmandade Florentina. Também tenho comentado sobre o pouco que se conhece a respeito dessa organização de vida efêmera, já tendo descrevido sua sucessora, a Irmandade Internacional, como um acontecimento na vida de Bakunin e no desenvolvimento do anarquismo internacional. Tratarei aqui da Irmandade Internacional até onde é possível considerá-la um movimento italiano.

Nos documentos legais redigidos por Bakunin e seus assessores mais próximos, a seção italiana da Irmandade era chamada tanto de *La Società per la Rivoluzione Democratica Sociale* como de *La Società dei Legionari della Rivoluzione Sociale Italiana*. Não há qualquer motivo para supor que estas eram organizações independentes; a paixão de Bakunin por títulos altissonantes é razão suficiente para explicar essa duplicação. O alto comando da sociedade parece ter sido aproximadamente igual ao do Comitê Central criado por Bakunin na Irmandade Internacional, em Nápoles. Vários membros dessa elite de militantes iniciados desempenhariam mais tarde papéis importantes na história anarquista. Giuseppe Fanelli, um veterano de 1848, era na verdade um deputado do Parlamento Italiano que ficou de tal forma enfeitiçado pelo discurso de Bakunin, a ponto de, mais tarde, prosseguir na estranha, mas bem-sucedida, missão de converter as massas espanholas ao anarquismo. Saverio Friscia, um médico homeopata siciliano, era também membro da Câmara dos Deputados, porém mais importante para a Irmandade Internacional como maçon de 33^0 grau, com grande influência nas lojas maçônicas do sul da Itália*. Carlo Gambuzzi, um advogado napolitano, viria a tornar-se amigo pessoal de Bakunin e amante de sua mulher, Antonia, além de permanecer durante muitos anos como líder ativo do movimento anarquista italiano. O último membro importante dessa elite inicial foi Alberto Tucci, outro jovem advogado napolitano.

---

* O próprio Bakunin, tal como Proudhon, era maçom. Ainda será preciso pesquisar os vínculos que existiam entre a maçonaria continental e os primórdios do movimento anarquista.

É difícil avaliar a extensão do movimento que esses homens lideravam, em grande parte devido às pretensões de sua organização burocrática. Foi criado um Comitê Central Italiano e o país foi dividido, com grande dose de otimismo, em regiões, em cada uma das quais os membros seriam controlados por um comando geral designado pelo Comitê Central. Nessa fase do movimento, os bakuninistas, embora aceitassem geralmente ideias anarquistas de organização para a sociedade após a revolução, ainda não haviam conseguido libertar-se dos modelos autoritários que eram parte integrante da tradição conspiratória da sua própria organização. Entretanto, parece claro que as únicas regiões da Itália onde as seções da Irmandade tornaram-se ativas foram a cidade de Nápoles e os centros de Palermo e Siacca, na Sicília. Não existem registros precisos sobre o número exato de membros que integravam esses grupos, mas é provável que não fossem muitos. Além disso, alguns dos velhos companheiros de Bakunin, em Florença, poderiam ter ingressado neles como membros individuais da Irmandade, embora não haja vestígios de uma seção florentina. Mesmo as seções que existiam parecem ter entrado em decadência tão logo Bakunin partiu de Nápoles para Genebra, em agosto de 1867, e é lícito supor que a Irmandade Internacional, que só seria dissolvida oficialmente em 1869, tornou-se na Itália – como em outros locais – uma organização resumida que reunia apenas os companheiros mais chegados a Bakunin.

    Durante esses primeiros anos, a relação de Bakunin com seus discípulos italianos era muito próxima. Fanelli, Friscia e Tucci acompanharam-no quando ingressou na Liga pela Paz e Liberdade, renunciando com ele mais tarde para tornarem-se membros fundadores da Aliança Internacional da Social Democracia. Fanelli, Gambuzzi, Tucci e Friscia, com Raffaele Mileti, da Calábria, e Giuseppe Manzoni, de Florença, formaram o núcleo do Comitê Nacional da Aliança. Mais uma vez, é difícil determinar o poder que a Aliança obteve na Itália, já que no início de 1869 a organização foi dissolvida e suas seções passaram automaticamente a integrar a Associação Internacional dos Trabalhadores. Os militantes italianos haviam se oposto a essa mudança, mas foi a partir dessa época – os primeiros meses de 1869 – que começou a surgir na Itália um influente movimento anarquista.

No início, a Internacional ficou restrita ao Mezzogiorno, e a seção mais ativa era a de Nápoles, sob a liderança de Gambuzzi e do alfaiate Stefano Caporosso. Muitos artesões locais ingressaram nesta, e durante o Congresso da Internacional em Basel, em setembro de 1869, Caporosso afirmou que a organização contava 600 membros em seus quadros. Dois meses depois, a seção napolitana fundou o primeiro jornal anarquista italiano, *L'Eguaglianza,* editado por Michelangelo Statuti, um ex-padre cujas ideias parecem ter antecipado aquelas mais tarde desenvolvidas por Georges Sorel, quando afirmou que as greves só serviam para desenvolver o espírito de solidariedade entre os operários.

Três meses depois, *L'Eguaglianza* seria proibido pela polícia, mas a seção napolitana continuou a prosperar. Na verdade, depois de intervir numa greve dos empregados da indústria do couro, ela cresceu tão rapidamente que, no início de 1870, a polícia local registrava a presença de 4 mil membros. Outras seções surgiram na Campania e na Sicília, mas passaria ainda algum tempo antes que o movimento atingisse o resto da Itália. Na verdade, as perseguições policiais, as prisões de Gambuzzi e Caporosso e a descoberta de *agents provocateurs* entre os membros da seção de Nápoles resultaram no declínio da organização até mesmo no sul.

Na metade de 1871, entretanto, surgiu um novo grupo de militantes bem diferente dos veteranos que se haviam reunido em torno de Bakunin durante as primeiras lutas. Os líderes desse grupo, Carlo Cafiero, Errico Malatesta e Carmelo Palladino eram todos jovens instruídos, com pouco mais de vinte anos, filhos de proprietários de terras no sul da Itália; todos vinham de regiões onde a pobreza era endêmica entre os camponeses (Cafiero e Palladino, de Apulia, e Malatesta, de Capua, na Campania). Na verdade, eles eram o equivalente italiano dos nobres russos que naquela mesma década, acometidos por uma crise de consciência, tinham sido tomados por um ímpeto de "ir até o povo". A sua percepção das injustiças cometidas contra os pobres e indefesos fez com que rejeitassem o liberalismo beato de Mazzini e, com Garibaldi – envelhecido e relutante em envolver-se mais uma vez na luta – escolheram Bakunin como seu líder, embora Cafiero tenha tido um breve namoro com as ideias de Engels e Marx. O triunvirato formado por Cafiero, Malatesta e Palladino reconstruiu a seção da Internacional no Mezzogiorno, mas o trabalho progredia lentamente, prejudicado por novas perseguições policiais, e talvez tivesse fracassado se Mazzini não decidisse adotar um procedimento que acabou por beneficiar Bakunin, dando-lhe a oportunidade de intervir maciçamente na política esquerdista italiana.

Na sua velhice, Mazzini tornava-se cada vez mais conservador, vendo com desconfiança os elementos ativistas que militavam no movimento republicano italiano. Mostrava-se perturbado com a crescente influência do socialismo na Europa e já havia criticado a Comuna de Paris por sua irreligiosidade e sua negação do verdadeiro nacionalismo. Voltava-se agora contra a Internacional e utilizava argumentos similares para atacá-la no *La Roma del Popolo*. Muitos dos seus próprios discípulos, que haviam admirado a coragem dos integrantes das Comunas e sabiam que os melhores entre eles eram internacionalistas, foram repelidos pela sua atitude e, em 24 de julho de 1871, um dos jornais republicanos de esquerda, *Il Gazzetino Rosso,* de Milão, publicou uma áspera resposta de Bakunin intitulada *The Reply of an Internationalist to Giuseppe Mazzini* (A Resposta de um Internacionalista a Giuseppe Mazzini). Bakunin acusava o líder veterano de "voltar as costas à causa do proletariado" num momento em que este havia sofrido os horrores dos últimos dias da Comuna. Imediatamente após concluir esse artigo, Bakunin – percebendo que naquele momento estava em jogo a influência do anarquismo na Itália – começou a trabalhar num ensaio bem mais extenso: *Mazzini's Political Theology and the International* (A Teologia Política de Mazzini e a Internacional), publicado no outono de 1871.

O efeito imediato dessa polêmica foi o aparecimento de organizações da Internacional, que começava agora a sair do Mezzogiorno, passando a atuar em locais que viriam a tornar-se cidadelas do movimento: a Toscana, Romanha e nos Marches. No dia 18 de outubro, Cafiero entregou a Engels uma relação das cidades onde as atividades da Internacional haviam começado e que incluía, além dos velhos centros sulistas, as cidades de Florença, Parma, Ravena, Pisa, Turim, Milão, Roma e Bolonha. É difícil dizer quantas dessas cidades tinham seções ativas, mas, quando a Federação do Jura publicou sua Circular de Sonvillier contra o Conselho Geral, em novembro de 1871, foi apoiada pelas seções de Milão, Bolonha e Turim, juntamente às do sul da Itália.

Por essa época, entretanto, começou uma rápida mudança. Em novembro de 1871, durante um Congresso Operário Mazzinista, Bakunin lançou um novo panfleto intitulado *Circular to my Italian Friends* (Circular aos meus Amigos Italianos), que induziu alguns dos delegados a abandonarem o Congresso, em vez de condenarem a atitude de Mazzini. No mês seguinte, surgiu, no centro da Itália, um movimento do *Fascio Operario (Workers'Unions)* que teve desde o início inclinações socialistas, e, em fevereiro de 1872, um grupo de membros das seções de Ravena, Lugo e Forli aliou-se à Internacional, adotando a reivindicação anarquista de formação de comunas autônomas. No mês seguinte, as quatorze seções do Fascio, na Romanha, realizaram na Bolonha a primeira reunião anarquista de âmbito realmente nacional, já que a ela compareceram delegados de Nápoles, Turim, Gênova, Mantua, Mirandola. O congresso foi dominado por um grupo de jovens da Romanha, liderado por Andrea Costa, um estudante de filologia que ingressara na Internacional levado por seu entusiasmo pela Comuna de Paris, que foi juntamente com Malatesta e Cafiero um dos espíritos propulsores do anarquismo italiano durante a maior parte da década de 1870.

O Congresso de Bolonha destruiu qualquer esperança que os marxistas pudessem ter tido de estabelecer sua influência, pelo menos naquele momento, sobre o nascente movimento socialista italiano. Quanto à questão da ação política, que dividia Marx e Bakunin, seus delegados votaram contra a participação em eleições e declararam propositadamente que "qualquer governo autoritário é obra de privilegiados, em detrimento das classes menos favorecidas". Também se colocaram a favor de uma revolta geral visando à solução do problema social. Em se tratando de organização, o Congresso teve como consequência a fundação de uma Federação da Região de Bolonha, que protelou a tomada de qualquer decisão sobre a luta de Marx e Bakunin, decidindo permanecer autônoma e tratar o Conselho Geral e a Federação do Jura da mesma forma, como birôs de correspondência. Marx e Engels, que acreditavam que quem não estivesse com eles estava contra eles, decidiram que os italianos haviam "tirado a máscara, revelando ser apenas partidários de Bakunin" – e tinham razão, como o tempo não tardou a demonstrar.

A Romanha tornava-se, agora, o centro da militância anarquista, devido em grande parte ao trabalho entusiasta de Costa como organizador. No resto da Itália também surgiram várias seções da Internacional, mas havia pouca coordenação regional, exceto na Umbria, e foi graças unicamente à iniciativa dos romanholos e de Fanelli, em Nápoles, ansiosamente instado por Bakunin – que desejava consolidar suas forças para a luta na Internacional – que foi possível reunir os anarquistas do país num congresso nacional. Esse Congresso que aconteceu em Rimini, no dia 4 de agosto de 1872, foi de uma importância histórica, pois não só estabeleceu a tendência antiautoritária do socialismo italiano durante quase uma década, como decidiu indiretamente o destino da Internacional como um todo.

Vinte e uma seções da Internacional se fizeram representar, e sua distribuição mostrou as alterações geográficas que ocorriam no âmbito da influência anarquista. O Mezzogiorno, que já dominara o movimento, mandou delegados de apenas duas seções; nessa região habitada por camponeses miseráveis, o anarquismo não foi capaz de grandes progressos fora das cidades maiores. Exceto por uma seção romana, o restante dos delegados vinha das províncias do centro-norte: Romanha, Toscana, Umbria, Emilia. Milão, cujo delegado, Vincenzo Pezza, estava enfermo devido a um recente período passado na prisão, enviou uma mensagem redigida em termos ardentemente antimarxistas. As duas gerações de militantes se faziam representar entre os delegados: Fanelli e Friscia, da velha esquerda republicana, e Costa, Cafiero e Malatesta, da geração mais jovem.

O Congresso decidiu estabelecer a Federação Italiana da Internacional como uma simples rede das seções autônomas, cujos únicos órgãos comuns seriam birôs de correspondência e estatística. As costumeiras resoluções anarquistas contra a ação política foram aprovadas unanimemente e então, no terceiro dia, o Congresso começou a tratar da questão de suas relações com o Conselho Geral e da atitude que deveria tomar diante do Congresso de Haia. Bakunin e seus companheiros das Federações do Jura e Espanhola tinham insistido para que os italianos mandassem o maior número possível de delegados para Haia, mas, convencidos pela fervorosa oratória de Cafiero e Costa, os italianos votaram uma resolução drástica e abrangente na qual rompiam "toda a solidariedade com o Conselho Geral em Londres", recusavam-se a reconhecer o Congresso de Haia e conclamavam os internacionalistas que compartilhassem da sua oposição aos métodos autoritários a enviar representantes a um congresso antiautoritário independente, em Neuchâtel. Assim, a Federação Italiana, a última a ser fundada durante a vigência da velha Internacional, foi a primeira a dar início ao rompimento que, no íntimo, todos os anarquistas sabiam ser inevitável.

Os italianos mantiveram a decisão de não apoiar o Congresso de Haia. Carlo Cafiero compareceu apenas como observador. Ao voltar para a Itália, passando pela Suíça, encontrou quatro outros delegados italianos e participaram do Congresso de Saint-Imier, que confirmou a ruptura com a seção marxista da Internacional.

A militância demonstrada pelos anarquistas italianos durante o Congresso de Rimini não diminuiu durante os meses seguintes. Eles não apenas romperam suas ligações com os marxistas, como se recusaram a fazer qualquer tipo de aliança com os republicanos esquerdistas, aproximando-se a cada dia de uma sólida atitude bakuninista. Isso implicava não apenas a insistência em adotar formas libertárias de organização econômica e social; significava também a crença de que, tal como afirmou um jornal clandestino, "a propaganda hoje já não basta: agora é preciso que nos organizemos para a luta". Obviamente isso significava uma luta insurrecional. À medida que essa atitude ia se tornando cada vez mais extremada, o movimento anarquista italiano também se fortalecia e, por ocasião do segundo Congresso Nacional em Bolonha, em março de 1873, seus 53 delegados representavam 150 seções, número sete vezes maior do que no primeiro congresso, ocorrido sete meses antes.

Esse rápido crescimento da Federação causou preocupação ao governo italiano. O ministro do Interior enviou instruções às autoridades das províncias para que a Internacional fosse destruída em suas regiões. A polícia invadiu o Congresso de Bolonha prendendo Cafiero, Costa e Malatesta, mas os delegados restantes limitaram-se a mudar o local do encontro e continuaram suas deliberações, com propostas convenientemente desafiadoras, que criticavam a perseguição a que estavam sendo submetidos. Além da reafirmação dos princípios gerais, a mais importante resolução adotada pelo Congresso de 1873 foi a que decidiu pelo início de um trabalho de propaganda entre os camponeses, na esperança de penetrar naquele grande reservatório constituído pelos "quatorze milhões de camponeses da Lombardia e das províncias do sul, que sofrem devido à febre e à fome e aguardam ansiosamente a hora da emancipação". A tentativa de executar esse projeto e incitar os camponeses à ação teria grande influência sobre o futuro da atividade anarquista.

Na Itália do século XIX, ser perseguido pela polícia não causava vergonha ou temor. Os sofrimentos impostos aos heróis do *Risorgimento* haviam tornado a perseguição quase um emblema de honra, e os esforços do governo para acabar com a Internacional serviram apenas para aumentar seus quadros, de tal modo que nos primeiros meses de 1874, que seria um dos anos mais dramáticos para o anarquismo italiano, a polícia e os anarquistas chegaram a conclusões praticamente idênticas: a Internacional tinha agora mais de 30 mil membros. Além disso, devido em grande parte às atividades de Costa, que mantinha contatos quase permanentes com Bakunin, esse pequeno exército anarquista estava finalmente unido por uma rede organizacional que operava através de dez federações regionais, abrangendo todos os distritos da Itália e atingindo até a Sardenha.

Foi nesse momento que os anarquistas italianos decidiram deslocar o centro de suas atividades, trocando os salões dos congressos pelo campo aberto da luta revolucionária. Malatesta e Cafiero só surgiriam efetivamente como missionários da propaganda pela ação, pregando a ideia, como um novo evangelho para o resto do movimento anarquista internacional, em 1876. Naquele ano, Malatesta declarou no *Bulletin* da Federação do Jura: "A Federação Italiana crê que o *ato insurrecional,* cujo objetivo é afirmar os princípios socialistas através de ações, é o meio mais eficaz de propaganda". Adotado por teóricos da França e da Espanha, o ponto de vista italiano dominou as atividades anarquistas na Europa durante a década de 1880. Mas na prática ele já vinha sendo aplicado, por questões táticas, desde 1873, pelas próprias circunstâncias do movimento anarquista italiano.

Os anarquistas contavam agora com considerável apoio popular, mas – relembrando as tradições revolucionárias italianas – perceberam que só poderiam manter essa posição se igualassem os feitos dos partidários de Mazzini e Garibaldi. "A violência" – disse Andrea Costa, lembrando essa época – "era vista como... uma necessidade... para colocar o problema, para mostrar o novo ideal acima dos antigos." O inverno de 1873-74 foi um período de angústia e inquietação, e as greves e demonstrações de protesto contra a fome que o caracterizaram deram aos anarquistas a oportunidade de demonstrar, em pequena escala, os métodos de ação direta que utilizavam. Mas isso não bastava: era preciso elaborar um programa de ação especialmente planejado e, com esse objetivo, os líderes militantes da Federação ressuscitaram a velha ideia de Bakunin: criar uma organização secreta interna para iniciar a ação insurrecional. Para isso, em fins de 1873, eles estabeleceram, como um grupo secreto dentro da Internacional, um Comitê Italiano para a Revolução Social, que agia totalmente na clandestinidade. Seu objetivo era provocar várias revoltas bem planejadas em regiões cuidadosamente escolhidas da Itália, que – segundo esperavam – poderiam iniciar, por um efeito de reação em cadeia, uma série de insurreições regionais, nas quais as seções da Internacional dirigiam os levantes de massa no sentido de uma revolução social.

O Comitê para a Revolução Social planejou uma ação bastante complexa para o verão de 1874. Na noite de 7 para 8 de agosto, os anarquistas da Romanha tomariam a Bolonha e a notícia do sucesso do golpe seria o sinal para que eclodissem revoltas em Florença, Roma, Palermo e Leghorn, assim como nos distritos rurais de Apulia e da Sicília, após o que era esperado que a conflagração se estendesse por toda a Itália, e a "liquidação social" estaria realizada. Era um projeto temerário, mas a performance dos internacionalistas ficou muito além das suas intenções. Através de seus informantes, a polícia ficou sabendo o suficiente sobre esses planos e, antes que chegasse o dia do grande levante, Andrea Costa, o principal organizador da insurreição, tinha sido preso. A conspiração havia sido impedida, mas não aniquilada, e na manhã de 7 de agosto foi divulgada uma proclamação do Comitê Italiano para a Revolução Social nas cidades e vilas de toda a Itália, conclamando os operários "a lutar até a morte pela abolição de todos os privilégios e a completa emancipação da humanidade".

Os planos para a insurreição na Bolonha foram elaborados. Cerca de mil bolonheses reunir-se-iam em dois pontos fora da cidade e a eles se juntariam cerca de 3 mil revoltosos de outras cidades da Romanha. As forças unidas marchariam em duas colunas entrando na cidade, onde Bakunin estaria esperando para unir-se a eles. Uma das colunas atacaria o arsenal – dois sargentos já haviam prometido abrir os portões – e depois distribuiriam as armas a outros revoltosos que, nesse meio tempo, teriam erguido barricadas com materiais previamente estocados em pontos-chave.

Os rebeldes bolonheses chegaram a reunir-se em número considerável, mas dos 3 mil rebeldes de outras cidades, que tinham prometido concentrar-se em Imola, apareceram menos de duzentos. Estes partiram para a Bolonha, mas foram interceptados no caminho por carabineiros e tropas do exército, e aqueles que conseguiram escapar da prisão fugiram para as montanhas. Tendo esperado em vão pelas colunas de apoio, os bolonheses enterraram suas armas no campo e se dispersaram. Os levantes planejados em outras cidades da Itália foram frustrados pela ação da polícia, que havia sido alertada, e somente em Apulia Malatesta ergueu quixotescamente o estandarte da revolta, embora ciente de que seus planos estavam destinados ao fracasso. Há um tom de humor na descrição que ele próprio faz do fato, demonstrando as qualidades desse homem que logo iria tornar-se o verdadeiro líder do anarquismo italiano, posição que ocuparia por meio século.

> Várias centenas de confederados tinham prometido estar em Castel del Monte. Eu cheguei lá, mas, das centenas que haviam jurado vir, nós éramos apenas seis. Não importa: abrimos o caixote de armas, estava cheio de velhos fuzis de antecarga. *Non fa niente,* pegamos as armas e declaramos guerra ao exército italiano. Lutamos, durante vários dias, na campanha, procurando trazer os camponeses para o nosso lado, mas sem obter nenhum sucesso. No segundo dia tivemos uma luta com oito *carabinieri,* que atiraram contra nós, e julgaram que éramos muitos. Três dias mais tarde, percebemos que estávamos cercados por soldados; só havia uma coisa a fazer. Enterramos as armas e decidimos nos dispersar. Eu me escondi num carroção de feno e foi assim que consegui sair da zona de perigo.

Malatesta foi realmente preso em Pesaro, quando seguia para o norte, em direção à Suíça, juntando-se aos outros líderes anarquistas na prisão. O resultado final do grande plano para a liquidação social foi o aniquilamento da Internacional na

Itália, por muitos meses. A maioria de seus militantes ativos estava atrás das grades ou no exílio, suas seções dispersadas e seus jornais proibidos. Por outro lado, os insurretos ganharam muita simpatia popular, não porque eram anarquistas, mas porque haviam desafiado o governo de Victor Emmanuel, e o fato de júris respeitáveis terem absolvido firmemente esses homens, obviamente culpados perante a lei, transformou-se num gesto popular cumulativo contra um regime que tão pouco fizera para corrigir os males econômicos e sociais. Em junho de 1876, todos os insurretos já haviam sido declarados "não culpados" e libertados; seu principal sofrimento foi devido à demora da lei, que manteve alguns deles durante quase dois anos na prisão, sem julgamento.

Revigorados pelo sucesso que a propaganda havia obtido com seus julgamentos, com seus intermináveis discursos revolucionários – só Andrea Costa ficou três dias no banco das testemunhas –, e pela volta dos militantes mais ativos à vida pública, a Internacional começou a reconstruir sua organização em 1876. As federações regionais foram reconstituídas e organizaram conferências na Bolonha, Florença e Jesi sem serem molestados pela polícia. A imprensa anarquista ressuscitou com o aparecimento de *Il Nuovo Risveglio*, em Leghorn, e de *Il Martello*, em Fabriano. Finalmente, foi convocado um congresso nacional que deveria se reunir em Florença em fins de outubro. Desta vez a polícia entrou em ação temendo – ou fingindo temer – que o verdadeiro objetivo do congresso fosse elaborar planos para uma nova série de levantes. Andrea Costa e outros delegados foram presos na estação quando chegavam a Florença, enquanto a sala de reuniões era invadida pela polícia. Mas cerca de cinquenta delegados ainda permaneceram em liberdade e o congresso finalmente se reuniu numa floresta, próxima aos Apeninos, com a chuva caindo incessantemente durante todo o dia.

Cafiero e Malatesta dominaram o congresso e, influenciados por eles, os delegados adotaram um programa intransigentemente insurrecional e antipolítico. Mais importante, ao menos teoricamente, foi uma resolução que demonstrava o quanto os italianos estavam se afastando do coletivismo de Bakunin em direção a um comunismo anarquista:

> Cada um deve fazer pela sociedade tudo aquilo que lhe permitirem as suas capacidades, tendo o direito de exigir dela a satisfação de todas as suas necessidades, na medida permitida pelas condições de produção e pelas possibilidades sociais.

Mas, fossem quais fossem as suas ideias sobre questões econômicas, os sonhos de uma ação revolucionária que atuaria como uma pedra precipitando a avalanche ainda frequentavam a mente dos líderes anarquistas. Apesar do fracasso do levante de Apulia, em 1874, Cafiero e Malatesta continuavam convencidos de que havia material combustível nos corações dos camponeses do sul da Itália, e no verão de 1877, depois de preparativos elaborados, eles estabeleceram seu quartel-general na aldeia montanhosa de San Lupo, próxima de Benevento, na Campanha. Eles haviam recrutado o revolucionário russo Stepniak, e também um guia montanhês chamado Salvatore Farina, que acabaria se revelando, no final, um espião da polícia. As atividades dele provocaram a chegada dos *carabinieri* antes que os planos dos conspiradores tivessem amadurecido e, depois de uma rápida troca de tiros, na qual um dos policiais foi mortalmente ferido, vinte e seis anarquistas carregaram seus equipamentos no lombo de mulas e partiram para os Apeninos. Dois dias mais tarde, na manhã de 8 de agosto, um domingo, a pequena tropa surgiu no vilarejo de Letino empunhando bandeiras brancas e vermelhas. Diante dos camponeses reunidos, Cafiero depôs o rei Victor Emmanuel, e seus companheiros queimaram solenemente os registros locais sobre os impostos. Os aldeões aplaudiram esse último gesto e o Padre Fortini, pároco de Letino, saudou os anarquistas como "verdadeiros apóstolos enviados pelo Senhor para pregar a Sua Divina Lei". Os mosquetes da milícia local foram distribuídos, e Cafiero exortou a população a fazer uso deles para garantir a própria liberdade. Então, conduzido pelo Padre Fortini, o bando anarquista partiu para a vizinha aldeia de Gallo, onde o Padre Tamburini veio-lhes ao encontro e foi de casa em casa gritando para o povo: "Não tenham medo, eles são gente honesta: houve uma mudança de governo e os registros foram queimados". Em Gallo, os insurretos não se limitaram a queimar os registros de impostos; apropriaram-se também do dinheiro que havia no cofre do coletor e destruíram o medidor que tributava a farinha no moinho local. Tudo isso encantou os camponeses, pois era uma boa ação prática que poderia fazer com que economizassem algumas liras de imposto, graças à confusão que dela resultaria. Mas nem os homens de Letino nem os de Gallo mostraram-se inclinados a pegar em armas e lutar pela causa. Eles fizeram ver, sensatamente, que, embora sentindo-se gratos aos revoltosos pelo que estes haviam feito, suas paróquias não teriam como defender-se contra toda a Itália. "Amanhã chegarão os soldados e seremos todos baleados." Suas previsões revelaram-se até certo ponto corretas. Um batalhão e meio de infantaria, dois esquadrões de cavalaria e duas companhias de Bersaglieri foram deslocados contra o minúsculo bando de revoltosos, que mais uma vez rumou para as montanhas. Eles estavam ensopados pela chuva, caminhando através de tempestades de neve, e, finalmente, ficaram perdidos no nevoeiro. Por fim encontraram refúgio na casa de um camponês e ali foram cercados e capturados, pois estavam demasiado exaustos para que pudessem oferecer qualquer resistência. Essa pequena tentativa tragicômica prenunciava o resultado dos esforços anarquistas para chegar ao campesinato italiano: diferentes dos camponeses do sul da Espanha, aqueles do sul da Itália não se deixaram convencer pelo messianismo libertário e, assim, o anarquismo na Itália deveria permanecer como um movimento restrito às pequenas cidades.

O levante de Benevento desencadeou mais um ciclo de repressão governamental – prisões, proibição de jornais e organizações, seguidas pelas habituais absolvições dos prisioneiros internacionalistas por júris hostis à monarquia de Savoia. No fim daquele ano, a Internacional, legalmente suprimida, havia se reorganizado e, em abril de 1878, um congresso secreto realizado em Pisa decidiu promover uma "insurreição geral", em escala nacional, "sem medir sacrifícios, pois não está longe o dia em que o proletariado armado provocará a queda do que resta da burguesia, do trono e do altar". Uma série de congressos locais aprovou o projeto, mas os fracassos de Bolonha, Apulia e Benevento tinham minado o entusiasmo até mesmo dos militantes mais insurrecionistas, e os planos de promover uma revolução em todo o país nunca foram além do estágio das discussões.

Ao invés, talvez como resultado de uma frustração coletiva, começaram atos de violência individual. Em 17 de novembro de 1878, quando o novo rei Humberto passeava pelas ruas de Nápoles, um cozinheiro chamado Giovanni Passanante saltou sobre a sua carruagem e tentou apunhalá-lo com uma faca onde estavam gravadas as palavras "Longa vida para a república internacional!" Não existiam evidências ligando Passanante a qualquer grupo anarquista, mas a opinião pública – talvez injustificadamente – viu conexões entre esse fato e as exortações que haviam aparecido recentemente nos jornais libertários, para destruir "todos os reis, imperadores, presidentes da república e sacerdotes de todas as religiões", como "verdadeiros inimigos do povo!" No dia imediatamente seguinte ao atentado de Passanante, houve um atentado a bomba durante um desfile monarquista em Florença, e quatro pessoas morreram; dois dias mais tarde outra bomba explodiu no meio da multidão, em Pisa, sem fazer vítimas fatais. Há uma forte possibilidade de que a bomba de Florença tenha sido lançada por um *agent provocateur;* é certo que a bomba de Pisa foi obra de um anarquista.

Esses atos vieram como justificativa para uma perseguição ainda mais intensa contra a Internacional. No fim de 1878 todos os militantes anarquistas de algum renome, suspeitos ou não de cumplicidade nos atos terroristas, estavam ou na prisão, ou no exílio, e o governo tentava persuadir os tribunais para que estes passassem a considerar a Internacional uma associação de malfeitores, o que justificaria automaticamente a detenção de seus membros. Essa tentativa fracassou, pois os tribunais perceberam que a Internacional não poderia ser a única responsável por atos de indivíduos que – tal como Passanante – nem sequer pertenciam à organização, mas o resultado da pressão incessante mantida pela polícia durante o inverno de 1878 e a primavera de 1879 foi o desmoronamento definitivo da Internacional como organização.

Sua incapacidade para reerguer-se deve-se, em grande parte, ao fato de que os jovens e dinâmicos líderes que haviam guiado o movimento entre 1871 e 1877 já não eram ativos na Itália. Cafiero e Malatesta estavam no exílio, o primeiro presidindo um grupo de expatriados que se havia reunido em Lugano, e o segundo viajando pela Europa e pelo Levante em busca de aventuras revolucionárias. Mais séria do que a ausência de ambos foi a defecção de Costa. Em 1877, Costa compareceu no último Congresso da Internacional de Saint-Imier, em Verviers, e ali assumiu, em colaboração com Paul Brousse, uma linha consistentemente extremista. Pouco tempo depois seria preso em Paris, permanecendo dois anos no cárcere por atividades ligadas ao ressurgimento do movimento anarquista local. Em 1879, ainda na prisão, anunciou que havia abandonado o anarquismo e escreveu uma carta que o socialista moderado Bignami publicou no *Il Plebe,* de Milão, na qual afirmava acreditar, agora, na ação política. Embora seja impossível acompanhar a evolução mental que resultou nessa mudança total de pontos de vista, é significativo o fato de que, já em 1877, Costa tivesse se voltado de tal forma contra o insurrecionismo, que chegou a tentar persuadir Cafiero e Malatesta a desistirem do plano para o levante de Benevento. Costa colocaria então sua grande eloquência e popularidade na Romanha, a serviço da causa do socialismo parlamentarista. Em 1822 foi eleito para a Câmara de Deputados, e durante os anos seguintes desempenhou um papel de destaque na criação do Partido Socialista Italiano.

Todos os companheiros mais próximos de Costa entre a elite anarquista o denunciaram. Mas pelo menos um deles, Cafiero, acabou por acompanhá-lo na apostasia; em março de 1822, inesperadamente, Cafiero lançou uma proclamação em Milão, exortando os anarquistas italianos a adotarem a democracia social, e pouco depois apoiou as candidaturas de parlamentares socialistas. Entretanto, seus velhos companheiros conseguiram encontrar uma explicação caridosa para a defecção de Cafiero quando, na primavera de 1883, ele foi encontrado vagando nu pelas colinas dos arredores de Florença; ele jamais recuperou a sanidade mental, morrendo num hospício em 1892, perseguido pela ideia de que as janelas de seu quarto poderiam estar lhe concedendo mais do que a sua justa cota de raios de sol.

A desistência de Costa foi provocada por suas convicções pessoais, mas ela coincidiu com uma mudança geral na direção do parlamentarismo social, entre os operários italianos, e a partir de 1978, os anarquistas tornaram-se uma minoria que tendia a desaparecer. É verdade que em dezembro de 1880, durante um congresso socialista que reuniu representantes de quinze cidades do norte da Itália, na cidade de Chiasso, na região da Ticinia, os anarquistas refugiados em Lugano conseguiram assegurar a vitória de seu ponto de vista. Como presidente do Congresso, Cafiero defendeu eloquentemente uma estratégia de abstenção política, e os anarquistas ganharam um novo e formidável companheiro na pessoa de Amilcare Cipriani, o eternamente jovem veterano do *Risorgimento,* que havia lutado ao lado de Garibaldi em Aspromonte e recém voltava da Nova Caledônia, para onde havia sido deportado pela sua participação na Comuna de Paris. Foi Cipriani quem redigiu uma declaração que recebeu a adesão da maioria do Congresso, na qual declarava que só a insurreição armada oferecia qualquer esperança para a classe operária italiana. Mas essa declaração era basicamente obra dos exilados que no início da década de 80 já começavam a perder a noção da realidade italiana, e sua inutilidade foi demonstrada por sua pouquíssima aplicação prática.

Os exilados de Lugano chegaram a instalar um novo Comitê Revolucionário e – se os relatórios da polícia forem confiáveis – planejaram uma revolta na Romanha para a primavera seguinte, na qual os anarquistas italianos seriam auxiliados por uma legião de exilados políticos russos e por antigos partidários da Comuna de Paris, liderados por Cipriani. Sabemos que Cafiero e Cipriani chegaram a cruzar a fronteira, chegando a Roma secretamente em janeiro de 1881, mas Cipriani acabou preso em Rimini e Cafiero voltou a atravessar a fronteira.

Por essa época a atividade anarquista na Itália havia, de fato, declinado, limitando-se ao funcionamento esporádico de grupos locais, com pequena organização a nível regional e nenhuma a nível nacional. Apenas dois delegados italianos compareceram ao congresso realizado em 1881: Malatesta e Saverio Merlino, um jovem advogado, que havia sido colega de escola de Malatesta e que havia ingressado no movimento levado pelo seu interesse no caso dos revoltosos de Benevento. Malatesta representava uma federação regional da Toscana e, em torno de dezesseis grupos individuais, quase todos do Mezzogiorno, Piemonte e Romanha, também estavam representados. Mas nem Malatesta nem Merlino estavam autorizados a representar grupos da Bolonha, de Roma ou de Milão, antigas cidadelas do anarquismo. Por outro lado, Malatesta representava grupos de expatriados em Constantinopla, Marselha, Genebra e Alexandria.

Aqui já começa a surgir o modelo que iria caracterizar o anarquismo italiano durante pelo menos um quarto de século. Havia muitos anarquistas isolados na Itália durante esse período, e estes continuavam a formar grupos locais, mas, em parte devido à perseguição policial e em parte por desconfiarem de organizações, estes grupos raramente chegavam a formar federações como as existentes na década de 1870. O grande número de jornais anarquistas que surgiu na época dava uma falsa impressão de intensa atividade. Durante seis anos, de 1883 a 1889, por exemplo, Max Nettlau, um incansável bibliógrafo, relacionou treze cidades onde tais jornais eram publicados; todos eles tiveram vida efêmera; alguns sobreviveram somente para uma única publicação: o primeiro número e o que teve vida mais longa não durou mais que alguns meses. O anarquismo, em grande parte, mantinha-se agora na Itália graças à atividade extraordinária de alguns poucos indivíduos, entre os quais podemos citar Merlino e Malatesta como especialmente importantes durante a década de 1880 e 1890. Os grupos que continuavam a existir estavam constantemente desaparecendo e trocando seus quadros, não só por serem proibidos pelo governo, como pelo fato de que os anarquistas compartilhavam do desejo comum a tantos italianos da época, de emigrar para terras onde houvesse chances de uma vida melhor.

O que distinguia os anarquistas italianos dos anarquistas de outros países era o fato de que, ao emigrar, eles se transformavam em missionários de suas ideias. Homens e mulheres como Malatesta, Merlino, Pietro Góri, Camillo Berneri e sua filha Marie Louise Berneri exerceram uma influência constante sobre o pensamento e a atividade anarquista internacional até a metade do nosso século. Em todo o Levante, os primeiros grupos anarquistas foram italianos, enquanto na América Latina e nos Estados Unidos os imigrantes italianos desempenharam um importante papel na difusão de ideias anarquistas durante a década de 1890, tendo publicado mais "jornais expatriados" do que todos os outros grupos nacionais colocados na mesma situação.

Além disso, embora os líderes anarquistas italianos, especialmente Malatesta, se opusessem a ações individuais de terrorismo, os assassinos italianos adquiriram uma duvidosa fama durante os últimos anos do século XIX, pela maneira impiedosa com que agiam como autoproclamados carrascos de chefes de Estado, em vários países da Europa. O assassinato do presidente francês Sadi Carnot, em 1894, por Caserio, foi apenas o primeiro de uma série de espetaculares crimes políticos levados a efeito por italianos. Em 1897 Michele Angiolillo viajou para a Espanha, onde atirou contra o reacionário primeiro-ministro Antonio Canovas. Em 1898, Luigi Luccheni realizou o mais abominável de todos os assassinatos políticos, apunhalando a trágica e delicada imperatriz Elizabeth, da Áustria, em Genebra. E, em 1900, o Rei Umberto da Itália, que já havia escapado de dois atentados, foi finalmente morto por Gaetano Bresci quando comparecia a uma festa campestre em Mosca. Caserio, Angiolillo e Luccheni parecem ter sido fanáticos obsessivos que agiam por conta própria, levados pelo desejo de atacar os chefes simbólicos de um sistema de injustiça e autoridade que detestavam; Bresci, por outro lado, parece ter sido um agente escolhido por um grupo anarquista de Paterson, Nova Jersey.

Mas, embora os atos desses assassinos tivessem contribuído para dar má fama aos anarquistas, fornecendo justificativas para a perseguição constante que lhes movia o governo italiano, eles não eram de modo algum típicos do movimento durante a década de 1880 e 1890. Havia outros anarquistas italianos que viajavam para o exterior na esperança de estabelecer colônias utópicas que provariam, na prática, a possibilidade de se viver num comunismo voluntário. A mais famosa delas foi a Colônia Cecília, fundada no Brasil. Um grupo de anarquistas deixou a Itália, em fevereiro de 1890, para tomar posse de terras que havia recebido do governo brasileiro, segundo sua política de estímulo à imigração. No primeiro ano a experiência foi bem-sucedida, e na primavera de 1891 havia cerca de duzentas pessoas vivendo e trabalhando na colônia. Mas isso durou apenas quatro anos: pela metade de 1894, o último de seus membros já havia partido. O fracasso teve duas causas: a inadequação das terras concedidas aos colonos foi sem dúvida uma delas, mas, mais importante ainda, foram as diferenças de opinião cada vez mais acirradas entre os colonos, sobre todas as questões imagináveis relacionadas aos métodos de ação e organização que deveriam adotar, e que acabaram por dividir a comunidade – como já acontecera tantas outras vezes – em facções irreconciliáveis.

A maioria dos anarquistas italianos, entretanto, não era composta nem por assassinos nem por utópicos com preocupações comunitárias. Nesse período, tanto na Itália quanto no exterior, eles combinavam a agitação com uma precária situação econômica, e, embora tenha sido excepcional por seu temerário espírito de aventura, a carreira de Malatesta durante esses anos parece quase simbolizar o caráter do movimento anarquista depois do colapso da Internacional, ao final da década de 80.

Malatesta – que não tinha qualquer ligação com o Tirano de Rimini, a despeito das lendas que logo se criaram em torno dele – provinha da classe dos proprietários rurais do sul da Itália. Quando estudante de medicina da Universidade de Nápoles, ele havia ingressado no movimento republicano estudantil, sendo expulso da universidade por participar de demonstrações políticas. Logo depois tornou-se anarquista, e desde a sua conversão decidiu subordinar todos os seus outros interesses à causa revolucionária. Aprendeu o ofício de eletricista e, quando os pais lhe deixaram como herança algumas propriedades em Capua, livrou-se imediatamente delas, entregando-as aos seus inquilinos.

As atividades de Malatesta na Itália durante a década de 70, sobre as quais já falamos aqui, foram interrompidas por suas primeiras experiências no exterior. Depois de ser absolvido da acusação de envolvimento na revolta de Apulia, em 1874, ele andou pelo Mediterrâneo, conspirando na Espanha e tentando sem sucesso chegar a Bósnia para participar da revolta contra os turcos, iniciada em 1875. Voltou à Itália para chefiar a insurreição de Benevento em 1877, e, depois de absolvido de qualquer ligação com esse caso, reiniciou suas andanças, que o levaram a Alexandria, passando pela Síria e Turquia e chegando à Grécia, sempre caçado pela polícia e fundando grupos anarquistas em quase todos os países por onde passou. Depois de um breve intervalo na Romania, viajou durante algum tempo por países de língua francesa, e em Paris desafiou o renegado anarquista Jules Guesde – já então um importante parlamentar socialista – para um duelo que acabou não acontecendo. Finalmente chegou a Londres, a tempo de participar do Congresso de 1881. Lá encontrou Cafiero, colaborando com ele num jornal que teve vida curta, o *L'Insurrezione,* provavelmente o primeiro jornal anarquista expatriado publicado fora da Suíça.

Malatesta não voltaria para a Itália antes de 1883, quando ele e Merlino tentaram reorganizar a Internacional para opor-se à crescente influência de Andrea Costa e sua propaganda política. Sob sua liderança, os grupos de Roma, Florença e Nápoles tornaram-se mais fortes, e Malatesta fundou um jornal, *La Questione Sociale,* dedicado principalmente a atacar o Partido Socialista. Pouco tempo depois ele e Merlino seriam presos; foram julgados em Roma, em fevereiro de 1884, e condenados a três anos de prisão por pertencerem a uma organização proibida, enquanto cada um dos cinquenta e oito florentinos que haviam assinado uma declaração em favor deles recebeu trinta meses. Ambos apelaram da sentença, que seria reduzida, finalmente, um ano depois. Neste meio tempo os prisioneiros viviam em liberdade e continuaram exercendo suas atividades de propaganda até a epidemia de cólera que irrompeu em Nápoles, em 1885. Malatesta e seus amigos partiram imediatamente para a cidade atacada, onde se lançaram ao trabalho, sem pensar na própria segurança, até o fim da epidemia. Segundo dizem, o governo italiano teria oferecido uma medalha para Malatesta, mas não cogitou de anular a condenação que lhe havia dado e, em consequência, ele e vários companheiros florentinos fugiram para a Argentina antes que chegasse o momento de se apresentar diante do tribunal. As lendas sobre Malatesta contam como, apesar da constante vigilância policial, ele conseguiu meter-se num caixote que, supostamente, continha uma máquina de costura, sendo carregado para bordo do navio de um capitão amigo.

Em Buenos Aires, Malatesta encontrou o início de um movimento inspirado por Ettore Mattei, um imigrante de Leghorn que, em 1884, havia fundado o Círculo Anarco--Comunista. Malatesta abriu uma oficina mecânica e relançou *La Questione Sociale.* Com seu típico fervor missionário, ele transformou-o num jornal bilíngue espanhol-italiano. Quando o dinheiro de que dispunha estava prestes a terminar, Malatesta e um grupo de companheiros partiu numa expedição para a Patagônia, em busca de ouro. Chegaram a encontrar ouro num dos rios da região, mas foram quase imediatamente enganados por uma companhia, a qual subornava os funcionários do governo para transferência de concessões.

Malatesta voltou para a Europa no verão de 1889. Ele instalou-se em Nice, de onde esperava influenciar seu próprio país publicando a revista *Associazone,* que seria distribuída clandestinamente na Itália. A polícia francesa logo começou a investigar as suas atividades e ele partiu, preferindo trocar Nice pela atmosfera mais tolerante de Londres, onde alugou uma casa em Fulham, instalando ali uma tipografia e recomeçando a publicação do *Associazone;* o jornal acabou quando Malatesta adoeceu com pneumonia, e um de seus companheiros fugiu com o dinheiro destinado à publicação.

Enquanto isso, surgiam na Itália novas explosões de inquietações, especialmente durante os festejos de maio de 1890. Essas perturbações da ordem, algumas incitadas por republicanos e anarquistas e outras reações populares evidentemente espontâneas, contra as dificuldades econômicas, ajudaram a provocar um perceptível renascimento da influência anarquista. Em janeiro de 1891, cerca de 86 delegados que afirmavam representar centenas de grupos de todas as regiões da Itália reuniram-se em Capolago, na região de Ticino. Malatesta e Cipriani foram os principais oradores dessa reunião, que decidiu fundar um Partido Revolucionário Anarquista-Socialista, para unir todas as organizações e pontos de vista libertários, dispersos, num movimento insurrecional que se opunha a qualquer espécie de governo, fosse de direita ou de esquerda. A divisão entre as duas tendências esquerdistas foi finalmente estabelecida quando os socialistas, durante um encontro realizado pouco depois em Roma, decidiram formar um novo partido, do qual os anarquistas acabariam sendo formalmente expulsos.

Depois do Congresso, Malatesta foi secretamente à Itália, onde passou algum tempo organizando grupos na região de Carrara; havia uma forte tradição anarquista entre os marmoristas, e essa tradição perdurou até 1950. Voltando à Suíça, Malatesta foi preso em Lugano. Os italianos exigiram sua extradição, mas os suíços recusaram, e em setembro de 1891 ele voltaria para Londres. No ano seguinte estava na Espanha e em 1894 voltava à Itália. Em 1896 tomou parte nas tumultuadas sessões do Congresso da Segunda Internacional, em Londres, onde os anarquistas foram finalmente expulsos das fileiras do socialismo mundial e, no ano seguinte, voltou novamente à Itália, estabelecendo-se em Ancona. Ali começou a publicar outro jornal e adquiriu tal influência entre os operários das fábricas e entre os trabalhadores do porto que as autoridades logo se mostraram preocupadas com a sua presença; descobriram uma desculpa para prendê-lo e condená-lo a seis meses de prisão por atividades como agitador. Talvez tenha sido até bom para sua própria segurança o fato de estar preso durante os dias de maio de 1898, quando irromperam graves distúrbios no Mezzogiorno, alastrando-se até Florença e Milão. Lutava-se nas ruas dessas cidades, e os manifestantes foram abatidos a tiros pelas forças do governo. Foi para vingar a severa repressão daquele ano que Bresci mais tarde matou o rei Umberto.

Em consequência da atmosfera tensa que se criou após o levante de 1899, Malatesta não foi libertado após cumprir sua pena, mas, em vez disso, foi exilado durante cinco anos na Ilha de Lampedusa, com um grupo de líderes do movimento. Não ficaria lá por muito tempo. Num dia de tempestade, com mais três companheiros, apoderou-se de um barco, lançando-se ao mar, apesar da fúria das ondas. Tiveram a sorte de serem resgatados por um navio a caminho de Malta, de onde Malatesta seguiu para os Estados Unidos.

Lá, sua vida sofreria mais uma reviravolta sensacional, que desta vez quase causaria sua morte. Malatesta envolveu-se numa disputa com os anarquistas individualistas de Paterson, que insistiam na ideia de que o anarquismo implicava uma ausência total de organização, de que todo homem deveria agir movido apenas por seus impulsos. Finalmente, depois de um agitado debate, o impulso individual de um determinado camarada ordenou-lhe que atirasse em Malatesta. Embora gravemente ferido, este recusou-se obstinadamente a declinar o nome do seu agressor. O quase-assassino fugiu para a Califórnia, e Malatesta acabou recuperado. Em 1900 embarcaria para Londres, que se havia tornado o seu exílio favorito.

Ele não voltaria à Itália antes de 1913, tendo passado a maior parte deste tempo dirigindo uma pequena oficina de eletricidade e tentando influenciar os acontecimentos de sua terra natal, escrevendo para periódicos e publicando panfletos que tinham larga circulação na Itália, onde seu prestígio, mesmo no exílio, mantinha-se forte, particularmente no sul, na Toscana e na Romanha.

Mesmo em Londres, onde desempenhou um papel insignificante no movimento anarquista, reunido em torno de Kropotkin e do *Freedom,* Malatesta não deixou de se envolver em complicações. Escapou por pouco de ser implicado no famoso caso da rua Sidney, pois um dos integrantes do bando terrorista envolvido naquela estranha batalha havia trabalhado como mecânico em sua oficina. Dois anos depois, em 1912, foi preso, acusado de calúnia, por afirmar – acertadamente – que um tal Belleli era espião da polícia. Foi condenado e teria sido deportado se os enérgicos protestos que Kropotkin endereçou a John Burns, então ministro do governo Campbell-Bannerman, não tivessem evitado que a ordem fosse cumprida.

Durante a ausência de Malatesta, o movimento anarquista italiano continuou sendo uma minoria, e uma minoria nem sempre ativa, se comparada aos socialistas parlamentares. Entretanto, sua influência se manteve, em parte pelos repetidos fracassos econômicos e em parte pelos métodos habitualmente violentos que o governo utilizava para reprimir greves e demonstrações de protesto, fazendo com que muitos operários, nesse tempo de lutas, se deixassem levar pelos conselhos anarquistas de ação direta.

Por essa razão, o movimento flutuava grandemente no número de adeptos. Certos lugares como Carrara, Forli, Lugo, Ancona e Leghorn continuaram sendo cidadelas anarquistas, e o movimento geralmente foi influente na Toscana, na Romanha e na região de Nápoles, mas em toda a parte os grupos mostravam uma tendência à não permanência, devido à perseguição policial, e as tentativas de criar uma organização nacional fracassaram porque os italianos, assim como os franceses, davam grande importância à autonomia local. O Partido Anarquista Revolucionário Socialista fundado em 1890 chegou a nada, e um congresso anarquista reunido em Roma em 1907, sob a influência do Congresso Internacional de Amsterdam, no mesmo ano, não conseguiu criar uma organização nacional eficiente. Alguns anarquistas intelectuais, liderados por Luigi Fabbri, tentaram criar um movimento de educação progressiva a partir do jornal de Fabbri, *Università Populare,* e, nesta região, chegaram a ter uma limitada influência.

Como na França, foi o sindicalismo que provocou o renascimento da tendência libertária, no início do século XX, na Itália, e isso explica a importância que Malatesta emprestava às relações que deveriam existir entre o comunismo anarquista e o sindicalismo, durante o Congresso de Amsterdam. No início do século surgiram dois grupos nos sindicatos de classe italianos – os federalistas, que defendiam sindicatos nacionais fortes, e os cameralistas, que davam maior ênfase à solidariedade em nível local, através de Câmaras de Trabalho semelhantes às *Bourses de Travail* francesas. No início, as duas tendências trabalharam lado a lado, mas logo surgiram discussões sobre a questão da greve geral, defendida pelos cameralistas (que se tornariam mais tarde sindicalistas). Um Secretariado Nacional de Resistência foi formado em 1904, e os sindicalistas ganharam seu controle, mas em 1906, quando foi realizado o Congresso Nacional de Sindicatos para debater a criação de uma Confederação Geral do Trabalho (CGL) imitando a CGT francesa, eles estavam em minoria. A Confederação foi controlada desde seu início pelos socialistas moderados, contra os quais os sindicalistas criaram um Comitê de Sociedades da Resistência, baseado nas câmaras de trabalho e nos sindicatos locais, em 1907. Muitos anarquistas comunistas entraram para essa organização, que ganhou força e prestígio graças à adesão dos ferroviários. Pouco depois da sua criação, os sindicalistas lideraram uma greve geral em Milão e outra, dos trabalhadores rurais, na Toscana, que levou a um sério conflito entre a polícia e os grevistas. O fracasso dessas greves debilitou temporariamente os sindicalistas, e em 1909 eles se reuniram num Congresso de Resistência Sindicalista na Bolonha, ao qual compareceram delegados das Câmaras de Trabalho locais. Durante esse congresso foi decidido que deveriam infiltrar-se no CGL. A tática não deu resultado e, em 1911, os ferroviários deixaram a CGL seguidos por muitas Câmaras de Trabalho e sindicatos locais. Finalmente, em novembro de 1912, os sindicalistas realizaram um Congresso em Modena para discutir a criação de uma organização própria. Os delegados representavam 100 mil operários, a maioria formada por grupos de ferroviários, trabalhadores agrícolas, operários da construção e metalúrgicos. As resoluções a que chegaram demonstravam uma forte influência do anarcossindicalismo francês: eles eram favoráveis à adoção de métodos de ação direta e afirmavam que "uma greve geral de todos os operários em todas as áreas de produção é a única forma de conseguir a expropriação definitiva da classe burguesa". Finalmente, o Congresso estabeleceu a União Sindical Italiana como organização rival da CGL. Sua influência cresceu rapidamente, e, embora uma minoria da USI que apoiava os aliados se tivesse afastado durante a guerra, em 1919 ela contava 50 mil membros em seus quadros, recrutados, em sua grande maioria, entre os operários das indústrias de Turim e Milão. Chegou mesmo a ter seu próprio grupo de intelectuais, entre os quais se destacava Arturo Labriola, cujas ideias eram em grande parte derivadas de Pelloutier, com um toque do misticismo de Sorel.

Nesse ínterim, em 1913, Malatesta voltou à Itália na esperança de ressuscitar o movimento anarquista ortodoxo para opor-se à crescente influência dos sindicalistas. Mais uma vez lançou um jornal semanal em Ancona e propagou suas ideias, a despeito da constante interferência policial, até que em junho de 1914 o descontentamento popular irrompeu subitamente quando a polícia atirou contra um grupo de desempregados que protestava. Sob a liderança de Malatesta convocou-se imediatamente uma greve geral, que se espalhou rapidamente pela Romanha e Marches, envolvendo tanto os trabalhadores urbanos quanto os rurais, chegando logo a outras regiões da Itália. Durante a "Semana Vermelha", que se seguiu, os serviços ferroviários ficaram totalmente paralisados e houve luta em várias cidades e também nos distritos rurais. Para os anarquistas, aquele parecia ser o começo do que Malatesta chamaria mais tarde de "período de agitação civil, ao fim do qual teríamos assistido à vitória do nosso ideal". Durante alguns dias o movimento nacional, sob a liderança dos anarquistas e da União Sindical Italiana, parecia prestes a derrubar a monarquia. Na verdade, o fim do movimento não foi provocado pelo poder do governo, mas pela defecção dos sindicalistas moderados. Após um breve período de hesitação, a CGL ordenou que seus membros voltassem ao trabalho, e a greve terminou.

O fim da I Guerra Mundial viu o ressurgir das esperanças revolucionárias na Itália encorajada pelo exemplo da Revolução Russa. Quando no fim de 1919 Malatesta voltou de Londres, onde havia passado os anos de guerra em novo exílio, foi aclamado como um herói popular e, em 1920, fundou em Milão o primeiro diário anarquista, *Umanità Nova*. Naquele ano uma onda de greves varreu a Itália e em agosto, graças em grande parte à influência da União Sindical Italiana, liderada por Armando Borghi, os operários metalúrgicos de Milão e Turim ocuparam as fábricas. Parecia ser, mais uma vez, o início de uma era revolucionária, a oportunidade de uma geração: "Se deixarmos passar esse momento favorável, disse Malatesta, pagaremos mais tarde com lágrimas de sangue pelo medo que instilamos na burguesia". Mas o modelo criado pela "Semana Vermelha" de 1914 repetiu-se. A CGL aconselhou moderação, os operários abandonaram as fábricas em troca de promessas vagas de reforma e dentro de poucas semanas ocorreram prisões em massa dos líderes grevistas e de militantes anarquistas e sindicalistas, inclusive Malatesta e Borghi, que permaneceram dez meses na prisão sem julgamento, antes de serem libertados, em 1922.

Nessa altura, encorajados pela decepção provocada pelo fracasso da greve geral, os terroristas individualistas que haviam sobrevivido – a despeito da influência de Malatesta –, formando uma pequena minoria entre os anarquistas italianos, fizeram uma intervenção trágica e aterrorizante: na noite de 23 de março de 1921, um grupo deles entrou em ação na cidade de Milão, colocando bombas num teatro, numa central elétrica e num hotel. Houve 23 mortos no teatro e inúmeros feridos. O ato causou danos imensos à reputação dos anarquistas, tanto entre os operários quanto entre as outras classes, e, além de provocar novas prisões, deu aos fascistas uma desculpa para iniciar uma campanha contra a esquerda e uma justificativa para empregar métodos igualmente violentos. Eles invadiram e destruíram a redação do *Umanità Nova*, e através de ameaças e perseguições, impediram que o jornal voltasse a ser publicado em Milão.

A Itália já começava a trilhar o caminho que a levaria à ditadura, e a incapacidade para tomar decisões paralisou tanto os anarquistas quanto os socialistas e comunistas. Malatesta relançou *Umanità Nova,* em Roma, mas o jornal sobreviveu durante alguns meses apenas, até Mussolini assumir o poder. Depois, à medida que o terror fascista ia se alastrando, todas as organizações anarquistas, assim como a União Sindical Italiana, foram sumariamente proibidas. Seus militantes tiveram que fugir para o exterior ou desapareceram nas prisões e estabelecimentos penais. Só restou Malatesta, vigiado pela polícia, mas não perturbado até a sua morte, aos oitenta e dois anos, em 1932. Talvez houvesse afinal alguma sinceridade nas expressões de respeito que o revolucionário renegado, Mussolini, frequentemente usava em relação a ele; talvez fosse apenas porque suas aventuras tivessem feito dele, tal como acontecera com Tolstoi na Rússia, um nome demasiado conhecido mundialmente para que se pudesse suprimi-lo, mergulhando-o no esquecimento. Ele permaneceu na Itália como símbolo de um movimento que atravessou toda a fase do terror fascista no exílio. Os grupos de expatriados, principalmente nas Américas, mantiveram o anarquismo italiano vivo até depois de 1944, quando pôde renascer outra vez em seu próprio país, onde, embora sua influência seja bem menor do que no passado, o anarquismo se tornou o mais forte dos pequenos movimentos libertários que sobreviveram, chegando ao mundo dos anos sessenta.

Anarquismo na Rússia

Num primeiro momento, a história do anarquismo russo parece enganosamente destituída de importância; entretanto, através da obra e de Bakunin, Kropotkin e Tolstoi, a Rússia contribuiu, provavelmente mais do que qualquer outro país, para o desenvolvimento de uma teoria anarquista e até mesmo para a criação de um movimento anarquista internacional. Mesmo na própria Rússia, um movimento especificamente anarquista não surgiria antes da década de 1850, e durante o quarto de século de sua existência permaneceu como o menor dos agrupamentos revolucionários, apequenado, nos distritos rurais, pelo Partido Social Revolucionário; nas cidades, pelos segmentos mencheviques e bolcheviques do Partido Social Democrático e, na Polônia, pelo Bund. Somente pouco antes de desaparecer, entre 1918 e 1921, é que os anarquistas russos conquistariam uma breve e repentina notoriedade, quando dezenas de milhares de camponeses do sul da Ucrânia reuniram-se sob o estandarte negro do líder guerrilheiro anarquista Nestor Makhno. Com a destruição total do Exército Insurrecional Revolucionário de Makhno, em 1921, o anarquismo russo decaiu rapidamente, até extinguir-se sob a implacável perseguição da Cheka.

Entretanto, paralela a esta magra história de um movimento anarquista bem definido, há uma outra, bem mais profunda, história do pensamento anarquista. Foi somente após a fundação do primeiro grupo marxista, por Plekhanov, Axelrod e Vera Zasulich, em 1883, que revolucionários da Rússia começaram a divergir em torno das rígidas diretrizes do partido, que já haviam dividido anarquistas e socialistas autoritários no oeste da Europa, desde o cisma ocorrido na Internacional. As formas sectárias de organização anarquista que Bakunin já havia criado na Europa não atraíram os ativistas russos da década de 70, embora até 1881 todo o movimento populista estivesse impregnado de atitudes e ideias libertárias. Como observou Isaiah Berlin, na sua introdução à monumental obra de Franco Venturi sobre os populistas: "...podiam ocorrer violentas disputas sobre meios e métodos, sobre o momento certo de agir, mas nunca sobre os objetivos básicos. Anarquismo, igualdade, uma vida plena para todos eram universalmente aceitos".

Embora os elementos introduzidos no pensamento revolucionário russo nas décadas de 60 e 70 viessem da Europa Ocidental, eles foram transmitidos mais através das obras de teóricos isolados do que do movimento anarquista organizado, que até o fim do século XIX manteria poucos e tênues contatos com os revolucionários da Rússia. O Prof. Venturi observou, com justiça, que Bakunin havia conseguido "estimular o espírito revolucionário na Rússia, mas não a criação de um movimento organizado". E, realmente, mesmo o movimento declaradamente anarquista que surgiu na Rússia no fim da década de 90, seguia seu próprio rumo, ignorando, quase sempre, as advertências de respeitados líderes expatriados como Kropotkin, acabando por produzir, com o movimento makhnovista de 1918-1921, um fruto tipicamente russo.

Na verdade, os estudiosos dos movimentos revolucionários mostram-se às vezes inclinados a minimizar a influência das doutrinas vindas do exterior, atribuindo a grande atração que as ideias libertárias exerceram durante quase todo o século XIX a uma tradição anarquista natural da sociedade russa. Como Bakunin, destacam especialmente as grandes revoltas camponesas lideradas por Stenka Razin e Pugachev, a resistência à autoridade central demonstrada pelos primitivos cossacos durante as lutas pela independência e a tendência das seitas dissidentes russas para repudiar toda a autoridade secular e viver segundo a Luz Interior.

O mais importante elo de ligação entre todos os movimentos russos de rebelião nem era tanto o desejo de liberdade quanto o ódio ao poder distante. Eram rebeliões – tanto através de insurreições como de retraimento – de camponeses que desejavam viver de acordo com seus próprios costumes e em suas próprias comunidades. Lutavam contra a servidão e contra os governantes estrangeiros, mas não lutavam como anarquistas. As revoltas camponesas produziram seus próprios líderes despóticos, seus falsos tzares, e até seitas religiosas como a dos Doukhobors limitaram-se a repudiar um déspota Romanov, apenas para aceitar a tirania de um profeta, um "Cristo redivivo" de sua própria classe, que exercia autoridade espiritual e temporal sobre a comunidade.

Todos esses movimentos enfatizaram a autonomia do *mir* ou *obshchina,* a comunidade camponesa natural, e a imagem idealizada dessa instituição acabou por se transformar numa espécie de mito platônico, unindo uma grande variedade de filósofos russos durante o século XIX. Homens que sob outros aspectos pareciam ser, entre si, opostos naturais – Aksakov e Bakunin, Dostoievski e Tolstoi –, fizeram dele a pedra fundamental de sua Rússia imaginária. Tanto para os anarquistas quanto para os eslavófilos, este parecia ser o elo mágico entre uma idade de ouro perdida e um futuro cheio de promessas idílicas.

Na verdade, a tendência que demonstravam, de opor ao Estado centralizado ocidental uma sociedade orgânica baseada nas instituições camponesas, fez com que algumas vezes os eslavófilos se aproximassem tanto do ponto de vista libertário, que alguns dos seus líderes – especialmente Konstantin Aksakov – passaram a ser considerados ancestrais do anarquismo russo. Bakunin chegou mesmo a observar, no auge do seu período anarquista em 1867, que, já no início da década de 1830, "Konstantin Sergeevich e seus amigos eram inimigos do governo de Petersburg e do governismo em geral, e com essa atitude chegaram a antecipar-se a nós". Entretanto, é preciso mais uma vez encarar com reservas as afirmativas de um pretenso antepassado do anarquismo.

É certo que, tal como Dostoievski, Aksakov também propunha um contraste entre o caminho da consciência e aquele da lei e da coação. Isto o levou à discussão sobre o estado político tal como existia na Europa Ocidental, que fora trazido para a Rússia por Pedro, o Grande:

Por mais pródigo e liberal que se mostre, mesmo que consiga atingir a forma extrema de democracia, ainda assim o governo continuará sendo uma fonte de pressão externa, de repressão – uma forma consentida de imposição, uma instituição. Quanto mais evolui, mais eficazmente se transforma num substituto do mundo interior do homem e mais profunda e estreitamente o homem será limitado pela sociedade, mesmo quando essa sociedade parece satisfazer todas as suas necessidades.

Se o estado liberal conseguisse atingir a forma extrema da democracia e todo o homem passasse a ser funcionário do Estado, autopoliciando-se, o Estado teria finalmente destruído a alma viva do homem... A falsidade não está nessa ou naquela forma de governo, mas no próprio governo como ideia, como princípio; devemos preocupar-nos, não com as qualidades ou defeitos de uma determinada forma de governo, mas com a falsidade do próprio governo.

Desse modo, Aksakov – como todos os eslavófilos, incluindo Dostoievski – repudiava o Estado moderno, fosse ele autoritário ou democrático, utilizando termos enganadoramente semelhantes aos usados pelos anarquistas. Como disse Herzen, seu inimigo ideológico:

> Toda a sua vida foi um protesto intransigente contra a Rússia do funcionalismo, contra o período de Petersburg, em nome do oprimido e anônimo povo russo. Ele estava pronto a fazer qualquer coisa pela sua crença, teria morrido por ela, e, quando é possível sentir isso por trás das palavras de um homem, elas se tornam terrivelmente convincentes.

Entretanto, embora rejeitasse o Estado em sua forma atual, Aksakov não rejeitava a ideia de governo. Pelo contrário, sonhava com uma autocracia ideal, uma volta às formas primitivas que na verdade jamais haviam existido, exceto na imaginação dos eslavófilos, como parte do mito de uma Rússia Sagrada. Nessa autocracia, o tzar seria uma espécie de rei sacrifical sobre o qual o povo colocaria o peso da autoridade, para que fosse liberado do seu dano moral, ficando livre para poder se concentrar na tarefa real e não política de viver bem. Aksakov odiava a autoridade, mas não conseguia convencer-se de que fosse algo desnecessário, e preferiu imaginá-la não abolida, mas transferida. A verdadeira contribuição de Aksakov à tradição libertária russa foi a sua insistência na importância das unidades básicas da cooperação social: a comunidade camponesa e a tradicional associação cooperativa dos artesãos.

Um vínculo mais profundo liga o anarquismo e Alexander Herzen, que se situa no início de toda tradição russa de rebelião, que começa a surgir nos anos que se seguiram à derrota dos dezembristas. Herzen foi o primeiro russo a perceber a importância das objeções que Proudhon fazia ao comunismo autoritário, e na década de 1840 ele começou a difundir as ideias do anarquista francês entre os grupos radicais de discussão de Moscou. Mais tarde, já exilado na Suíça, desiludido com as revoluções de 1848 e 1849, ele descobriu em Proudhon o homem que mais eloquentemente expressara suas próprias dúvidas sobre as falhas da política jacobina e do socialismo utópico. Foi por essa razão que ele financiou a publicação de *La Voix du Peuple,* de Proudhon. Já naquela época, percebia o que agora entendemos através da perspectiva histórica: que a força dos filósofos como Proudhon está mais naquilo que contestam do que naquilo que afirmam.

> É na negação, na destruição da velha tradição social, que reside a grande força de Proudhon; como Hegel, ele também é um poeta da dialética, com a diferença que um permanece nas tranquilas alturas do movimento dialético, enquanto o outro é lançado no turbilhão das paixões populares e nas lutas corpo a corpo dos partidos.

O próprio Herzen era um cético generoso, firme em seus propósitos, como demonstram os anos em que lutou quase sozinho para estimular o pensamento radical russo através do seu expatriado jornal, *The Bell,* embora jamais deixasse de duvidar desses propósitos. Ele desejava transformações pacíficas e construtivas, mas sabia que o mundo em que vivia conseguiria transformar qualquer mudança em algo turbulento e destrutivo. Há um toque de anarquismo negativo na mensagem a seu filho que, em 1885, serviu de prefácio ao seu livro *From the Other Shore.*

> "Não construímos: destruímos; não proclamamos uma nova revelação, eliminamos a velha mentira. O homem moderno, esse melancólico *Pontifex Maximus,* limita-se a construir uma ponte – é o homem do futuro, esse desconhecido, que deverá atravessá-la. Talvez você esteja lá para vê-lo... Mas, suplico-lhe, não fique *nesta margem...* É melhor morrer na revolução do que buscar refúgio no asilo da reação.

Como Proudhon, Herzen também não criou sistemas e relutava em aceitar rótulos. Mas, algumas vezes, chegou a falar em anarquia no sentido proudhoniano, como um ideal para a sociedade, e depositava suas esperanças para o futuro da Rússia no "anarquismo" dos nobres e no "comunismo" dos camponeses. Para ele, "comunismo" significava um acordo econômico voluntário bem diferente de qualquer coisa que Marx tivesse imaginado: desprezava o comunismo tal como fora concebido pelos filósofos políticos da Europa Ocidental, observando que era "o despotismo russo virado de cabeça para baixo".

Após 1848, decepcionado com o Ocidente, Herzen voltou-se mais uma vez para a Rússia, mas vendo-a então sob um ponto de vista que sofrera a inevitável influência daqueles mesmos acontecimentos e tendências que rejeitava, e assim a posição que transmitiu à tradição populista era uma mistura de elementos russos e ocidentais, na qual o proudhonismo surgia curiosamente conciliado com o eslavofilismo.

Herzen continuou sendo um socialista no sentido proudhoniano, rejeitando o socialismo governamental como um ideal, em favor de uma sociedade baseada em modificações dos *mir* camponeses e dos *artel* operários. Foi sempre contra a burguesia, e olhava com desconfiança para a democracia por temer, como Tocqueville, que ela pudesse acabar sob o domínio da mediocridade universal. Não gostava do industrialismo que via surgir na Inglaterra e na França, mas não desprezava a ideia de aplicar a ciência à produção, desde que baseada na "relação do homem com a terra", que considerava "um fator primordial, *um fator natural*". Acima de tudo, considerava o estado monolítico como algo prejudicial à democracia e também como anti-russo.

> A centralização é estranha ao espírito eslavo – a liberdade está bem mais de acordo com ele. O mundo eslavo só conseguirá ingressar finalmente na sua verdadeira existência histórica quando estiver reunido numa liga de povos livres e independentes.

As formas comunitárias primitivas da Rússia rural, pareciam-lhe, davam ao povo condições para aprender a ser responsável e socialmente ativo.

> Até agora a vida dos camponeses russos esteve confinada à comuna. É apenas com relação à comuna e seus membros que o camponês reconhece ter direitos e deveres.

Como outros compatriotas, Herzen via na extrema durabilidade do sistema comunitário um meio para que a Rússia chegasse a ser uma sociedade livre, sem passar pelos estágios de capitalismo e revolução, que pareciam ser obrigatórios na Europa ocidental.

> Embora tenha sofrido choques violentos, o sistema comunitário manteve-se firme contra a interferência das autoridades; conseguiu sobreviver até o crescimento do

socialismo na Europa. Esta circunstância é de infinitas consequências para a Rússia.

A ideia de que o futuro do mundo estava nos países ainda não desenvolvidos perseguia Herzen, e por trás de tudo aquilo que escreveu nos seus últimos anos de vida existia a visão – que percebemos agora ter sido extremamente profética – da Rússia e da América enfrentando-se sobre uma Europa desalentada. Herzen via em tudo isso a completa eliminação do Estado como uma possibilidade, desejável, mas cada vez mais impossível. Como Thomas Paine, não era suficientemente otimista para permitir-se liberar o seu anarquismo natural. Praticamente sozinho, tendo apenas seu amigo, o poeta Ogarev, para auxiliá-lo, Herzen despertou na juventude de seu país o sentimento de responsabilidade pela libertação do povo russo, mas, como Moisés, só conseguiu vislumbrar a terra prometida. No fim da vida, Herzen passou a adotar uma posição cautelosa, transformando o liberalismo constitucional no verdadeiro objetivo de todos os seus esforços.

Entretanto, mesmo que o anarquismo de Herzen jamais tenha se desenvolvido completamente, mesmo que tenha usado deliberadamente a sua influência no sentido da moderação, sua evidente falta de confiança no Estado e sua crença nas possibilidades sociais do povo prepararam o caminho não apenas para o grande movimento populista que começou a surgir no início da década de 60, mas também para a adoção de uma atitude essencialmente anarquista em relação à organização política da sociedade.

Essa atitude anarquista foi definida e organizada por Bakunin. A influência de Bakunin sobre os anarquistas russos foi necessariamente indireta e intermitente. O próprio Bakunin só viria a tornar-se um anarquista convicto cerca de três anos após a sua fuga da Rússia, em 1861. Embora tivesse chegado a influenciar um grupo de jovens populistas durante sua permanência na Sibéria, nada indica que eles tenham continuado a difundir suas ideias – com a possível exceção de Ivan Yakovlevich Orlov, que se tornou o primeiro revolucionário russo a "ir ao povo" pregando a doutrina populista durante uma "jornada apostólica" pela zona rural da Rússia, participando mais tarde da conspiração de estudantes e oficiais de Kazan, com o objetivo de incitar uma rebelião dos camponeses em conjunção ao levante polonês de 1863. As ações de Orlov sugerem que ele talvez tivesse sido influenciado pelo menos na ênfase dada às insurreições camponesas, o que era uma característica das doutrinas de Bakunin, em todas as suas fases revolucionárias.

No seu último período como anarquista, Bakunin difundiu sua doutrina na Rússia tanto oralmente, através de *émigrés* que retornavam, como através de seus trabalhos escritos, que entravam clandestinamente no país e eram distribuídos pela rede de grupos revolucionários. Seus contatos diretos com os ativistas que viviam na Rússia eram raros e breves, devido à inevitável dificuldade de manter uma correspondência secreta, complicada pela sua própria falta de discrição, que levou mais de um de seus companheiros às masmorras tzaristas. Como todos os líderes exilados russos, ele não conhecia bem a situação dentro do país cujo destino político tentava influenciar, e isso resultou em diferenças de opinião e de interpretação entre Bakunin e os militantes que realmente participavam da luta contra o governo tzarista. Pela própria natureza da situação, ele não exerceu qualquer influência sobre os atos concretos dos revolucionários, mas sua influência sobre as atitudes que estes assumiam foi suficientemente forte para permitir que uma corrente reconhecidamente bakuninista florescesse durante a década de 1870, especialmente na Ucrânia.

O anarquismo de Bakunin obteve dentro da Rússia sua primeira e real influência em 1869. É verdade que, pouco antes de fugir da Sibéria, ele havia estabelecido tênues contatos com os líderes do primeiro movimento Zemlya i Volya (Pátria e Liberdade), e que, em 1862, depois que o grupo que se intitulava Jovem Rússia lançou um manifesto de teor fortemente político, a Editora Rússia Livre, de Herzen, publicou um panfleto de Bakunin intitulado *The peoples cause: Romanov, Pugachev or Pestel?* (A causa do povo: Romanov, Pugachev ou Pestel?).

Mas isto foi pouco mais do que um apelo para a união entre as várias forças que vinham trabalhando pela total emancipação do povo. Depois de 1863 e do fracasso de sua aventura polonesa, Bakunin desviou sua atenção dos problemas da Rússia, dedicando-se ao movimento socialista da Europa ocidental. Enquanto criava a série de Irmandades na Itália, Bakunin não parece ter feito grandes esforços para estabelecer contato com seus compatriotas. Frequentemente os russos que passavam pela Itália iam visitá-lo, mas o único que chegou a aproximar-se realmente dele foi um jovem cientista, provavelmente membro da Irmandade Florentina, chamado L. Mechnikov, que havia lutado sob as ordens de Garibaldi e, tal como o próprio Bakunin, era também uma espécie de revolucionário internacional.

A volta de Bakunin a Genebra, em 1867, fez com que ele se reaproximasse dos exilados russos. Muitos haviam se instalado em Genebra ou às margens do Lago Leman, em Vevey. Entre eles estava Nicolas Zhukovsky, que Bakunin conhecera em Vevey, e que agora servia com ele no Comitê da Liga pela Paz e Liberdade, e viria a ser mais tarde um dos membros fundadores da Aliança. Em Vevey, Bakunin criou uma pequena seção russa da Irmandade Internacional, a primeira organização anarquista russa, que nunca chegou a ser uma organização ativa ou importante, já que a maioria dos exilados, liderados por Nicolas Utin e Alexander Serno-Solovich, ingressou na seção russa da Internacional, de orientação marxista, fundada em Genebra em 1869.

Na época, a única coisa que Bakunin chegou a fazer pela causa do anarquismo russo foi lançar um jornal, o *Narodnoe Delo* (A Causa do Povo) em colaboração com Zhukovsky. O primeiro número, inteiramente escrito por Bakunin e Zhukovsky, foi introduzido clandestinamente e com sucesso na Rússia, por Ivan Bochkarev, que seria mais tarde um íntimo colaborador de Tolstoi, sendo distribuído em St. Petersburg por Stepniak.

Para os estudantes que o liam, *Narodnoe Delo* parece ter servido para dar a orientação pela qual esperavam ansiosamente, numa fase de transição cheia de dúvidas, e a influência estimulante que exerceu dentro da Rússia foi realmente bastante grande.

No *Narodnoe Delo,* Bakunin declarava ter chegado o momento dos intelectuais abandonarem seu desinteresse pelo povo e de despertarem nele o espírito revolucionário. A revolução, a libertação "sócio-econômica" dos camponeses deveria ir em primeiro lugar; depois disso, desapareceriam todas as correntes que tolhiam o seu pensamento. Era necessário que abandonassem a antiga crença no tzar, tomando consciência "de sua própria força, adormecida desde Pugachev".

Os objetivos da revolução deveriam ser coletivistas e anarquistas: a volta à terra para aqueles que trabalhavam nela e a destruição total do Estado, a ser substituído por "uma organização política constituída exclusivamente por uma federação de *artels* reunindo trabalhadores livres, tanto no campo como nas indústrias". No *Narodnoe Delo,* Bakunin procurou adaptar às circunstâncias russas o programa que ele estava prestes a defender diante dos revolucionários da Internacional na Europa ocidental, afirmando ser preciso abandonar toda e qualquer ideia de que a Rússia teria um destino messiânico, pois "a causa da revolução é a mesma em toda a parte".

A partir desta ampla exposição do ponto de vista anarquista, tal como havia sido desenvolvido diante da Irmandade Internacional, é que a tendência bakuninista no movimento revolucionário russo realmente começou. No que se refere ao próprio Bakunin, ela continuaria sendo um esforço isolado durante alguns anos ainda, pois os refugiados antibakuninistas, liderados por Utin, conseguiram ganhar o apoio da rica Olga Levashov, que financiava o *Narodnoe Delo,* e o jornal passou de Bakunin e Zhukovsky para a seção russa da Internacional.

Além da desastrosa ligação com Nechayev, o envolvimento de Bakunin com a Internacional e a Comuna de Lyon afastou-o dos problemas russos nos anos que se seguiram à perda do *Narodnoe Delo*. Em 1872, entretanto, ele seria atraído pela grande concentração de estudantes e de radicais russos de todos os matizes que se haviam estabelecido em Zurique. Foi lá que ele finalmente conseguiu reunir um círculo de jovens que absorveram suas ideias com entusiasmo, criando uma associação para melhor difundi-las. Eles se aproximaram de Bakunin por diferentes caminhos. Alguns tinham sido companheiros de Nechayev; entre estes estavam dois homens que foram, possivelmente, os de maior influência na difusão das ideias de Bakunin aos grupos clandestinos da Rússia: Z. K. Ralli e Michael Sazhin, mais conhecido pelo nome de Armand Ross, que havia adotado durante sua breve visita aos Estados Unidos. Outros, como Varfomeley Zaytsev e Nicholas Sokolov, tinham sido membros de um grupo nihilista bastante flexível, que se reunira em torno de Pisarev e de sua revista *Russkoe Slovo,* no início da década de 1860. Um grupo ainda mais jovem de estudantes de medicina saíra diretamente da agitação da Universidade de St. Petersburg, de onde haviam sido expulsos. Os mais ativos desse grupo eram V. Holstem e A. Oelsnitz.

Já na primavera de 1872, Bakunin transformara sua Irmandade Russa numa filial da Aliança, com Ralli, Holstem e Oelsnitz como membros fundadores. Em Zurique, a Irmandade ampliou seus números e entrou em agudo conflito com os partidários de Peter Lavrov, que representavam a tendência gradualista do movimento populista. A Irmandade instalou em Zurique uma gráfica própria e começou a publicar, no início de 1873, uma série de panfletos, inclusive *The State and Anarchism,* de Bakunin. Mas as disputas internas rapidamente destruíram esse trabalho. Michael Sazhin era um homem orgulhoso de temperamento explosivo e não tardou a divergir de Ralli e dos outros membros do grupo. Demonstrando grande falta de tato, Bakunin ficou ao lado de Sazhin e, como consequência, perdeu a maior parte de seus discípulos russos. Ralli, Holstem e Oelsnitz partiram para Genebra, onde, em colaboração com Nicolas Zhukovsky, fundaram sua própria Comunidade Revolucionária de Anarquistas Russos e criaram uma nova gráfica, que começou a funcionar em setembro de 1873, com a publicação de um panfleto intitulado *To the Russian Revolutionaries.*

O conflito pessoal não se transformou em conflito de princípios, pois a Comunidade Revolucionária continuou a propagar as ideias de Bakunin, adaptando-as aos problemas russos. Bakunin dirigiu-se a um semi-isolamento, preocupando-se quase exclusivamente com problemas italianos até a sua morte, em 1876; ele parecia ter achado os italianos mais simpáticos em temperamento do que seus próprios compatriotas. Mas os "jovens bakuninistas" continuaram, e durante alguns anos sua gráfica foi um dos mais importantes centros, na Europa ocidental, para a produção da literatura distribuída clandestinamente na Rússia.

Em 1875, em colaboração com a Organização Social Revolucionária Pan-Russa, um grupo em Moscou liderado por Vera Figner começou publicar um jornal mensal chamado *Rabotnik* (O Trabalhador). Era o primeiro periódico especialmente voltado para os trabalhadores, tanto nas cidades como nas áreas rurais; graças aos estreitos contatos que seus escritores mantinham com o grupo em Moscou, eles foram capazes de dedicar considerável atenção às reais condições de trabalho existentes na Rússia, embora jamais perdessem de vista a ênfase bakuninista sobre a unidade da luta revolucionária internacional. *Rabotnik* continuou até os primeiros meses de 1876; foi sucedido, em 1878, por *Obshchina* (Comunidade), na qual os membros da Comunidade Revolucionária colaboravam com Stepniak, Axelrod e outros bakuninistas que recentemente haviam fugido da Rússia. O tom de *Obshchina* era cauteloso e conciliatório, mas conservava-se bakuninista na sua rejeição à ideia liberal de um governo constitucional e na insistência de que os camponeses e trabalhadores deveriam conquistar, eles mesmos, a liberdade.

A Comunidade Revolucionária e a gráfica por ela operada eram abertas e francamente anarquistas, respondendo pela situação na Europa ocidental, onde Ralli e Zhukovsky mantinham estreitos vínculos com a Internacional de Saint-Imier, particularmente com Élisée Reclus e o grupo ligado ao jornal anarquista de Genebra, *Le Travailleur*. Curiosamente, não tinham grandes ligações com Kropotkin, que por essa época aderira ao jornal rival de Brousse, *L'Avant-Garde,* e que, depois da sua fuga, em 1876, manteria durante quase vinte anos escassos contatos com o movimento russo, dedicando-se inteiramente à causa do anarquismo internacional.

Embora as publicações da Comunidade Revolucionária circulassem larga e influentemente em Moscou, St. Petersburg e nas cidades da Ucrânia, não houve correspondência no surgimento de grupos anarquistas sobre o solo russo, durante a década de 70.

Antes, houve o aparecimento de uma corrente bakuninista dentro do grande movimento *Zemya i Volya*; seus adeptos eram geralmente chamados *buntars,* pela importância que atribuíam ao *bunt,* ou insurreição. Logo a situação da Rússia iria tornar-se exatamente o inverso da que existia entre os refugiados da Suíça, onde os lavrovistas constituíam a maioria. Durante 1875 e 1876, surgiriam fortes movimentos *Buntar* em Kiev e Odessa, vivendo em comunidades, reunindo armas sub-repticiamente e planejando incessantemente a insurreição rural.

Em uma região, no distrito de Chigirin, perto de Kiev, três agitadores bakuninistas conseguiram organizar uma considerável conspiração, e seus métodos estranhamente maquiavélicos – um tanto incompatíveis com a ortodoxia anarquista – demonstravam pelo menos um certo realismo, uma certa compreensão da psicologia do camponês. Confiando na crença muito difundida entre os camponeses de que o tzar amava o seu povo e ignorava as atrocidades que eram cometidas em seu nome, os conspiradores prepararam dois documentos que deveriam circular entre os habitantes de Chigirin. O primeiro era um Decreto Imperial Secreto no qual o tzar reconhecia o direito dos camponeses à terra, queixava-se por não ter poderes suficientes para obrigar os nobres a abrir mão de suas propriedades e instruía os camponeses para que criassem sua própria milícia secreta, para que estivessem prontos a revoltar-se quando chegasse o momento. O outro documento – os Estatutos da Milícia Secreta – estabelecia planos para a organização dos rebeldes; ele incluía juramentos complexos, além de dotar a organização revolucionária de uma elaborada estrutura hierárquica, que teria encantado Bakunin em seus tempos de revolucionário. Essa bizarra conspiração atraiu os camponeses. Eles acreditavam cegamente em todas as mentiras que lhes eram contadas e mais de mil deles ingressaram na milícia. O segredo foi tão bem guardado que somente quase um ano depois uma indiscrição casual colocou a polícia a par da conspiração. Centenas de camponeses foram presos e enviados para a Sibéria. Os três bakuninistas responsáveis por tudo também foram aprisionados, mas conseguiram escapar utilizando um estratagema quase tão estranho quanto a conspiração: um de seus companheiros tornou-se carcereiro da prisão onde os três cumpriam pena, e desempenhou fielmente sua funções durante meses, até chegar a oportunidade de libertar seus amigos, escapando com eles.

Outros bakuninistas dedicaram-se à tentativa de organizar os trabalhadores urbanos. Eles eram particularmente ativos nas diversas e efêmeras Uniões de Trabalhadores Sulistas, que foram organizadas em Odessa (1875) e Kiev (1879 e 1880). A União Nortista de Trabalhadores Russos, fundada em 1878, adotou um programa basicamente anarquista, exigindo a extinção do Estado e sua substituição por uma federação de comunidades camponesas e *artels* industriais.

No fim da década surgiria uma nova tendência, favorável ao terrorismo organizado, dentro do movimento revolucionário russo. Os bakuninistas não se opunham ao terrorismo em si, mas sim ao conceito de uma organização disciplinada que agora o acompanhava, ideia de um grupo que se autodenominava Comitê Executivo, liderado por Zhelyabov e Sofia Perovskaya. Esses terroristas organizados, que procuravam encontrar uma solução política e constitucional para os problemas da Rússia por meio de assassinatos seletivos, aglutinaram-se em um partido, o *Narodnaia Volya* (Vontade do Povo). Os bakuninistas, que desejavam continuar seu trabalho entre os camponeses e operários das fábricas, com o objetivo de provocar uma revolta geral que levasse à solução social e econômica através das federações de comunas, separaram-se deles, formando uma organização conhecida pelo nome de *Cherny Peredel* (Divisão Negra).

Mas o período de ascendência bakuninista, quando existiu uma forte tendência libertária dentro do movimento revolucionário russo, mesmo sem aceitar a designação de anarquismo, estava chegando ao fim. O assassinato de Alexander II, em 1881, pelo *Narodnaia Volya* provocou uma perseguição sem tréguas aos revolucionários que operavam em solo russo, até que quase todos os militantes, fossem quais fossem as suas opiniões, estavam na prisão, no exílio ou mortos. Durante quase uma década, o movimento revolucionário existiu na mais tênue forma, exceto entre os inúmeros expatriados da Europa ocidental. E mesmo lá a tendência anarquista foi invertida, quando os líderes do *Cherny Peredel* – Plekhanov, Axelrod e Vera Zasulich – converteram-se ao marxismo, criando a primeira organização de Democratas Sociais Russos.

Somente no final da década de 1890 é que a iniciativa de Ralli, Zhukovsky e da Comuna Revolucionária de Anarquistas Russos foi retomada na Europa ocidental; datam do mesmo período os primeiros grupos declaradamente anarquistas da própria Rússia. Sua própria existência indicava uma transformação no caráter do movimento revolucionário que havia ressurgido na Rússia durante os últimos anos do século XIX. As perseguições depois de 1881 tinham virtualmente destruído tanto o *Narodnaia Volya* quanto a *Cherny Peredel*. Os herdeiros do *Narodnaia Volya* transformaram-se no Partido Social Revolucionário Russo, que herdou o terrorismo de seus predecessores, tornando-se ainda mais constitucionalista em seus objetivos e conseguindo considerável número de seguidores entre os camponeses. Os líderes do *Cherny Peredel* transformaram-se, em 1883, num grupo marxista chamado Libertação do Trabalho, e a partir desse momento abandonaram o bakuninismo; em 1898 essa organização passou a chamar-se Partido Social Democrático Russo, do qual através de uma cisma acabaram emergindo os partidos menchevique e o bolchevique.

Nesta mudada situação, a influência das ideias libertárias era bem menor do que havia sido na década de 1870. Os principais grupos tendiam a tornar-se cada vez mais autoritários em relação aos seus objetivos e formas de organização. O desejo de criar um movimento anarquista na Rússia vinha agora do exterior, especialmente dos discípulos de Kropotkin na Europa ocidental. Em 1843 um médico armênio, Alexander Atabekian, visitou Kropotkin na Inglaterra com planos para a distribuição clandestina de literatura na Rússia, e pouco tempo depois ele fundava a Biblioteca Anarquista em Genebra. Seu grupo não tinha fundos suficientes para publicar periódicos, mas chegou a editar panfletos de Bakunin e Kropotkin, que foram usados pelos primeiros grupos anarquistas que surgiram no sul da Rússia durante a década de 1890. Por um processo natural, o aparecimento de um movimento anarquista da Rússia incrementou gradualmente o número de exilados anarquistas na Suíça, França e Inglaterra, e a partir de 1903 começou a aparecer uma série de grupos expatriados em Paris, Genebra, Londres e Zurique, dedicados à produção de material para propaganda. Pelo menos dez jornais expatriados foram publicados nessas cidades entre 1903 e 1914; alguns não passaram dos primeiros números, mas três entre eles foram jornais que estimularam profundamente o aparecimento do anarquismo na Rússia: o *Hleb i Volya* (Genebra, 1903-5), *Burevestnik* (Paris, 1906-10) e *Rabotchi Mir* (Paris, 1911-14).*

Hleb i Volya foi o primeiro periódico anarquista em língua russa a ser publicado desde o *Obshchina,* em 1878. Ele estava sob a inspiração direta de Kropotkin, que contribuía regularmente com artigos para suas páginas. O editor, e virtual líder do grupo em Genebra, era um georgiano que usava os *noms de guerre* de K. Orgheiana e K. Illiashvili; seu verdadeiro nome era G. Goghelia.

Era um momento realmente oportuno para lançar um jornal sob a prestigiosa sombra do nome Kropotkin, pois durante

---

* Em adição aos grupos expatriados de idioma russo deste período, havia o movimento de russos de idioma iídiche e de judeus poloneses, no East End de Londres, que formaram uma federação própria, sendo o maior grupo de exilados anarquistas russos da Europa ocidental. Durante muitos anos publicaram seu próprio jornal, o *Arbeter Fraint.* Entretanto, ele era escrito para, basicamente, ser distribuído na Inglaterra, enquanto os jornais de língua russa que mencionei eram preparados para serem usados na Rússia, fazendo, portanto, parte integral do movimento russo.

o ano de 1903 a situação na Rússia era de crescente agitação: greves na indústria, revoltas camponesas e protestos estudantis se sucediam com força crescente, havendo insatisfação no exército e até mesmo entre os cossacos. *Hleb i Volya* almejava deliberadamente manipular esta situação para um sentido libertário, e seu aparecimento nesta época ajudou a ampliar o número de grupos anarquistas na Rússia.

É difícil avaliar até que ponto esses grupos contribuíram para a eclosão da Revolução de 1905 que foi, em grande parte, uma explosão de fúria popular que chegou a surpreender vários revolucionários profissionais. "Não foram os social-democratas, nem os socialistas revolucionários, nem os anarquistas que lideraram esta revolução", disse Kropotkin. "Foi a classe operária, o trabalhador." As teorias anarquistas sobre revolução espontânea pareciam estar confirmadas, e os eventos de outubro de 1905 vieram também apoiar a tese anarquista da greve geral. Entretanto, o fracasso da revolução provocou uma reversão de sentimentos em relação aos social-democratas, que haviam tentado assumir a liderança do movimento, e os anarquistas lucraram com isso. Por volta de 1906, eles já haviam formado grupos em todas as grandes cidades, e o movimento mostrava-se particularmente forte nos Urais, entre a população judia da Polônia e, sobretudo, na Ucrânia, a velha cidadela dos *buntars* e do *Cherny Peredel,* onde o anarquismo surgia como um movimento rural nas cidades-mercado e até nas aldeias.

Em 1907, quando a reação governamental recrudesceu, o ímpeto anarquista começou a diminuir, e o movimento libertário nunca diminuiu a sua inferioridade numérica em relação ao Social Democrata ou ao Social Revolucionário. Isto foi devido, provável e grandemente, ao fato de ser um movimento de grupos isolados, que frequentemente mantinham vínculos bastante frouxos, diferindo em questões táticas e filosóficas. Somente os refugiados no Ocidente tentaram seriamente criar organizações federais, mantendo conferências com esse objetivo em Genebra, em 1906, e em Paris, em 1913, mas seus esforços sempre chegaram a nada. Os grupos anarquistas da

Rússia poderiam ser grosseiramente divididos em três tendências: os anarquistas-comunistas, os individualistas (dados à prática do "terrorismo sem motivo", e muito temidos pela polícia) e os anarcossindicalistas.

O anarcossindicalismo só surgiria na época da Revolução de 1905, ganhando rapidamente um grande número de adeptos; somente entre os exilados nos Estados Unidos, a União dos Trabalhadores Russos, uma organização anarcossindicalista, conseguiria recrutar 10 mil membros, e o movimento clandestino na Rússia era igualmente forte. Todas essas tendências diferiam dos tolstoinianos, que poderiam ser considerados a quarta corrente anarquista da época, pela ênfase que emprestavam ao uso da violência, que passava a ser uma prática comum a todos os partidos revolucionários russos, inclusive aos social-democratas. Frequentemente essa situação angustiaria os líderes que viviam no exílio, e durante um encontro secreto realizado em Londres, em dezembro de 1904, ao qual compareceram representantes dos grupos russos, Kropotkin insistiu para que estes abandonassem ao menos a prática das "expropriações", que utilizavam para obter fundos (lembremos que Joseph Stalin era um hábil ladrão de bancos para os bolcheviques): "Não precisamos do dinheiro dos burgueses" – argumentou Kropotkin – "nem através de doações, nem de roubo". Mas os revolucionários, na Rússia, insistiram em fazer o que queriam, apesar desses apelos. Entretanto, à medida que o anarcossindicalismo ia se tornando mais forte, houve uma mudança perceptível nos métodos que utilizavam, e os assassinatos e roubos foram sendo aos poucos substituídos pelo incitamento à greve, como forma de abalar o estado tzarista.

Durante a I Guerra Mundial houve uma sensível queda nas atividades anarquistas, tanto na Rússia quanto entre os expatriados, e os anarquistas iriam desempenhar um papel surpreendentemente insignificante na Revolução de Fevereiro de 1917. Na verdade, o movimento libertário só ressurgiria na Rússia depois que os expatriados começaram a retornar, no verão. O mais importante intelectual anarquista da época, o poeta Voline*, lembra que, ao chegar à Rússia em julho de 1917, vindo da América, não encontrou um único jornal ou cartaz anarquista, nem qualquer sinal de que os "poucos e rudimentares grupos libertários russos" estivessem fazendo algum tipo de propaganda. Em Moscou a situação era um pouco melhor, pois lá havia sido criada uma federação local, responsável pela publicação de um jornal diário, *Anarchy*. Algumas unidades militares em Moscou e muitos marinheiros de Kronstadt demonstravam certa simpatia pelo anarquismo, e os comitês de fábricas, que se opunham à tentativa de centralização dos sindicatos dominados pelos mencheviques, também sofriam a influência dos anarcossindicalistas. Finalmente, no extremo sul, na esparramada "aldeia" ucraniana de Gulyai-Polye (que na verdade tinha mais de 30 mil habitantes), um jovem operário chamado Nestor Makhno, saído há pouco da prisão de Butirky, em Moscou, tinha sido eleito presidente do Soviet local. Já em agosto de 1917, Makhno e o punhado de anarquistas locais que o apoiavam haviam conquistado a confiança dos camponeses pobres, começando a dividir as propriedades locais entre os sem-terra, e a entregar as pequenas indústrias do distrito aos operários.

A Revolução de Outubro, na qual muitos anarquistas tomaram parte na ilusão de que ela pudesse realmente dar início ao seu milênio, deu novo e temporário alento às atividades libertárias. Foi criada uma União Anarcossindicalista em St. Petersburg, que iniciou a publicação de um jornal diário, o *Golos Truda* (Voz do Operário), mais tarde transferido para Moscou. A Federação dos Grupos Anarquistas, em Moscou, começou a veicular sua propaganda nos distritos rurais da Rússia Central, e Atabekian, antigo lugar-tenente de Kropotkin, lançou uma revista teórica. Finalmente, próximo ao final de 1918, os anarquistas do sul se reuniram na Nabat (Tocsin), Confederação das Organizações Anarquistas da Ucrânia. O movimento Nabat, cujas atividades estavam centralizadas nas cidades de Kharkov e Kúrsk, atraiu os anarquistas russos mais atuantes durante o período da Revolução e Guerra Civil,

---

* Seu verdadeiro nome era Vsevolod Mikhailovich Eichenbaum.

incluindo Voline, Yarchuk, Peter Arshinov, Olga Taratuta, Senya Fleshin e Aaron e Fanya Baron. Seus membros tentavam unir as várias tendências – kropotkista, individualista e sindicalista – num único movimento forte, mantendo estreitas relações com Makhno, quando seu movimento no extremo sul iniciou sua fase militante.

No início, os anarquistas russos mostraram-se divididos quanto à posição a adotar frente ao governo bolchevique e também frente aos sovietes. Alguns tornaram-se comunistas. Outros, como o idealista Alexander Schapiro, acreditavam que poderiam melhorar as condições vigentes trabalhando com o novo regime, e colaboraram a contragosto e brevemente. Mas a grande maioria percebeu, acertadamente, que o governo bolchevique era uma ditadura partidária alheia a todos os valores libertários que defendiam, e abriram oposição. Com relação aos sovietes, a mudança de atitude processou-se de forma bem mais lenta. A princípio eles consideraram esses conselhos como autênticas expressões da vontade dos trabalhadores e camponeses que os ıntegravam, mas logo decidiram que os bolcheviques haviam transformado os conselhos em instrumentos de sua política. Essa posição anarquista foi expressa numa resolução do Congresso Nabat de abril de 1919, que se opunha a "toda participação nos sovietes, que se haviam transformado em órgãos puramente políticos, organizados em bases autoritárias, centralistas e estatizantes".

Tal atitude despertou, inevitavelmente, a hostilidade dos bolcheviques, e uma das mais curiosas ironias históricas da época é o fato de Leon Trotsky – mais tarde um mártir da intolerância comunista – ser um dos mais violentos defensores não apenas da supressão política, mas também da eliminação física de seus opositores anarquistas, que geralmente descrevia como "bandidos". Pouco mais de seis meses depois da Revolução de Outubro começaram as perseguições, com uma batida da Cheka aos escritórios do jornal *Anarchy,* em Moscou. Na mesma época, as atividades anarquistas em Petrogrado eram suprimidas. Durante algum tempo, a Confederação Nabat não foi perturbada, e mesmo nas cidades do norte não houve de imediato uma repressão total. Uma atividade restrita ainda era permitida, especialmente aos anarcossindicalistas, até o início de 1921, embora militantes demasiado ativos sempre corressem o risco de ser aprisionados pela Cheka. Então, em fevereiro, aconteceu o funeral de Kropotkin, com uma grande demonstração pública de apoio às críticas libertárias ao regime e, em março, a revolta dos marinheiros de Kronstadt contra aquilo que consideravam como as traições comunistas da Revolução. Não há dúvida de que os homens de Kronstadt tinham sido influenciados pelos argumentos anarquistas, e os bolcheviques decidiram ter chegado o momento do ajuste de contas. O que restava do movimento anarquista foi rapidamente eliminado em Petrogrado, Moscou, Kharkov e Odessa. Centenas de anarquistas foram presos, Fanya Baron e oito companheiros foram fuzilados nos porões das prisões da Cheka, em Moscou, durante setembro de 1921. Seguiram-se outras execuções, e logo os partidários de Tolstoi também começaram a ser mortos nas masmorras, e, já que era impossível acusá-los de banditismo, foram fuzilados por se recusarem a servir ao Exército Vermelho. Em menos de quatro anos o relógio da história dera uma volta completa, pois jamais as autoridades tzaristas se haviam mostrado tão impiedosas ao perseguir seus opositores quanto os bolcheviques se mostravam naqueles dias em que os grandes expurgos de Stalin eram ainda apenas uma sombra no horizonte.

No fim de 1922, todos os anarquistas da Rússia haviam sido mortos, presos, banidos ou silenciados. Para os anarquistas no exílio restava a amargura de ter visto a Revolução transformar-se exatamente no oposto de tudo aquilo que esperavam; quando muito, o melancólico consolo de saber que seu antepassado Bakunin tinha previsto tudo o que acontecia agora quando examinou o socialismo marxista.

Entretanto, foi durante esses últimos anos tão cheios de decepções que o movimento anarquista russo fez sua única e dramática aparição no palco da história, quando se uniu em torno da personalidade dinâmica e dostoievskiana de Nestor Makhno. Nós deixamos Makhno, em agosto de 1917, como um líder anarquista rural, que organizava as zonas rurais de acordo com os princípios do comunismo livre. Foi o Tratado de Brest Litovsk que provocou sua transformação de chefe político de uma aldeia que crescera demais no mais formidável de todos os guerrilheiros anarquistas.

Em consequência do tratado, os exércitos alemão e austríaco invadiram a Ucrânia, instalando o regime títere de Hetman Skoropadsky. Makhno fugiu em direção ao leste, para a relativa segurança de Taganrog, e dali continuou até Moscou, em busca de ajuda e conselhos de líderes anarquistas que lá viviam. Quando chegou, a perseguição ao movimento já havia começado, e Makhno decidiu voltar ao seu próprio território e confiar na hospitalidade e no anarquismo natural de seus vizinhos camponeses.

Não se enganou em sua decisão. Ao devolver a terra aos seus antigos donos, o regime de Hetman e os exércitos invasores tinham provocado amargos ressentimentos, e Makhno reuniu rapidamente um bando de camponeses partisans. Ele começou a atacar as grandes propriedades na região entre o Dnieper e o Mar Azov; os relatos de suas aventuras nesse período apresentam-no como um Robin Hood anarquista. Frequentemente ele e seus companheiros, fazendo-se passar por oficiais do exército de Hetman, visitavam os proprietários rurais e desfrutavam de sua hospitalidade até que, num momento dramático, revelavam suas verdadeiras identidades, fazendo cair a justiça da vendeta sobre os inimigos do povo. Cada nova incursão rendia armas, suprimentos e cavalos. Centenas de recrutas acorriam ao quartel-general de Makhno, cuja localização só as autoridades pareciam desconhecer. Em setembro de 1918, Makhno já tinha força suficiente para capturar Gulyai-Polye; logo seria expulso, mas pouco tempo depois conseguia derrotar uma divisão alemã enviada para capturá-lo. Quando os poderes centrais começaram a deixar o território russo depois do armistício de novembro de 1918, Makhno já se havia transformado numa lenda em todo o sul da Ucrânia: os camponeses viam nele um novo Pugachev enviado para transformar em realidade seu velho sonho de terra e liberdade, e seu bando se tornara um exército insurgente tão grande que, quando encontrou o Exército Vermelho em Alexandrovsk, em janeiro de 1919, as autoridades bolcheviques alegraram-se por chegar a um acordo com ele, para uma ação comum contra o Exército Branco, que avançava para o norte sob as ordens do general Denikin.

Durante sete meses, de novembro de 1918 a junho de 1919, a legião dominada por Makhno a leste do Dnieper não foi perturbada por nenhum dos dois exércitos. Durante um breve período de paz, houve uma tentativa de criar uma sociedade comunista livre, e, se for possível aceitar a descrição um tanto ingênua das comunidades comunistas, que Makhno incluiu no seu relato sobre a rebelião no sul, elas se pareceriam um pouco com as comunidades criadas pelos camponeses de Andaluzia.

> Em todas essas comunas havia alguns camponeses anarquistas, mas a grande maioria não era anarquista. Não obstante, agiam na comunidade com aquela solidariedade anarquista da qual, na vida cotidiana, só são capazes os trabalhadores cuja simplicidade natural ainda não foi afetada pelo veneno político das cidades. Pois as cidades sempre desprendem um odor de mentira e traição do qual muitos não conseguem escapar, mesmo aqueles que se consideram anarquistas.
>
> Cada comunidade era composta por dez famílias de camponeses e operários, ou seja, por um total de cem, duzentos ou trezentos membros. Por decisão do Congresso Regional de Comunidades Agrícolas, cada uma delas recebia uma extensão normal de terras, isto é, tanto quanto seus membros pudessem cultivar, situadas nas proximidades da comuna e que haviam pertencido aos *pomeschiki,* além do gado e de implementos agrícolas dessas antigas propriedades...
>
> A maioria absoluta dos trabalhadores... via nas comunidades agrícolas a alegre semente de uma nova vida social, que continuaria, à medida que a Revolução

atingisse o clímax de sua marcha criativa e triunfal, desenvolvendo-se, crescendo e estimulando a organização de uma sociedade análoga no país, como um todo ou pelo menos nas aldeias e povoados da nossa região.*

A última frase revela todo o segredo de Makhno e do seu movimento, sua força e sua fraqueza. No íntimo, Makhno era um homem do campo e um regionalista: odiava as cidades e a civilização urbana e ansiava pela "simplicidade natural", pela volta a uma época em que – tal como nas antigas lendas camponesas – os "trabalhadores livres partiriam para a labuta ao som da liberdade e de alegres canções". Isso explica por que, numa fase posterior, quando os makhnovistas capturaram algumas cidades razoavelmente grandes no vale do Dnieper, jamais enfrentaram realmente o problema de organizar as indústrias, e só conseguiram conquistar a lealdade de uns poucos operários urbanos.

Mas havia um outro fator a influir na situação – o Exército Revolucionário Insurrecional. Teoricamente, era controlado pelo Congresso de Operários, Camponeses e Insurgentes, mas, na prática, era comandado por Makhno e seus companheiros e, como todos os exércitos, era libertário apenas no nome. Utilizava um sistema próprio de recrutamento e observava uma disciplina tosca que não deixava dúvidas de que Makhno era o chefe, implicando muitas vezes punições imediatas e violentas. O caráter do exército era, de fato, em grande parte, uma projeção do caráter do próprio Makhno. Ele era muito corajoso e extremamente atilado na arte da luta de guerrilha. Seu exército, às vezes, tinha 50 mil homens, mas jamais deixou de ser rápido em suas ações, até mesmo a infantaria nunca marchava, sendo transportada em carroções leves. E foi a extraordinária mobilidade de Makhno que lhe garantiu a maior parte de suas vitórias, e que o preservou durante tanto tempo da aniquilação final. Mas Makhno tinha os defeitos que frequentemente acompanham esse caráter arrojado. Suas orgias eram dignas de um Karamazov, e até

---

* *La Révolution Russe en Ukraine.* Paris, 1927.

seu admirador, o poeta Voline, as admitiu e acrescentou graves acusações:

> Sob influência do álcool, Makhno passava a agir como um irresponsável, perdendo o controle de si mesmo. Então era o capricho pessoal, muitas vezes apoiado pela violência, que, de repente, substituía seu senso de dever revolucionário; eram o despotismo, as brincadeiras absurdas, as fanfarronices ditatoriais de um chefe guerreiro que estranhamente substituíam a reflexão calma, a perspicácia, a dignidade pessoal e o autocontrole em sua atitude para com os outros e para com a causa, que um homem como Makhno jamais deveria ter abandonado.
>
> O resultado inevitável dessas desordens e aberrações foi um excesso de "espírito guerreiro" que levou à formação de um espécie de "panelinha" militar ou camarilha em torno de Makhno. Esse grupo, restrito, algumas vezes tomava decisões e agia sem considerar a opinião do Conselho ou de outras instituições. Perdeu o seu senso de proporção demonstrando desprezo por todos que não fizessem parte dele, afastando-se mais e mais da massa de combatentes e da população trabalhadora.

Há extraordinárias semelhanças entre os makhnovistas e os anarquistas da Guerra Civil espanhola. Ambos parecem ter obtido sucesso na tentativa de criar instituições econômicas rurais que pudessem satisfazer, ao mesmo tempo, os ideais anarquistas e os desejos dos camponeses. Ambos perderam a pureza de seus ideais quando se envolveram em atividades militares. Mas há uma diferença notável: enquanto os anarquistas espanhóis, com raras exceções – como Cipriano Mera –, fracassaram como militares mesmo utilizando recursos de guerra moderna, Makhno foi um dos mais brilhantes estrategistas da história militar. Terminarei com um breve relato de suas vitórias:

De janeiro a junho de 1919, o Exército Insurrecional agiu como uma unidade semi-autônoma dentro do Exército Vermelho na sua resistência um tanto ineficiente a Denikin.

Então, na metade de junho, quando os anarquistas convocaram um Congresso em Gulyai-Polye e convidaram os soldados do Exército Vermelho a enviarem seus representantes, Trotsky arbitrariamente proibiu o Congresso e ordenou que Makhno entregasse o comando. Makhno blefou. Deixou seus regimentos com instruções de que deveriam ir ao seu encontro quando ele ordenasse e partiu com um regimento de cavalaria que lhe servia de guarda-costas para novo território, a oeste de Dnieper. Ali ele iniciou uma guerrilha contra os Brancos, ao mesmo tempo que começava a expulsar os comissários bolcheviques das aldeias, instalando comunidades libertárias. Em agosto de 1919 mandou chamar os homens que havia deixado no Exército Vermelho e deu início a uma campanha contra Denikin, que o Exército Vermelho obviamente era incapaz de derrotar. No início a campanha parecia destinada ao fracasso e Makhno foi obrigado a ir para noroeste, chegando até Uman, bem distante de sua região. Então contra-atacou, infligindo uma decisiva derrota aos Brancos, e empurrou sua retaguarda até o Mar de Azov e depois para Ekaterinoslav, ao norte, num impiedoso movimento de extermínio que cobriu centenas de quilômetros de território em pouco mais de três semanas. As linhas de suprimento de Denikin foram cortadas e ele foi forçado a recuar. Uma área de muitos milhares de quilômetros quadrados estava agora em poder dos anarquistas, e nas regiões onde o Exército Revolucionário Insurrecional executava suas marchas e contra-marchas não havia autoridade civil. Os camponeses resolviam seus próprios assuntos com relativa liberdade, prejudicada apenas pelas constantes solicitações do exército, que exigia mais alimentos e mais homens.

Em dezembro de 1919, o Exército Vermelho alcançou o sul novamente e, no fim daquele mesmo ano – depois de reconhecer os serviços que Makhno havia prestado –, ordenou-lhe que levasse seu exército para o *front* polonês, uma manobra que tinha a clara intenção de deixar a Ucrânia livre para o estabelecimento intensivo do controle comunista. Makhno recusou-se e passou a ser considerado fora-da-lei. Teve início, imediatamente, uma guerrilha terrível: durante nove meses Makhno lutou contra forças numericamente superiores, e, enquanto perdia e ganhava territórios, sucessivamente, conseguia manter intacta a organização do Exército Revolucionário.

Essa fase da luta terminou quando o Exército Branco, sob o comando de Wrangel, começou a avançar em direção ao norte, vindo da Crimeia. Mais uma vez o Exército Vermelho decidiu que não poderia passar sem Makhno, e logo ambos fizeram uma trégua, seguida de um tratado. Entre outras promessas, os bolcheviques comprometeram-se a libertar todos os prisioneiros anarquistas, assegurando-lhes total liberdade para que continuassem a pregar suas ideias. Mas essas promessas jamais seriam cumpridas; na verdade, poucas semanas depois, quando as forças de Makhno acabavam de mostrar-se indispensáveis na tomada do istmo de Perekop e na destruição do exército de Wrangel na Crimeia, os líderes do Exército Vermelho reuniram-se para executar um dos mais traiçoeiros *coups* da história comunista. Em 26 de novembro de 1920, numa série de ações coordenadas, a Cheka aprisionou todos os anarquistas conhecidos nas regiões da Ucrânia sob seu controle; convidaram os comandantes makhnovistas da Crimeia para uma conferência, durante a qual foram todos capturados e imediatamente fuzilados, e desarmaram todos os seus homens, com exceção de um único regimento de cavalaria, que conseguiu escapar, em meio a muita luta, dirigindo-se para Gulyai-Polye.

Lá, neste meio tempo, Makhno estava sendo atacado por grande número de forças do Exército Vermelho. Nas primeiras semanas ele reuniu o que restava de seu exército, derrotando os batalhões inimigos. Mas era impossível combater indefinidamente contra todo o Exército Vermelho, embora tivesse continuado a lutar durante nove meses ainda até ver toda a sua munição esgotada e quase todos os seus companheiros mortos. Jamais se rendeu: no dia 28 de agosto Makhno fugia para a Rumenia, iniciando sua terrível peregrinação pelas prisões da Rumenia, Polônia e Danzig, até alcançar a liberdade do exílio em Paris, onde viveu até 1935, tuberculoso e alcoólatra, um camponês amargurado e solitário que detestava a cidade.

No dia em que Makhno lutou em seu caminho através do Dniester até o exílio, o anarquismo deixou de existir como uma força vital na Rússia. O fato dos bolcheviques terem lutado contra Makhno de forma tão feroz e traiçoeira sugere que, pelo menos no sul, ele era visto como um perigo real, uma ameaça. E não há dúvida de que, do seu próprio ponto de vista, os bolcheviques tinham razão, pois só depois de expulsar Makhno da Ucrânia é que estes puderam dar início à procustana tarefa de adaptar o mundo camponês ao Estado marxista.

Diversas tradições: o anarquismo na América Latina, norte da Europa, Inglaterra e Estados Unidos

O anarquismo desenvolveu-se melhor nas terras de sol, onde é mais fácil sonhar com idades de ouro, de tranquilidade e simplicidade, mesmo onde a clara luz também torna mais intensas as sombras da miséria. Foram os homens do sul, os italianos, andaluzes e ucranianos, homens de Lyon e Marselha, de Nápoles e Barcelona que acorreram aos milhares, reunindo-se sob o estandarte negro da revolta anárquica. Mas, embora os países do Mediterrâneo e o sul da Rússia tenham sido as suas grandes cidadelas, o anarquismo ocupa um lugar que não pode ser ignorado na vida política e intelectual de muitos outros países. Numa história geral do anarquismo, seria impossível descrever cada movimento libertário com as minúcias que poderia intrinsecamente merecer, mas neste penúltimo capítulo pretendo ao menos esboçar uma crônica do anarquismo na América Latina, norte da Europa, Inglaterra e Estados Unidos.

Durante o século XIX, os países da América Latina estavam ligados à Espanha e Portugal por laços não apenas culturais e linguísticos, mas por condições sociais semelhantes. Este foi um tipo de relacionamento que favoreceu a transmissão de ideias revolucionárias, e foram principalmente os imigrantes espanhóis que difundiram os ideais anarquistas na América Latina, embora na Argentina, como já vimos, os italianos também tenham desempenhado um importante papel missionário. Os primeiros grupos anarquistas surgiram no México, Cuba e Argentina, no início da década de 70; estes países e o Uruguai fizeram-se representar no último Congresso da Internacional de Saint-Imier em 1877, e em 1818 foi fundada uma liga bakuninista na Cidade do México.

Os anarquistas logo tornaram-se ativos na organização de artesãos e operários da indústria em toda a América do Sul e Central, e até o começo da década de 20 a maioria dos sindicatos no México, Brasil, Peru, Chile e Argentina seguia uma organização geralmente anarcossindicalista; o prestígio da CNT espanhola como organização revolucionária foi sem dúvida grandemente responsável por essa situação. Uma das organizações mais fortes e ativas foi a *Federación Obrera Regional Argentina,* fundada em 1901, sob inspiração do italiano Pietro Gori; ela cresceu rapidamente, até aproximadamente um quarto de milhão de membros, sobrepujando as uniões social-democráticas rivais.

De 1902 a 1909, a FORA iniciou uma intensa campanha de greves gerais contra os empregadores e contra a legislação antitrabalhista. Perto do fim desse período a situação tornou-se muito difícil em Buenos Aires, com a brutalidade das autoridades e a militância dos operários incitando-se cada qual a um grande clímax, até que, no "Maio de 1909", uma gigantesca marcha de protesto percorreu as ruas de Buenos Aires, sendo dissolvida pela polícia, responsável por inúmeras baixas entre os manifestantes. Em retaliação, um anarquista polonês matou o coronel Falcon, chefe de polícia de Buenos Aires, a quem se atribuía a culpa pela morte de vários sindicalistas. Depois disso, uma rigorosa lei antianarquista foi aprovada, mas a FORA continuou sendo uma organização numerosa e influente até 1927, quando finalmente se juntou com a UGT socialista, transformando-se na Confederação Geral Operária e abandonando rapidamente as antigas tendências anarcossindicalistas.

No México, os anarquistas desempenharam um importante papel na era revolucionária que se seguiu à queda do ditador Porfírio Diaz, em 1910. Um anarquista em particular, Ricardo Flores Magon, ainda hoje é lembrado como um dos pais da Revolução Mexicana. Com seus irmãos Jesus e Enrique, ele fundou, em 1900, um jornal anarcossindicalista, *Regeneración,* que teria importante participação na arregimentação da classe operária urbana contra a ditadura de Diaz. Os irmãos Flores Magon passaram a maior parte de suas vidas no exílio, empenhados num trabalho de propaganda na região da fronteira entre o México e os Estados Unidos, onde foram várias vezes encarcerados por suas atividades e onde Ricardo morreria, na prisão, em 1922.

Embora a principal preocupação de Ricardo Flores Magon tenha sido a conversão dos trabalhadores urbanos às suas ideias anarcossindicalistas, ele estabeleceu vínculos com o grande líder agrário Emiliano Zapata, cujas atividades no sul do México durante o período revolucionário assemelham-se extraordinariamente às de Makhno na Ucrânia; como Makhno, ele também era um camponês pobre que mostrou incrível capacidade para mobilizar os oprimidos fazendeiros do sul do México e comandá-los de forma brilhante na luta de guerrilhas. O historiador Henry Bamford Parkes observou que o exército zapatista do sul nunca chegou a ser um exército na verdadeira acepção da palavra, pois seus soldados "passavam o tempo arando e semeando a terra recém-ganha, e só pegavam em armas para repelir invasões: eles eram um povo insurgente". A filosofia do movimento zapatista, com seu equalitarismo e com seu desejo de recriar uma ordem camponesa natural, com sua insistência na ideia de que o povo deveria, ele próprio, conquistar as terras e governá-las por aldeias comunitárias, com sua pouca fé na atividade política e seu desprezo pelos ganhos pessoais, parecia-se muito ao anarquismo rural que havia surgido na Andaluzia, sob circunstâncias semelhantes. Indubitavelmente, algumas das ideias libertárias que inspiraram os sindicatos nas cidades, e que transformaram grandes pintores mexicanos, como Rivera e Dr. Atl, em anarquistas temporários, tinham sem dúvida sido formuladas por Zapata, mas seu movimento parece ter ganho suas qualidades anárquicas principalmente devido a uma combinação dinâmica entre o desejo de igualdade dos camponeses e o seu próprio e impiedoso idealismo. Zapata foi o único líder revolucionário mexicano que jamais fez qualquer concessão, que jamais se deixou corromper por dinheiro ou poder, morrendo tal como tinha vivido, pobre e quase analfabeto, empenhado na luta para que se fizesse justiça para homens iguais a ele.

No México, o anarquismo parece ter sido uma consequência lógica de uma história caótica, de uma terra dramática e dividida, e de um regionalismo tão arraigado quanto o espanhol. Nas terras teutônicas, às margens do Mar do Norte e do Báltico, sua presença é menos previsível e, no entanto, pelo menos três desses países – Alemanha, Holanda e Suécia – produziram movimentos libertários de considerável interesse histórico.

O anarquismo alemão seguiu uma trajetória curiosamente paralela ao desenvolvimento do país. Em 1840, quando a Alemanha era uma colcha de retalhos de reinos e principados, a tendência era em direção ao individualismo, representado na sua forma extrema por Max Stirner. A partir de 1870, voltou-se para o coletivismo, até que, no século XX, a tendência predominante passou a ser um anarcossindicalismo moderado, relativamente não violento na prática, e inspirado pelo respeito à eficiência e aos intelectuais.

O anarquismo surgiria pela primeira vez na Alemanha sob a influência de Hegel e Proudhon; foi iniciado em 1840 com Max Stirner e Wilhelm Weitling, duas personalidades extremamente diferentes. Stirner, como já vimos, representava o egoísmo não qualificado; Weitling tornou-se um comunista, muito influenciado por Fourier e Saint-Simon. Como todo anarquista comunista, ele também rejeitava tanto a ideia da propriedade quanto o sistema de salário, e nos seus primeiros trabalhos, tais como *Garantien der Harmonie und Freiheit* (1842), ele apresentou um plano basicamente falansterista de uma sociedade na qual os desejos humanos deveriam ser harmonizados para o bem geral. Embora Weitling desejasse destruir o Estado tal como ele existia, havia elementos de arregimentação utópica na sua visão de uma sociedade comunista "harmoniosa", mas com o passar do tempo essas visões foram sendo amenizadas, graças à influência de Proudhon.

Partindo definitivamente para os Estados Unidos em 1849, Weitling abandonou o comunismo, aproximando-se ainda mais do mutualismo proudhoniano. No jornal mensal *Republik der Arbeiter*, que publicou em Nova York de 1850 a 1854, ele criticava as "colônias utópicas" experimentais que ainda eram numerosas nos Estados Unidos, afirmando que estas serviam apenas para desviar a atenção dos operários que – segundo Weitling – deveriam atacar o problema vital do crédito através da fundação de um Banco de Trocas. O Banco de Trocas, afirmava ele, assumindo um tom nitidamente proudhoniano, "é a alma de todas as reformas, a base de todo o trabalho cooperativo". O banco instalaria lojas que ofereceriam matéria-prima e produtos manufaturados, emitindo papel-moeda com base no valor do trabalho, para facilitar sua troca. Haveria associações profissionais de assalariados filiadas ao banco, visando à produção cooperativa, e os lucros das operações de troca permitiriam que o banco financiasse o ensino, a saúde e o atendimento aos idosos e incapacitados. Por esse meio – e sem a intervenção do Estado ou a eliminação do produtor individual – o banco destruiria o monopólio capitalista, criando uma estrutura econômica que tornaria desnecessárias todas as instituições políticas. Essas ideias exerceram sem dúvida uma influência muito maior sobre o movimento neoproudhoniano do século XIX nos Estados Unidos do que na Alemanha.

Vários outros teóricos sociais alemães sofreram a influência do anarquismo proudhoniano durante a década de 1840. Um dos mais ardorosos convertidos, Karl Grün, conheceu Proudhon em Paris em 1844, e seu *Die Soziale Bewegung in Frankreich und Belgien* foi o primeiro trabalho a apresentar as ideias de Proudhon ao público alemão. Grün era um versátil literato que, tal como Proudhon, também fora, durante um breve e decepcionante período, membro do Parlamento na Assembleia Nacional Prussiana (em 1849), tendo passado a maior parte da vida no exílio, morrendo em Viena, em 1887. Na mocidade, Grün sentira-se atraído pela filosofia mutualista e, na verdade, foi além dela, chegando a criticar Proudhon por este não se colocar contra o sistema de salários. Segundo Grün, a crescente complexidade da indústria tornava impossível qualquer avaliação justa ou exata do valor da produção de cada operário. Tanto o consumo quanto a produção deveriam, portanto, depender de uma escolha: "Não podemos ter nenhum direito que vá contra o direito do indivíduo".

Moses Hess, outro socialista alemão que conhecera Proudhon e Bakunin em Paris, na década de 40, chamou de "anarquia" à filosofia social exposta, em 1843, em seu livro *Die Philosophie der Tat*. Hess foi um personagem um tanto solitário e truculento, que se destacava entre os socialistas de Thineland como um dos mais importantes rivais de Marx. Jamais chegou a ser tão ligado a Proudhon quanto Grün, e mais tarde teria uma ríspida discussão com Bakunin, mas concordava com ambos ao repudiar o Estado e ao considerar a religião organizada apenas como uma forma de escravidão mental. Sua doutrina era porém bastante confusa: aproximava-se de Stirner ao declarar que todas as ações livres devem ter origem nos impulsos individuais, não perturbados por influências externas. Antecipou Kropotkin ao imaginar um sistema social sob o qual os homens trabalhariam segundo suas próprias inclinações, e a sociedade proveria automaticamente todas as necessidades razoáveis do homem. Mas havia em seus sonhos libertários elementos tais como o sufrágio universal e a criação de oficinas nacionais que nenhum anarquista autêntico teria imaginado.

Nem o anarquismo de Stirner nem o de Proudhon chegou a ter uma influência duradoura na Alemanha. Stirner só teria seguidores germânicos depois que Nietzsche se tornou popular, e o interesse pelas ideias de Proudhon desapareceu em meio à reação geral que se seguiu ao fracasso dos movimentos revolucionários de 1848 e 1849. Passar-se-ia uma geração antes que qualquer tendência perceptivelmente anarquista voltasse a aparecer. Nos primeiros anos da Primeira Internacional, nem Bakunin nem Proudhon tiveram seguidores na Alemanha, e os representantes de La Salle que compareceram a um Congresso da Internacional de Saint-Imier tinham em comum com os anarquistas apenas o desejo de estimular as experiências cooperativas.

No fim do século XIX, entretanto, começaram a surgir facções anarquistas dentro do Partido Social Democrático

Alemão. Em 1878, por exemplo, o encadernador Johann Most, um antigo e ardoroso membro do *Reichstag,* converteu-se ao anarquismo durante seu exílio na Inglaterra. Most acabaria sendo expulso pelos social-democratas junto com outro anarquista recém-convertido, Wilhelm Hasselmann, mas seu jornal, o *Die Freiheit,* publicado primeiro em Londres, em 1879, e depois em Nova York, manteve até o fim do século sua influência sobre os socialistas mais revolucionários tanto na Alemanha como no exílio. Graças a ele, surgiram pequenos grupos anarquistas em Berlim e Hamburgo, mas é pouco provável que durante a década de 80 esses grupos tivessem chegado a ter mais de 200 membros; o tipo especial de violência pregada por Most estimulava mais a formação de grupos conspiratórios do que um movimento de massa. Um desses grupos, liderado pelo impressor gráfico Reinsdorf, planejou lançar uma bomba contra o Kaiser em 1883 e, embora tivessem fracassado, acabaram sendo todos executados.

A influência de Most também foi sentida na Áustria, onde uma poderosa facção do Partido Social Democrático era anarquista em tudo, menos no nome. As ideias libertárias também penetraram profundamente nos sindicatos da Áustria, Boêmia e Hungria e, durante um breve período, de 80 a 84, o movimento trabalhista austro-húngaro estava mais fortemente impregnado de influências anarquistas do que qualquer outro movimento da Europa, fora Espanha e Itália. Mais influente ainda do que Most foi o boêmio Joseph Peukert, que publicava em Viena um jornal de inclinações anarquistas-comunistas chamado *Zukunft.* Quando, em 1882, as autoridades austríacas começaram a proibir reuniões e demonstrações de protesto, os anarquistas e radicais resistiram violentamente, e vários policiais foram mortos. Finalmente, em janeiro de 1884, as autoridades ficaram de tal modo perturbadas com o avanço da propaganda anarquista, e com o aumento dos violentos choques entre a polícia e os revolucionários, que decretaram o estado de sítio em Viena e promulgaram decretos especiais contra os anarquistas e socialistas. Um dos líderes anarquistas e discípulo de Most, Stellmacher, foi executado, e o resto, incluindo Peukert, fugiu do país. A partir desse momento, o anarquismo deixou de ser um movimento importante dentro do Império Austríaco, embora tivessem surgido, alguns anos mais tarde, pequenos grupos de propaganda e embora um dos círculos literários libertários de Praga incluísse, entre seus simpatizantes e visitantes ocasionais, tanto Franz Kafka como Jaroslav Hasek, autor do *The Good Soldier Schwerk.*

Mais tarde a Alemanha produziria pelo menos três extraordinários intelectuais anarquistas: Erich Muehsam, Rudolf Rocker e Gustav Landauer. Muehsam, um dos maiores poetas engajados da República de Weimar, desempenharia um papel importante na revolta do Soviete Bávaro em 1919, e acabou sendo espancado até a morte num campo de concentração nazista. Rudolf Rocker passou muitos anos na Inglaterra e sobre ele voltarei a falar nas próximas páginas. Depois de permanecer internado durante a I Guerra Mundial, voltou a Berlim, tornando-se um dos líderes do movimento anarcossindicalista, até iniciar-se o período de ditadura nazista. Era um escritor capaz e prolífico, e pelo menos um de seus trabalhos, *Nacionalism and Culture,* é uma afirmação clássica da posição anarquista contra o culto do Estado nacional.

Gustav Landauer, que se intitulava anarcossocialista, era um desses espíritos livres que jamais conseguem se integrar a qualquer movimento organizado. Quando jovem, durante a década de 90, ingressou no Partido Social Democrático, tornando-se líder de um grupo rebelde que acabou sendo expulso devido a suas tendências anarquistas. Durante alguns anos, como discípulo de Kropotkin, editou o *Der Sozialist* em Berlim, mas, por volta de 1900, ele havia mudado para uma posição muito próxima de Proudhon e Tolstoi, defendendo a resistência em lugar da violência e vendo na disseminação das cooperativas a forma realmente construtiva de obter transformações sociais. Ele diferia da maior parte dos anarquistas ao apelar especialmente aos intelectuais, cujo papel nas transformações sociais considerava extremamente importante. Essa foi uma das causas do fracasso do *Der Sozialist,* que jamais conseguiu atrair muitos leitores, o que provocou em Landauer um sentimento crescente de isolamento.

Hoje os livros de Landauer – tanto os comentários políticos quanto os ensaios sobre crítica literária – parecem-nos excessivamente românticos. Entretanto, ele era um desses homens cuja total integridade e apaixonado amor pela verdade representam o que o anarquismo tem de melhor, e talvez se tenha destacado ainda mais por ser uma figura única. Embora não confiasse em movimentos políticos, Landauer foi envolvido pela onda de agitação revolucionária que varreu a Alemanha logo após a I Guerra Mundial e, como Muehsam e Ernst Toller, tornou-se um dos líderes do Soviete Bávaro. Na repressão que se seguiu à sua queda, Landauer foi morto por soldados vindos de Berlim. "Eles o arrastaram para o pátio da prisão", conta Ernst Toller. "Um oficial golpeou-o no rosto. Os homens gritavam 'bolchevique sujo! Vamos acabar com ele!' Uma chuva de coronhadas abateu-se sobre ele, e os soldados pisotearam-no até a morte". O oficial responsável pela morte de Landauer foi um aristocrata junker, major Barão von Gagern; ele jamais chegou a ser punido ou sequer julgado pelo seu crime.

No início do século, a tendência anarcossindicalista rapidamente ultrapassou os pequenos grupos de anarquistas-comunistas e o círculo de individualistas que apoiavam as ideias de Stirner e John Henry Mackay*. O sindicalismo surgiu na Alemanha com um grupo dissidente que se auto-denominava Regionalistas e que, no início da década de 90, se opunha às tendências centralizadoras dos sindicatos social-democratas e que, em 1879, tinha formado uma federação própria, a *Freie Vereinigung Deutscher Gewerkschaften*. No início, a maioria dos membros dessa organização ainda concordava politicamente com a ala esquerdista do Partido Social Democrático, mas nos anos que precederam a I Guerra Mundial sofreram a influência dos sindicalistas franceses, adotando uma posição

---

* Mackay era um rico escocês, nascido em Greenock, que se naturalizou alemão e, além de escrever uma biografia de Stirner, publicou uma novela própria, *The Anarchist: a Picture of Society and the Chose of the Nineteenth century*, que o revelou como uma espécie de Gissing libertário de segunda classe.

antiparlamentarista. Por essa época o FVDG era ainda uma organização de pequeno porte, com cerca de 20 mil membros, a maior parte de Berlim e Hamburgo. Depois da guerra, em 1919, um congresso realizado em Dusseldorf reorganizou a federação, imprimindo-lhe uma orientação anarcossindicalista e rebatizando-a como *Freie Arbeiter Union*. A organização, reformada, expandiu-se rapidamente na atmosfera revolucionária do início da década de 20 e, na época do Congresso Sindicalista Internacional de Berlim, em 1922, contava com 120 mil membros, número que aumentaria nos anos seguintes, atingindo os 200 mil. Como todas as organizações alemãs de esquerda, a *Freie Arbeirter Union* foi destruída pelos nazistas quando estes tomaram o poder em 1933, e seus militantes ou fugiram para o exterior, ou foram internados em campos de concentração, onde muitos acabaram, ou sendo assassinados, ou morrendo por privações.

Na Suécia existe ainda hoje uma organização muito semelhante à *Freie Arbeiter Union* alemã. É a *Sveriges Arbetares Central* que, no âmbar báltico da neutralidade sueca, foi poupada dos horrores da opressão e da guerra, que destruíram quase todos os grupos anarcossindicalistas, tendo continuado em atividade até os anos 60 como uma federação trabalhista de sindicalistas.

Havia anarquistas na Suécia desde 1880, quando eles se infiltraram no recém-formado Partido Social Democrático, de onde foram expulsos em 1891, durante o expurgo geral que atingiu todos os anarquistas dos partidos que integravam a Segunda Internacional. A partir dessa época, trabalharam como anarcossindicalistas dentro dos sindicatos até que, depois de uma desastrosa greve geral em 1909, decidiram fundar sua própria federação, uma cópia da CGT francesa. Em 1910 surgiu a *Sveriges Arbetares Central,* no início uma organização minúscula, com apenas 500 membros, que logo atraiu principalmente os madeireiros, mineiros e operários da construção civil – homens que trabalhavam duramente em troca de baixos salários – por defender a adoção de métodos de ação direta. Em 1924, no auge de sua influência, a *Sveriges*

Arbetares Central chegou a ter 37 mil membros, e ainda em 1950 contava cerca de 20 mil membros, publicava seu próprio jornal diário, o *Arbetaren* de Estocolmo e, por lealdade, mantinha viva a Associação Sindicalista Operária Internacional.

Há um certo interesse histórico em saber como essa rara sobrevivente da idade de ouro do sindicalismo revolucionário conseguiu se adaptar ao mundo dos anos 60, e uma pesquisa recente sobre o trabalhismo mundial, realizada por sociólogos americanos*, inclui uma valiosa descrição da SAC na metade do século 20.

A estrutura da federação permaneceu igual à de qualquer organização sindicalista ortodoxa, baseada em "sindicatos locais abrangendo todos os membros dentro de uma determinada área geográfica, independente de seu ramo de atividade ou ofício"; "o sindicato local continua sendo o principal repositório do poder da união", estando "filiado diretamente ao centro nacional".

Parece claro, entretanto, que as práticas unionistas sofreram modificações ditadas pelas mudanças sociais. Teoricamente, como demonstram os autores da pesquisa, os sindicalistas suecos se opunham à negociação coletiva:

> Como forma de exercer certo controle sobre as condições de trabalho, cada sindicato local criou um comitê de registro, cuja função era preparar tabelas salariais. Depois de aprovadas pelos sindicatos, essas tabelas constituem os salários que os membros poderão receber por seu trabalho. O fracasso desse método, que se revelou incapaz de fixar salários obrigatórios por um período definido de tempo, permitiu que os patrões rebaixassem os salários em épocas de desemprego, e alguns sindicatos se viram forçados a fazer acordos. Os sindicalistas defendiam a adoção de métodos tais como greves de apoio, diminuição do ritmo de trabalho, através da observância rigorosa de leis de segurança de trabalho, tarefas malrealizadas etc., como forma de obrigar o

---

* *Comparative Labor Movements,* Walter Galenson (ed.). Nova York, 1952.

atendimento das reivindicações dos trabalhadores. Mas esses métodos provaram ser absurdos numa sociedade tão organizada quanto a sueca, e na prática os sindicalistas utilizavam a negociação coletiva.

A pesquisa vai mais além, observando que "os sindicalistas suecos mantiveram-se fiéis aos dogmas políticos da sua doutrina", e que seus sindicatos "abstêm-se rigorosamente da prática de qualquer atividade política". Oficialmente, os líderes da SAC acreditavam que o "capitalismo acabaria sendo eliminado através da greve geral revolucionária", mas, concluía a pesquisa, "no que diz respeito às uniões operárias (...) não há grande diferença entre as uniões socialistas e as sindicalistas".

Em outras palavras, teoricamente a SAC permaneceu fiel ao tipo de sindicalismo revolucionário defendido por Pierre Monatte no Congresso de Amsterdam, em 1907, mas, na prática, aceitou os métodos modernos comumente utilizados nas relações industriais de nossos dias e, tanto na prática quanto na teoria, afastou-se do verdadeiro e autêntico anarquismo.

Na Holanda, o anarquismo exibe as mesmsas tendências sindicalistas comuns aos movimentos da Alemanha e Suécia, mas assume fcições próprias graças ao pacifismo militante de vários de seus líderes, especialmente de Ferdinand Domela Nieuwenhuis.

Foi sob a influência dinâmica de Nieuwenhuis que o anarquismo holandês realmente se desenvolveu. Na Primeira Internacional, a Holanda atuara ligada aos belgas liderados por Caesar de Paepe, apoiando Bakunin na discussão que este manteve com Marx, opondo-se ao centralismo do Conselho Geral e ingressando na Internacional de Saint-Imier, sem ter jamais chegado a ser uma organização verdadeiramente anarquista. Só no fim da década de 1880 começou a surgir na Holanda um movimento anarquista claramente definido, consequência do renascimento do movimento socialista que ocorrera na Holanda, ao fim de 1870, por inspiração de Nieuwenhuis. Nieuwenhuis iniciou a vida como um bem-sucedido pregador luterano da elegante igreja de Haia. Não tinha ainda quarenta anos quando sofreu uma crise de consciência semelhante à que havia acometido William Godwin, decidindo abandonar a igreja para dedicar a vida à causa dos trabalhadores. Em 1879, Nieuwenhuis renunciou ao pastorato e fundou um jornal, o *Recht voor Allen,* no qual defendia um socialismo ético, baseado numa forte oposição emocional à opressão e à guerra, e num profundo sentimento de fraternidade humana: era uma destilação dos princípios cristãos expressos em termos sociais modernos. Nieuwenhuis deixou de ser pastor, mas jamais deixou de ser um homem religioso. A força de sua personalidade fez dele o mais influente entre os socialistas holandeses, reunidos em grupos dispersos e, quando todos esses grupos se uniram, em 1881, para fundar a Liga Socialista, Nieuwenhuis passou a ser seu líder incontestado.

Os primeiros anos da Liga, quando ela direcionava seus esforços na organização dos sindicatos e na propaganda antiguerra, foram bastante tumultuados, e a maioria de seus membros passou pela prisão, inclusive o próprio Nieuwenhuis; mesmo assim conquistaram terreno suficiente para que ele fosse eleito parlamentar em 1888, como representante socialista. Lá permaneceria durante três anos e, como já acontecera com Proudhon e Grün, também achou a experiência penosa e, ao sair, tornara-se um antiparlamentarista convicto.

Foi durante o tempo que passou no Parlamento que Nieuwenhuis começou a inclinar-se pelo anarquismo e a defender, antes mesmo do aparecimento do sindicalismo revolucionário francês, a ideia de uma ação industrial direta e da greve geral como meios através dos quais os operários poderiam libertar-se da opressão política e econômica, e combater a guerra.

Já no Congresso Socialista Internacional, em 1889, Nieuwenhuis havia criticado a participação dos socialistas na atividade parlamentar, e durante o Congresso realizado em Zurique, em 1891, lançou – em violenta oposição a Wilhelm Liebknecht – a ideia de transformar uma guerra entre nações numa guerra internacional revolucionária entre classes, por meio da greve geral. Nesses dois congressos, e novamente em 1893 e em 1896, Nieuwenhuis defendeu a ideia de que a Internacional deveria incluir socialistas de todos os matizes, desde os reformistas mais moderados até os anarquistas extremados, e acabou por liderar a delegação holandesa que se retirou do Congresso de 1896, em Londres, protestando contra a expulsão dos anarquistas da segunda Internacional.

Entrementes, haviam surgido dissidências dentro da própria Liga Socialista Holandesa, entre a maioria, que acompanhava Nieuwenhuis, aproximando-se do anarquismo, e uma poderosa minoria atraída pela Social Democracia Alemã. As diferenças causaram a divisão durante o Congresso de Groningen, em 1894, quando a maioria conduziu a Liga, fazendo-a ingressar no campo anarquista, e os parlamentaristas debandaram para formar seu próprio Partido Socialista.

Enquanto Nieuwenhuis e seus companheiros persuadiam a Liga Socialista a tornar-se anarquista, também obtinham sucesso na tentativa de organizar os sindicatos, e, em 1893, era criada uma federação sindicalista, a *National Arbeids Sekretariat*. Ela desenvolveu-se sob a influência ideológica de Christian Cornelissen, que viria a tornar-se um dos mais importantes teóricos anarcossindicalistas. Cornelissen interessava-se principalmente pela organização internacional do sindicalismo, e o intelectualismo de suas atitudes fez com que se tornasse um dos poucos elos de ligação entre os militantes operários do CGT, como Pouget e Yvetot, com os quais mantinha contatos diretos, e os sindicalistas teóricos que se reuniam em torno de Sorel e Lagardelle, em cujo jornal, *Le Mouvement Socialiste,* escrevia. Cornelissen exerceu considerável influência sobre o movimento anarquista europeu durante os primeiros anos do nosso século, mas essa influência acabou desaparecendo quando ele juntou-se a Kropotkin e Guillaume, apoiando os aliados durante a I Guerra Mundial.

Por quase uma década a *National Arbeids Sekretariat,* que na época não tinha mais que 20 mil membros, continuou sendo a mais ativa e influente organização entre os sindicatos holandeses. Sua queda aconteceu de forma um tanto dramática durante a greve geral de 1903, que, iniciada entre os ferroviários, espalhou-se para outras indústrias e que, quando parecia vitoriosa, acabou fracassando subitamente, logo que o governo começou a prender os líderes e a usar soldados, que se infiltravam entre os grevistas. Os social-democratas aproveitaram-se dos benefícios que essa derrota lhes trouxe, havendo então um êxodo em massa nas uniões anarcossindicalistas. Durante vários anos, a *National Arbeids Sekretariat* manteve apenas uma pequena cabeça-de-ponte entre os trabalhadores do cais de Amsterdam e Rotterdam e, em 1910, estava reduzida a pouco mais de 3 mil membros.

Fora dos sindicatos de classe, o movimento anarquista também diminuiu em número e influência, mas o prestígio pessoal de Nieuwenhuis não chegou a sofrer com isso. Ele era o tipo do idealista que não necessita de um movimento para exercer sua influência moral, e durante todo o período da I Guerra Mundial, até sua morte, em 1919, continuou a participar de arrebatadas campanhas antimilitaristas, que foram mais tarde levadas avante por pacifistas anarquistas mais jovens, como Albert de Jong e Bart de Ligt, autor de um extraordinário manual de resistência passiva, *The Conquiste of Violence*, muito lido por pacifistas ingleses e americanos durante a década de 30, e responsável pelo fato de alguns deles terem adotado um ponto de vista anarquista.

O anarcossindicalismo holandês conseguiu lentamente recuperar um pouco do terreno perdido em 1903, e já em 1922 o NAS, embora constituindo agora uma minoria se comparado a outras uniões sindicais, voltara a ter o mesmo número de membros: ao ingressar na Associação Operária Internacional, em 1922, eles eram 23 mil. Mas, tal como acontecera com o movimento sindicalista francês, o anarcossindicalismo holandês logo começaria a ser vítima do fascínio que o comunismo russo exercia sobre seus militantes mais jovens. Não tardou muito para que a própria organização fosse capturada pelos comunistas, e um grande grupo minoritário que permanecera fiel às tradições antimilitaristas acabou abandonando a organização em 1923, para formar a *Nederlandisch Syndikalistisch Vakverbond*. Esta jamais chegou a exercer mais do que uma pequena fração da influência que a *National Arbeids Sekretariat* havia mantido sobre o movimento trabalhista holandês. Na verdade, depois de 1903, o anarquismo holandês aceitou a ideia de que se havia tornado um movimento permanentemente minoritário, cujos líderes mais respeitados, como Nieuwenhuis e Cornelissen, gozavam do prestígio que, nas terras nórdicas, é concedido àquelas vozes que clamam no deserto, externando, de forma absolutamente conveniente, a consciência de um povo que se dedica basicamente à aquisição e ao gozo de riquezas materiais.

O anarquismo inglês jamais chegou a ser nada além de um coro de vozes isoladas, embora algumas dessas vozes tenham sido realmente extraordinárias. Em nenhum momento os anarquistas ingleses tiveram a mais remota chance de controlar o movimento trabalhista britânico. Sempre formaram uma pequena seita, que quase só existia realmente em Londres e Glasgow e, adaptados a essa situação – sem no entanto admiti-la –, concentraram-se mais do que os libertários de outros países nas virtudes da arte e do intelecto. A única baixa provocada pela violência anarquista na Inglaterra foi a de um francês chamado Marcel Boudrin, que morreu acidentalmente em Greenwich Park em 1893, vitimado por uma bomba de fabricação caseira que deveria ter sido utilizada no exterior. Esse incidente chegou a transformar-se em tema literário, pois forneceu a Joseph Conrad o enredo para seu romance *The Secret Agent;* do mesmo modo, as atividades de Johann Most na Inglaterra deram a Henry James o tema para *The Princess Casamassima.*

Mas, embora desde Shelley sempre tenha havido uma ânsia libertária entre os escritores ingleses, cujos efeitos veremos em breve, seria um erro dar a impressão de que o anarquismo na Inglaterra foi principalmente, ou quase sempre, uma atividade limitada aos homens de letras. Pelo contrário, o modesto registro do movimento demonstra um espírito experimental que abrangeu todas as formas de pensamento anarquista e que produziu anarquistas de todos os tipos, com a única exceção do terrorista praticante.

O movimento anarquista começou na Inglaterra durante a década de 1880, mais por influência de modelos estrangeiros do que ingleses. Nem a obra de Godwin e seus discípulos nem o sindicalismo primitivo da *Grand National Consolidated Trades Union,* ou o de William Benbow, com sua versão da greve do milênio, chegou a dar qualquer contribuição direta ao anarquismo do fim do século XIX. Mais do que qualquer outra coisa, a prolongada influência que exerceram serviu de empecilho ao seu desenvolvimento, pois a aversão ao poder – herança que legaram ao movimento trabalhista em geral – produziu uma obstinada e duradoura atitude de desconfiança em relação à autoridade centralizada, o que fez com que, em determinadas ocasiões, o anarquismo parecesse um extremismo desnecessário. O verdadeiro berço do movimento anarquista inglês moderno foram os clubes de operários estrangeiros que surgiram em Soho, já no início da década de 1849, e, um pouco mais tarde, no East End. O Rose Street Club, em Soho, o Autonomie Club em Windmill Street e, mais tarde (depois de 1885), o International Club em Berners Street, Whitechapel, foram os centros preferidos pelas facções anarquistas entre os expatriados.

O Rose Street Club foi uma cidadela para os companheiros de Johann Most, que chegou à Inglaterra em 1878 e, no ano seguinte, fundou o *Die Freiheit,* o primeiro jornal anarquista publicado na Inglaterra. O discretamente cego olho da Scotland Yard permitia que os expatriados exercessem atividades políticas em Londres sem molestá-los; por um tácito acordo de cavalheiros, a maioria dos revolucionários estrangeiros não se intrometia em questões inglesas nem criava situações que pudessem prejudicar o governo inglês no exterior. Mas Most foi extremamente imprudente quando, em 1881, escreveu um editorial em tom de incontido entusiasmo sobre o assassinato do czar Alexandre II, sendo condenado a 18 meses de prisão. Os companheiros que deixou encarregados da publicação do *Die Freiheit* não queriam, de modo algum, parecer menos corajosos do que seu líder e, assim, quando os rebeldes irlandeses assassinaram Lord Cavendish no Phoenix Park, proclamaram entusiasticamente seu apoio aos assassinos. Era interferir demais nos assuntos britânicos: o *Die Freiheit* foi invadido pela polícia e proibido de circular. Continuou a ser publicado na Suíça durante algum tempo e, depois que Most saiu da prisão, passou a ser publicado em Nova York, onde teve uma carreira sensacional, que será descrita mais adiante.

Die Freiheit pretendia dirigir sua propaganda para a Áustria e Alemanha, e teve pouca influência na Inglaterra, fora do círculo de expatriados. Foi principalmente através da atividade pessoal de um pequeno grupo de ingleses que frequentavam os clubes estrangeiros, que o anarquismo continental foi aos poucos penetrando no movimento socialista que começou a surgir, lentamente, na década de 80. Dos seis delegados que compareceram ao Congresso Anarquista Internacional de 1881, quatro portavam credenciais dos clubes de Soho.

A primeira organização anarquista inglesa, a Liga de Emancipação Trabalhista, foi fundada por uma facção revolucionária do Stratford Radical Club, logo depois do Congresso Internacional. Seu líder foi Joseph Lane, um carroceiro de meia-idade que lembrava ainda a época dos chartistas, e há muito discursava nos parques britânicos. A Liga de Emancipação Trabalhista conseguiu alguns poucos adeptos entre os operários do East End, sendo dominada pelo anarquismo de Lane e Frank Kitz, um dos militantes do Rose Street Club que se opunha tenazmente tanto ao socialismo estatal quanto à atividade parlamentar.

Naqueles primeiros tempos serenos do movimento trabalhista inglês, ainda não se pensava em estabelecer limites rigorosos entre o socialismo e o anarquismo, que seriam mais tarde impostos pela Segunda Internacional, e em 1884 a Liga de Emancipação Trabalhista filiou-se à Federação Social Democrática, que reunia quase todas as pequenas facções socialistas da Inglaterra, com a notável exceção da arredia e intelectualizada Sociedade Fabiana. A união durou pouco, graças ao temperamento ditatorial de H. M. Hyndman, líder marxista da Federação. Já em 1884 a Federação vivia um clima de revolta, e quase todas as suas personalidades mais importantes – como William Morris, Belfort Bax e Eleanor Marx Aveling – retiraram-se, em sinal de protesto. A Liga de Emancipação Trabalhista acompanhou-os, ingressando na nova organização que haviam criado, a Liga Socialista, que logo iniciou a publicação de *Commonweal,* sob a editoria de William Morris. Dentro da Liga, a facção anarquista liderada por Lane, Kitz e C.W. Mowbray rapidamente conquistou adeptos, passando a dominá-la.

Encontraram um aliado temporário na pessoa de William Morris, cuja ligação com o anarquismo não é fácil definir. Em *News from Nowhere,* ele retratou nada mais, nada menos, que a anarquia paradisíaca com que os libertários vinham sonhando há três séculos. Mesmo no presente não utópico, Morris compartilhava totalmente do desprezo anarquista pelas mudanças de posição e pelas concessões tão comuns na política, e seu antiparlamentarismo continuou inalterado até o fim, já que o máximo que chegou a admitir foi que – em último caso – os socialistas ingressassem no Parlamento, desde que tivessem a certeza de poder contar com uma maioria suficientemente ampla, que lhes permitisse aprovar uma lei determinando o seu fechamento para todo o sempre. Como os anarquistas, Morris também julgava necessário encontrar um meio pelo qual o povo pudesse "libertar-se da própria escravidão". É certo que discordava dos anarquistas da Liga Socialista no que se referia à excessiva ênfase que estes davam à violência e aos aspectos destrutivos da revolução. Em sua opinião, seria necessário um longo processo de educação antes que a luta para transformar a sociedade pudesse verdadeiramente começar. Mas, embora isso emprestasse um elemento de gradualismo ao socialismo de Morris, não chegava a afastá-lo basicamente da tradição literária. Godwin e Proudhon pensavam o mesmo, e, no fim de sua vida, Kropotkin chegou bem perto de compartilhar dessas ideias.

É bem verdade que, magoado pela experiência na Liga Socialista, Morris negava categoricamente sua condição de anarquista. Mas suas declarações sobre o assunto demonstram claramente que ele se referia ao anarquismo dando-lhe o sentido limitado de individualismo.

Tal como eu o entendo, anarquismo significa o fim, a ausência de todas as leis e regras de qualquer espécie, permitindo que cada um faça exatamente o que lhe convier. Não quero que as pessoas possam fazer tudo aquilo que desejarem, mas que pensem e ajam para o bem de seus semelhantes, ou melhor, para o bem comum. Ora, o que constitui o bem comum, ou a ideia que todos têm sobre o que deva ser, será sempre expressa sob a forma de algum tipo de lei, seja ela política, instituída pelos cidadãos em assembleias públicas ou – como era feito no passado – através de debate, ou ainda, se quiserem, por conselhos reais, parlamentos ou costumes sociais surgidos a partir da experiência da sociedade.

Nenhum anarquista – a menos que seja um ferrenho discípulo de Stirner – poderá discordar do ideal de Morris, que desejava ver os homens agindo para o bem de seus semelhantes; na verdade, um dos mais importantes dogmas anarquistas é o de que a liberdade permite que a sociabilidade humana siga seu curso natural, enquanto a ênfase que os anarquistas colocam no poder da opinião pública como agente disciplinador do indivíduo anti-social sugere que nenhum deles se oporia à ideia de Morris, de que o bem comum deveria ser protegido por "costumes sociais surgidos a partir da experiência". Um anarquista, por outro lado, se oporia ao fato de Morris aceitar leis votadas por assembleias ou conselhos populares. E é nessa estreita fronteira que poderemos encontrar as verdadeiras diferenças que separam Morris dos anarquistas. Morris admitia um certo grau de democracia direta que deixaria a soberania ao povo; os anarquistas negam qualquer forma de democracia, e reservam a soberania para o indivíduo. Mas Morris parece ter aceito com certa relutância esses fragmentos de autoridade popular. Em *News from Nowhere,* que pretendia ser o retrato da sociedade, tal como ele gostaria que fosse, não resta qualquer resquício de autoridade ou de governo. Morris nos convida a ingressar num mundo totalmente anarquista. Somos forçados a concluir que as importantes diferenças que surgiram mais tarde entre Morris e os anarquistas da Liga Social foram mais uma questão de personalidade do que de ideologia, e que um maior contato com Kropotkin poderia ter dado a Morris uma concepção mais clara do anarquismo e de sua própria relação com ele.

Mas, nos primeiros tempos da Liga Socialista, Morris e os anarquistas ainda trabalhavam em aparente harmonia, e juntos conseguiram assegurar, em junho de 1887, uma decisão majoritária que comprometeu a Liga com o antiparlamentarismo. Essa decisão fez com que os marxistas e os socialistas moderados se retirassem, e os anarquistas logo assumiram o controle. Em 1889 tornaram-se maioria no conselho executivo, e imediatamente voltaram-se contra o antigo aliado, retirando-lhe o cargo de editor do *Commonweal,* que se tornou um jornal exclusivamente anarquista, expressando um ponto de vista muito semelhante àquele que Most havia defendido no seu *Die Freiheit.*

A conquista da Liga Socialista foi apenas uma das manifestações de uma retomada geral das atividades anarquistas, ocorrida na década de 1880, o que ficou demonstrado especialmente pelo aparecimento de dois periódicos libertários que expressavam tendências bastante distintas. *The Anarchist* surgiu em 1885, editado por Henry Seymour, discípulo do individualista americano Benjamin Tucker e fundador do Círculo Anarquista Inglês, um pequeno grupo de neoproudhonianos que considerava a posse de bens materiais como algo essencial à liberdade, e um sistema racional de troca como a chave da libertação social. Entretanto, Seymour tinha interesses variados, que incluíam até mesmo uma entusiástica defesa da teoria baconiana sobre a autoria das peças atribuídas a Shakespeare. Seymour não só publicou um panfleto com a única tradução de Bakunin surgida na Inglaterra em muitos anos (o ensaio fragmentário intitulado *God and the State),* como incluiu entre os colaboradores do *The Anarchist* escritores de opiniões tão diversas quanto George Bernard Shaw e Élisée Reclus. Durante um curto período, em 1886, Seymour ofereceu o espaço de sua coluna para Kropotkin e seus discípulos, mas a divergência entre individualismo e comunismo anarquista era demasiado grande para que a colaboração pudesse durar mais do que um número do jornal. *The Anarchist* deixou de ser publicado em 1888, mas a tendência individualista manteve-se forte até a década de 90. Em 1889 o próprio Seymour publicou alguns números de um novo jornal, *The Revolutionary Review,* e de 1890 a 1892, Albert Tarn manteve a posição individualista no *The Herald of Anarchy.*

Mas a tendência dominante dentro do movimento anarquista cada vez mais forte era pelo comunismo livre, o que ficou demonstrado especialmente no jornal *Freedom,* fundado em 1886 por um grupo reunido em torno de Peter Kropotkin, que naquele ano começava sua longa permanência na Inglaterra. Formou-se o *Freedom Group,* um pequeno círculo de propagandistas na clássica tradição anarquista, dedicado à publicação e pregação de ideias, sem qualquer ambição de transformar-se num movimento de massa, embora mantivesse ligações sem compromisso com vários grupos anarquistas que começavam a surgir em Londres e no norte da Inglaterra. Kropotkin era o mentor intelectual do grupo, e em torno dele se reuniram vários expatriados ilustres, incluindo Merlino e alguns velhos companheiros dos dias agitados de Moscou, particularmente Stepniak e Nicholas Chaikovsky. Os membros mais ativos, entretanto, eram ingleses, e ninguém era mais ativo do que Charlotte Wilson, uma jovem de Girton, morena e vivaz, que usava belos vestidos e preferia viver num bangalô nos subúrbios de Hampstead Heath a aceitar o dinheiro do marido, um corretor da bolsa.

Charlotte Wilson já era membro atuante da Sociedade Fabiana e, desde sua conversão, em 1883, passou a ser sua única anarquista fluente. Durante dez anos, foi a editora e verdadeira organizadora do jornal *Freedom,* enquanto Kropotkin era o responsável por sua linha ideológica, função que continuou a exercer até seu rompimento com o *Freedom Group,* por apoiar os aliados durante a I Guerra Mundial.

Durante oito anos, embora mantendo pontos de vista ligeiramente distintos, *Freedom* e *Commonweal* continuaram a defender o anarquismo. *Freedom* representava os intelectuais do movimento, e *Commonweal,* os ativistas plebeus. Mas, com a saída de Morris, *Commonweal* entrou em rápido declínio, até transformar-se num jornal sensacionalista, sem o menor valor ideológico ou literário. A própria Liga Socialista ficou reduzida a um pequeno grupo de militantes dedicados, cujo terrorismo verbal provocou repetidas perseguições ao jornal até que, em 1894, *Commonweal* deixou de circular, vencido pelas repetidas multas e pela perda de leitores. Finalmente, em 1895, o que restara da Liga juntou-se ao *Freedom Group,* e *Freedom* passou a ser o órgão de um movimento anarquista unido e entusiasta, embora pouco numeroso.

Os últimos anos da década de 80 e a década de 90 marcaram a verdadeira idade de ouro do anarquismo britânico, época em que suas doutrinas se espalharam em várias direções, influenciando uma considerável fração do movimento socialista, porém sem grande expressão numérica. Relembrando aqueles tempos, o historiador fabiano Edward Pease, que certamente não teria qualquer motivo para exagerar a influência anarquista, observa:

> Na década de 80, os rebeldes eram os comunistas anarquistas e, pelo menos aos nossos olhos, pareciam bem mais formidáveis do que aquele grupo heterogêneo, onde se misturavam *suffragettes* e cavalheiros de Oxford que, antes da guerra, parecia liderar os rebeldes sindicalistas. O anarquismo comunista era, de qualquer forma, uma doutrina coerente, quase sublime. Seus líderes, como o príncipe Kropotkin e Nicholas Chaikovsky, eram homens de extraordinária capacidade e caráter ilibado, e suas fileiras, compostas quase exclusivamente por fugitivos da tirania europeia, mantinham relações diretas com partidos semelhantes no exterior, cuja importância e extensão era-nos impossível calcular.

Dois grupos distintos sentiram-se particularmente atraídos pelo anarquismo: os imigrantes judeus do East End de Londres e os artistas e escritores rebeldes da década de 90. A grande maioria dos imigrantes judeus trabalhava – muitas vezes em condições aterradoras – em vários setores da indústria de confecções. Consumidos por um ressentimento compreensível, indignavam-se ao pensar que haviam deixado a ditadura política e os *pogroms* dos czares para serem explorados por membros de sua própria raça e religião na Inglaterra livre. Durante trinta anos, desde a metade da década de 80 até 1914, forneceram mais recrutas para o movimento anarquista do que todo o resto da população da Inglaterra.

O anarquismo judeu em Londres concentrava-se em torno do *Der Arbeter Fraint,* um jornal iídiche que começou a ser publicado em 1885, para dar expressão literária aos vários pontos de vista socialistas discutidos, com tanto entusiasmo, semana após semana, no Berners Street International Club, em Whitechapel. Em 1891, devido em grande parte à expulsão dos anarquistas da Segunda Internacional, o Berners Street Club foi sacudido por lutas políticas das quais os anarquistas saíram triunfantes, tendo conquistado não apenas o próprio clube, mas também o *Der Arbeter Fraint.*

O período mais ativo do anarquismo judeu em Londres começa com a chegada de Rudolf Rocker à Inglaterra, em janeiro de 1895. Rocker era um encadernador de puro sangue germânico, que não falava iídiche e que jamais conhecera judeu nenhum até ser apresentado aos anarquistas que viviam nos guetos poloneses de Paris, cidade onde passou a viver em 1894, como refugiado político. Ao chegar a Londres, procurou imediatamente estabelecer contatos com o grupo judeu de Whitechapel, aprendeu iídiche e, em 1896, começou a escrever para o *Der Arbeter Fraint.* Dois anos mais tarde Rocker foi para Liverpool, colaborando na edição de um pequeno jornal, também em iídiche, chamado *Das Freie Vort.*

No fim de 1898, o grupo que publicava *Der Arbeter Fraint* ofereceu-lhe a editoria do jornal, que ele aceitou, continuando a desempenhar as funções de editor alemão de um jornal iídiche.

Rocker superou rapidamente as eventuais dificuldades provocadas por diferenças de formação, e logo conquistou a confiança e a lealdade de seus companheiros judeus. Com o tempo, passou a exercer grande influência sobre o movimento trabalhista do East End, onde durante longo período os anarquistas formavam entre os elementos politicamente mais ativos da população judia; durante a grande greve das indústrias que exploravam impiedosamente seus operários, em 1912, Rocker transformou o *Der Arbeter* em diário para auxiliar os grevistas, acabando por conduzi-los a uma notável vitória, o que fez com que merecesse o respeito e a gratidão de milhares de pessoas que não compartilhavam de seus pontos de vista.

Um dia, quando caminhava por uma estreita ruela de Whitechapel (recordaria ele vários anos depois), um velho judeu de longas barbas brancas deteve-me diante de sua casa dizendo: "Que Deus o abençoe! Você ajudou meu filho quando ele mais precisava de ajuda! Não é um judeu, mas é um homem!" Esse velho vivia num mundo totalmente diferente do meu, mas a lembrança da gratidão que brilhava nos seus olhos permaneceu comigo durante muito tempo.

Entre 1898 e 1914, o movimento centralizado em torno do *Der Arbeter Fraint* transformou-se numa complexa rede de atividades culturais e sociais. Em 1902 foi criada a Federação dos Grupos Anarquistas Judeus na Inglaterra e em Paris, que se manteve ativa até 1914, atingindo um grau de cooperação raramente encontrado em organizações anarquistas do mesmo porte. *Der Arbeter Fraint* foi aos poucos se tornando o núcleo de uma firma editora iídiche de considerável porte, que publicava não só o próprio jornal, como uma revista cultural, *Germinal,* além de uma notável série de traduções dos maiores romancistas e dramaturgos contemporâneos. Em 1906, depois da criação *do Jubilee Street Institute,* foi iniciado um programa de ensino que oferecia aulas de inglês aos imigrantes da Polônia e da Rússia, e conferências sobre história, literatura e sociologia, seguindo a mesma linha das Universidades Populares da França. Finalmente, foi criado um Círculo Operário, sociedade de ajuda mútua dedicada ao ensino progressivo e à assistência aos enfermos e carentes. O sucesso dessas múltiplas atividades parecia justificar ideias anarquistas sobre organização voluntária, mas devemos lembrar que elas eram executadas por pessoas cujo passado as havia dotado de uma tendência natural, exercitada durante séculos, de praticar um alto grau de cooperação mútua, como forma de proteção contra as ameaças externas.

Os literatos rebeldes que se envolveram numa série de discussões às margens do movimento anarquista, durante a década de 90, mantinham-se unidos apenas pela crença de que tanto o anarquismo como outras doutrinas semelhantes eram o equivalente social da sua própria convicção de que a liberdade do indivíduo é indispensável ao desenvolvimento da arte. O grupo incluía desde escritores importantes como William Morris e Edward Carpenter, que defendiam sonhos libertários sem no entanto aceitar totalmente o rótulo de anarquistas, até poetas menores e decadentes como Evelyn Douglas, que certa vez dera um toque de excentricidade britânica à ideia da propaganda pela ação, atirando contra a fachada de pedra do Parlamento. Os mais encantadores habitantes dessa fímbria estético-literária do movimento foram sem dúvida as duas filhas de William Michael Rossetti, Olívia e Helen, que, levadas pela admiração que sentiam por Kropotkin, iniciaram, em 1895, na mansão pré-rafaelita em que viviam, a publicação de um jornal chamado *The Torch: a Revolutionary Journal of Anarchist Communism*. Fiéis aos seus antepassados estrangeiros, as irmãs Rossetti especializaram-se em lançar as ideias dos anarquistas do continente e foi assim que Louise Michel, Malato, Malatesta, Zhukovsky e Faure tiveram seus trabalhos publicados no *Torch*. Para ela contribuíram também literatos como Octave Mirabeau e até mesmo Zola. Um dos colaboradores mais jovens foi um moço que viria a ser Ford Madox Ford. Mas o *Torch* extinguiu-se rapidamente, e anos mais tarde as duas irmãs Rossetti escreveriam com encantadora aspereza sobre sua infância anarquista.

A mais ambiciosa contribuição ao anarquismo literário durante os anos 90 foi, sem dúvida, *A Alma do Homem sob o Socialismo**, de Oscar Wilde. Como já vimos, Wilde declarou-se anarquista em pelo menos uma ocasião durante a década de 90, e era um grande admirador de Kropotkin, que chegou a conhecer. Mais tarde, no *De Profundis*, descreveria a vida de Kropotkin como sendo "uma das mais perfeitas que conheci" e falava dele como "um homem com a alma igual à daquele belo Cristo Branco que parece vir da Rússia". Mas a influência dominante em *A Alma do Homem sob o Socialismo*, publicado em 1890, parece ter sido muito mais Godwin do que Kropotkin.

O objetivo de Wilde em *A Alma do Homem sob o Socialismo* é a busca de uma sociedade favorável ao artista. Percebemos imediatamente a diferença entre a sua forma de abordar o tema e a de outros escritores libertários como Proudhon e Tolstoi, que também escreveram sobre a arte. Para Proudhon e Tolstoi, a arte é um meio para atingir a reforma moral e social. Para Wilde, ela é o objetivo supremo, que contém em si mesmo sabedoria e regeneração e ao qual tudo mais na sociedade deve estar subordinado. Se Proudhon e Tolstoi representam o anarquista como moralista, Wilde o representa como um esteta.

E, já que, segundo Wilde, a arte depende do desenvolvimento total e livre da capacidade individual, a sociedade deve fazer do individualismo seu objetivo, e Wilde busca – o que à primeira vista pode parecer um paradoxo característico nele – chegar ao individualismo através do socialismo. Wilde mostra-se tão arrebatado quanto Stirner ao defender a vontade individual e criticar "os impulsos altruístas da caridade, benemerência e outros semelhantes", mas não chega a ser um individualista ortodoxo, pois não considera a posse de bens como uma garantia de liberdade. Pelo contrário, afirma que "o peso da propriedade é algo intolerável" e que "a sociedade deve libertar o indivíduo dessa carga". Isso só poderá ser feito pelo comunismo, socialismo, ou seja qual for o nome que lhe

---

* *A Alma do Homem sob o Socialismo*, Oscar Wilde. (L&PM Editores, 1983)

dermos, o qual, ao converter a sociedade privada em riqueza pública e ao substituir a competição pela cooperação, devolverá a sociedade à sua condição de organismo totalmente saudável. Até aqui nenhum fabiano seria capaz de discordar de Wilde. Mas ele acrescenta que a simples socialização da propriedade não é suficiente: torna-se necessário aplicar o individualismo como um corretivo:

> Se o socialismo for autoritário; se houver governos armados de poder econômico, como o são agora de poder político; se, em uma palavra, tivermos ditaduras industriais, então o último estado do homem será pior do que o primeiro.

Aqui, Wilde conduz uma discussão paralela sobre a sociedade atual, na qual uns poucos privilegiados desfrutam de um individualismo limitado, enquanto o resto é condenado a um trabalho incompatível "pela peremptória, irracional e degradante ditadura da necessidade". Wilde ainda encontra alguma esperança nos pobres – não entre os virtuosos, mas entre aqueles que são "ingratos, descontentes, desobedientes e rebeldes".

> Para qualquer um que conheça a história, a desobediência surge como a maior das virtudes do homem. É através dela que chega o progresso. Através da desobediência e da rebeldia... Posso entender que um homem aceite leis que projetam a propriedade privada e permitam o seu acúmulo, desde que ele mesmo possa, sob tais condições, desfrutar de algum tipo de vida intelectual. Mas parece-me quase inacreditável que um homem cuja vida seja frustrada e tornada hedionda por essas leis possa admitir que elas continuem a existir.

O interesse de Wilde pela rebelião não era apenas uma atitude romântica. Ele considerava sua própria vida uma forma de rebelião e, embora odiasse a violência indiscriminada, sentia verdadeiro respeito pelos revolucionários autênticos – "esses Cristos que morrem nas barricadas". Em 1886, Shaw descobriu que Wilde era o único homem de letras inglês disposto a assinar uma petição pela vida dos anarquistas de Chicago. Em *A Alma do Homem sob o Socialismo,* Wilde expressa claramente sua simpatia por todos os que tentam levar os pobres à rebelião:

> O que os grandes patrões da indústria dizem dos agitadores é sem dúvida verdadeiro: os agitadores são um bando de gente intrometida e intrusa que, surgindo entre um segmento da comunidade que vivia até então perfeitamente satisfeito, lançam sobre eles as sementes do descontentamento. E é por isso que os agitadores são absolutamente necessários: sem eles, nesse nosso estado imperfeito, não haveria qualquer avanço em direção à civilização.

Essa discussão sobre a rebelião faz com que Wilde retome a atitude de oposição ao socialismo autoritário, que só servirá para tornar universal a ditadura econômica da qual agora pelo menos uns poucos conseguem escapar. Um sistema voluntário é a única solução possível:

> Cada homem deve ser livre para escolher seu próprio trabalho. Nenhuma forma de pressão deve ser exercida sobre ele. Se isso acontecer, não irá beneficiar nem a ele, nem ao próprio trabalho, nem aos outros... Todas as formas de associação devem ser voluntárias. O homem só será feliz vivendo em associações voluntárias.

A partir daí, Wilde fala, assumindo um tom quase godwiniano, sobre a tirania que a propriedade exerce, mesmo sobre os ricos. Há um outro ponto que lembra justiça política no trecho em que ele afirma que a abolição da propriedade significará também a queda da família e do casamento. Não se deve exigir de alguém nada que não possa ser concedido espontaneamente. Essa liberdade tornará o próprio amor "mais maravilhoso, mais belo e mais enobrecedor".

O fato de repudiar a repressão e a consciência de que "nenhum homem pode ceder às exigências do conformismo e permanecer livre" levou Wilde naturalmente a criticar o governo. A autoridade degrada o governante e o governado; nenhuma forma de autoridade é isenta, mesmo a democracia significa, simplesmente, a agressão do povo pelo povo, para o povo. Como fim da autoridade e da propriedade, cessará também o castigo, já que quando os homens não sentirem mais fome o crime desaparecerá quase por completo e, sempre que isso não ocorrer, "deverá ser tratado por médicos como uma forma terrível de demência, exigindo cuidados e bondade". Deste modo, a engrenagem do Estado que governa deve ser destruída, restando apenas os mecanismos administrativos (que Wilde continua erroneamente chamando de estado) para regular a produção e a distribuição de bens. Neste ponto – e como Wilde não tem qualquer ilusão sobre a dignidade do trabalho manual – a máquina substituirá o homem, que será livre para seguir suas inclinações artísticas, científicas e filosóficas e para produzir as ideias e objetos que só os indivíduos são capazes de criar.

Embora Wilde tenha se aproximado de Godwin em tantas coisas, difere dele em pelo menos um ponto: não encontramos em *A Alma do Homem sob o Socialismo* qualquer vestígio da tendência demonstrada tanto por Godwin como por outros anarquistas em recorrer à opinião pública como forma de opressão. Wilde detestava os moralistas de qualquer espécie, odiava as lamúrias hipócritas sobre dever e abnegação, afirmando que "o individualismo não tenta obrigar as pessoas a serem boas". Em lugar da opinião pública, Wilde colocaria a solidariedade, que não é mais do que uma consequência da liberdade. Quando os homens não precisarem mais temer ou invejar seus semelhantes, poderão entendê-los e respeitar sua individualidade. É uma visão semelhante à de Stirner, temperada pela bondade natural de Wilde.

A Inglaterra não escapou à tendência natural do sindicalismo, embora esta tenha surgido tarde, jamais chegando a produzir um movimento independente. Além do mais, o elemento anarquista estava a tal ponto diluído, que quase desaparecera. Tom Mann, que voltara da Austrália em 1910 com a cabeça cheia de teorias do IWW, foi o verdadeiro inspirador do movimento, cuja importância maior deve-se ao fato de ter sido uma forma de revolta contra a hierarquia que havia surgido nas uniões operárias e que começava a surgir também no Partido Trabalhista. Os argumentos de Mann e de seus discípulos no *Industrial Syndicalist* (1911) defendiam a criação de um movimento amplo que, partindo do povo, tivesse como objetivo final a criação de uniões industriais na linha da IWW e a substituição do conceito de controle exercido pelos operários pelo de nacionalização dentro do programa socialista. Essas ideias ganharam força especialmente na região de Gales do Sul, onde um famoso panfleto anônimo *The Miner's next Step* (1912) pregava a formação de uma organização operária poderosa e centralizada para lutar contra o estado capitalista chegando, por meio de uma série de greves, ao ponto onde o capitalismo seria destruído e os operários assumiriam o controle das indústrias. A ênfase que esse tipo de propaganda dava à centralização era na verdade antilibertária, e um pequeno grupo liderado por Guy Bowman, do *The Syndicalist* (1912), influenciado pelas *Bourses de Travail,* ressaltava a necessidade de que fossem criadas uniões locais que serviriam para formar o modelo industrial básico. Os dois grupos mostravam-se impressionados com a ideia de uma greve geral do milênio, e suas teorias continuaram a influenciar o movimento trabalhista britânico até a greve geral de 1926.

Antes de 1900 as formas mais autênticas de anarquismo já haviam perdido toda a sua força na Inglaterra. É provável que o número de anarquistas não tenha diminuído nos dez anos seguintes, mas a verdade é que seu crescimento não se manteve proporcional ao aumento do movimento socialista como um todo, e embora tivessem partido para experiências educacionais e de vida comunitária – das quais Clousdon Hill e Whiteway foram as mais importantes – não conseguiram conquistar terreno. A I Guerra Mundial, que provocou a proibição dos jornais anarquistas e uma divisão interna entre elementos favoráveis e contrários à guerra, iniciou um processo de decadência que afetaria tanto o movimento judeu quanto os grupos de língua inglesa em Londres, Glasgow e Gales do Sul. Ao chegar à Inglaterra em 1924, Emma Goldman encontrou um movimento anarquista quase morto. Em 1927, *Freedom* deixava de circular, por falta de apoio.

Só dez anos depois, o entusiasmo despertado pela Guerra Civil Espanhola daria novo alento ao anarquismo britânico. Em 1936 surgia *Spain and the World.* Seus fundadores mais ativos e verdadeiros inspiradores do anarquismo britânico nos anos 30 e 40 foram Vernon Richards, um jovem engenheiro cujo pai havia sido amigo de Malatesta, e sua esposa Marie Louise Berneri, a bela e talentosa filha de Camillo Berneri. O movimento ressuscitado era pequeno, mas vigoroso: *Spain and the World* e seu sucessor, *Revolt* (1939), atraíram não apenas muitos jovens radicais como também um grupo de intelectuais literatos; John Cowper Powys, Ethel Mannin e Herbert Read colaboraram no jornal. Read, que há muito mostrava simpatia pelas ideias libertárias, publicou em 1938 sua *Poetry and Anarchism,* seguido imediatamente por *The Philosophy of Anarchism,* e esses dois trabalhos marcaram o início de um período, que fica além do limite cronológico imposto a este livro, no qual o anarquismo passou durante algum tempo a fazer parte do cenário literário inglês, atraindo muitos jovens escritores dos anos 40 e estabelecendo estreitos vínculos com movimentos artístico-literários, tais como o surrealismo, o personalismo e o apocaliptismo. Mas a descrição desse período pertence a outra narrativa, de cunho mais pessoal.

O anarquismo americano tem uma dupla tradição – nativa e imigrante. A tradição nativa, cujas raízes remontam aos primeiros anos do século XIX, era fortemente individualista. A tradição imigrante, que começa entre os socialistas revolucionários alemães dos últimos anos da década de 1870, foi primeiro coletivista e, depois, anarco comunista.

A tradição nativa tem suas origens principalmente na obra de Thomas Paine, nas experiências das comunidades socialistas do início do século XIX e na *Justiça Política* de Godwin, cuja primeira edição americana apareceu na Filadélfia em 1796. A influência que Godwin exerceu sobre o pensamento político e as primeiras obras literárias americanas foi bastante profunda: Charles Brockden Brown, seu principal discípulo americano, transmitiu o pesadelo de Caleb Williams às tradições mais sombrias do romance americano, enquanto o sonho mais brilhante de liberdade e justiça que *Justiça Política* contém encontrou eco na obra de Emerson e Thoreau.

Para Emerson, o Estado e suas leis eram sempre inimigos da liberdade e da virtude. A própria existência das instituições implicava uma diminuição da dignidade humana de cada indivíduo.

> Todo Estado é corrupto. Os homens bons não devem obedecer demasiadamente às leis... A liberdade total cria consciências de ferro. A ausência de liberdade, fortalece as leis e as convenções sociais, embora enfraqueça a consciência.

Entretanto, não podemos considerar Emerson anarquista. Para ele, o Estado era um recurso infeliz que, no entanto, poderia ser necessário até que a educação e o desenvolvimento individual tivessem atingido seus objetivos, criando homens sábios.

"O Estado existe para formar homens sábios e acabará depois que eles tiverem surgido."

Thoreau fazia críticas bem mais severas ao Estado e, de muitas outras maneiras, parece adaptar-se melhor do que Emerson ao modelo anarquista.

Walden, registro de uma modesta tentativa de voltar a uma vida simples e natural, numa pobreza de bens materiais que proporciona suas próprias riquezas espirituais, é inspirado pelo desejo de simplificar a sociedade e eliminar as desnecessárias complexidades da vida contemporânea, que constituem a base das reivindicações anarquistas por uma descentralização da vida social e pela eliminação da autoridade. Por trás de ambas, está a crença na existência de uma lei natural, em oposição às leis humanas, que faz com que todos os libertários confiem mais nos impulsos espontâneos do que em regras aplicadas mecanicamente.

O ensaio *Sobre o Dever da Desobediência Civil* que Thoreau escreveu em 1849, permanece como uma das justificativas clássicas para a resistência passiva, baseada em princípios, à autoridade. Ele nos mostra Thoreau colocando o julgamento final sobre qualquer ato no âmbito da consciência do indivíduo e demonstrando claramente a incapacidade do governo:

> Concordo totalmente com a máxima que diz – o melhor governo é o que menos governa – e gostaria de vê-lo posto em prática o mais breve possível, de forma sistemática. Na prática, ele acabará se transformando em algo em que também acredito – o melhor governo é o que não governa – e, quando estiverem preparados, este será o tipo de governo que terão. O governo é sempre, na melhor das hipóteses, um expediente, mas quase todos os governos são geralmente, e todos os governos são às vezes, inexpedientes.

Thoreau acreditava que a Guerra da Independência transformara seus compatriotas em escravos, tanto do ponto de vista econômico quanto moral. Exigia que, como complemento da República – *res-publica* –, se desse atenção à *res-privata* – o estado privado do homem.

> E a isso chamamos de terra dos homens livres? – indagava ele, cheio de amargura. – De que adianta libertar-se do Rei George e continuar escravo do Rei Preconceito? De que adianta nascer livre e não viver livre? De que vale a liberdade política, senão como um meio para atingir a liberdade moral? Vangloriamo-nos da liberdade para sermos escravos, ou da liberdade para sermos livres?

A grande preocupação de Thoreau era o protesto individual; a instintiva desconfiança com que encarava o pensamento da massa fez com que evitasse a ação coletiva. "A ação por princípio" era por si só "essencialmente revolucionária": todo homem deveria agir de acordo com a sua consciência e não em obediência às leis criadas pelo Estado. Thoreau sentia uma admiração sem limites por homens como John Brown, que agiam dessa maneira. Ele voltava sempre à ideia do julgamento pessoal, sempre renovado e livre, e era por essa razão que odiava as "instituições criadas pelos mortos cruéis".

Thoreau hesitou sempre entre ser rebelde ou artista e, embora tivesse escrito alguns dos mais extraordinários argumentos a favor do indivíduo e contra o Estado, deixou a outros homens a tarefa de expressar de forma prática e extensiva esses sentimentos.

Chegamos aqui ao anarquismo individualista americano como doutrina social. Ele começa no apogeu das colônias utopianas, época em que os partidários de Owen, Fourier, icarianos e um punhado de seitas políticas e religiosas sem maior expressão procuravam criar, nas vastas terras de uma América jovem, protótipos dos seus mundos ideais. A maioria das colônias socialistas obedecia a rígidas teorias utopianas de organização. Líderes como Owen, Cabet e Considérart, o mais importante herdeiro de Fourier, tentaram criar cidades--modelo capazes de reconstruir, em seus mínimos detalhes, planos predeterminados de como deveria ser uma sociedade justa. E, como o sucesso da comunidade dependia da execução correta de um projeto, era inevitável que surgissem regras e uma disciplina austera. A ideia de serem os donos da verdade transformou homens como Owen e Cabet em tiranos paternalistas, e a dialética de tirania e de uma rebeldia vingativa e ressentida acabou determinando o fim de muitas comunas.

Um dos homens que testemunharam com tristeza a evolução desse processo na colônia de Nova Harmonia, criada por Robert Owen, foi um talentoso músico e inventor chamado Josiah Warren. Warren deixou Nova Harmonia em 1827 com a firme convicção de que Owen não soubera resolver os problemas criados pela vida cooperativa.

> Era como se as diferenças de opinião, gostos e objetivos aumentassem em proporção direta à exigência de conformismo – diria ele depois, analisando as causas do fracasso de Nova Harmonia. Como se todos tivessem sido vencidos pela lei da diversidade, inerente à própria natureza... Nossos "interesses unidos" entraram em choque com a individualidade das pessoas e das circunstâncias, com o instinto de autopreservação... Tornou-se evidente que concessões e compromissos são tanto mais indispensáveis quanto maior for o contato entre pessoas e interesses...

Warren não abandonou a ideia de criar uma comunidade cooperativa. Durante toda a sua vida, acreditou que a única forma de obter mudanças sociais seria ensinar homens e mulheres, através de experiências práticas, a viverem juntos como camaradas. Mas jamais esqueceu as lições aprendidas em Nova Harmonia e, graças a elas, desenvolveu sua teoria sobre a soberania do indivíduo, a qual fez com que passasse a ser considerado – com justiça, creio eu – o primeiro anarquista americano. Não era o indivíduo que deveria adaptar-se à sociedade, afirmava ele, mas a sociedade que deveria moldar-se ao indivíduo.

> A sociedade precisa ser transformada, de modo a preservar intacta a soberania de cada indivíduo, e para que possa evitar todas as combinações e conexões de pessoas e interesses, e todas as formas e arranjos que não deem ao indivíduo a liberdade de dispor da própria pessoa, do seu tempo e de suas propriedades da maneira que melhor julgar, sem envolver a pessoa e os interesses de terceiros.

Procurando as causas do fracasso de Nova Harmonia, Warren chegou à conclusão de que estas giravam basicamente em torno da incapacidade de tratar adequadamente da questão da propriedade. Suas conclusões assemelhavam-se de forma surpreendente a algumas das ideias a que Proudhon chegaria, aparentemente sozinho, alguns anos mais tarde na França.

Individualmente, todo homem só tem direito ao produto do próprio trabalho. Mas a complexidade da civilização tornara impossível que cada indivíduo se auto-sustentasse; a divisão de tarefas era uma realidade que não podia ser ignorada, e deveria servir de base às relações econômicas entre os homens. Warren fez do trabalho-por-trabalho sua fórmula, e procurou meios para colocar em prática a proposta de Owen, que preconizava a troca de tempo de trabalho, tomando como base a hora, mas com flexibilidade suficiente para permitir que os indivíduos chegassem a algum tipo de acordo sempre que o trabalho de um homem, independente do tempo, tivesse sido obviamente mais árduo do que o de seu companheiro.

Logo que chegou a Cincinnati, vindo de Nova Harmonia, Warren iniciou sua primeira experiência, à qual deu o nome de Loja do Tempo. Nela, Warren vendia mercadorias a preço de custo, solicitando aos clientes que o recompensassem pelo seu trabalho, com vales nos quais prometiam doar, trabalhando em seu próprio ofício, um tempo equivalente àquele que Warren gastara para servi-los.

Por esse meio, Warren esperava levar seus clientes a aceitar a ideia da troca, baseada no trabalho, e recrutar adeptos dispostos a participar do seu projeto de criação de uma cadeia de cidades mutualistas. A Loja durou três anos, e Warren saiu da experiência convencido de que seu plano poderia funcionar. Passou os dois anos seguintes aperfeiçoando o que parece ter sido o primeiro projeto de uma máquina impressora rotativa, e utilizou o dinheiro que obteve com a venda de patentes de estereotipia para lançar, em 1933, um jornal chamado *The Peaceful Revolutionist*. A última etapa do programa que elaborara com tanto cuidado era a fundação de uma cidade, o que ocorreria tão logo suas ideias tivessem se tornado conhecidas através de suas publicações.

Em 1834, Warren e um grupo de discípulos adquiriu uma extensão de terras no Estado de Ohio, criando a Vila Igualdade, integrada por meia dúzia de famílias que ali construíram suas casas e que operavam uma serraria em bases coletivas de troca de trabalho-por-trabalho. A estrutura hierárquica das comunidades owenitas e fourieristas foi abandonada, em favor de um sistema de acordos mútuos. Foi esta a primeira comunidade anarquista surgida em qualquer país desde a aventura de Winstanley em St. George's Hill, quase dois séculos antes. Seu fracasso não foi devido a qualquer falha do sistema de trocas, que mal teve tempo de ser testado, mas à doença: havia malária nas terras baixas onde fora instalada a colônia, e uma epidemia de *influenza* acabou por decretar o fim da comunidade.

Warren era demasiado persistente, e estava convencido da praticabilidade de suas teorias e, assim, em 1846, fundou uma segunda colônia chamada Utopia, integrada basicamente por desiludidos partidários de Fourier. Aqui, olarias, pedreiras e serrarias funcionavam em bases warreninistas, e durante alguns anos a comunidade conseguiu viver independente e praticamente isolada do mundo exterior. Quanto à organização, Utopia seguia moldes tão próximos do mais puro anarquismo individualista quanto humanamente possível. Na primavera de 1848, Warren escrevia:

> Durante o tempo que durou o nosso empreendimento, tudo foi conduzido em bases tão próximas ao individualismo, que nunca fizemos uma reunião para tratar da criação de leis. Não havia organização, nenhum indefinido poder delegado, nenhuma "Constituição", nem leis, nem decretos, nem regras ou regulamentos senão aquelas que o próprio indivíduo criava para seu uso ou para seus negócios. Não houve necessidade de recorrer a funcionários, sacerdotes ou profetas. Promovemos algumas reuniões, cujo único objetivo era manter uma conversa amigável, ouvir música, dançar, ou qualquer outra forma de agradável passatempo social. Não houve uma única palestra para discutir os princípios que norteavam nossas ações. Não era preciso, pois (como observou

ontem uma senhora), "uma vez declarado e entendido, não há mais nada a dizer sobre o assunto. Depois disso, só nos resta agir".

Durante quase vinte anos – até a década de 60 – Utopia continuou sendo uma vila mutualista, com cerca de 100 habitantes e algumas indústrias madeireiras. Sobreviveu à própria ausência de Warren, que partiu em 1850 para fundar uma outra comunidade em Long Island, a Tempos Modernos, que também manteve seu caráter mutualista durante pelo menos duas décadas, acabando por transformar-se – como já acontecera com Utopia – num vilarejo mais ou menos convencional, com algumas tendências cooperativas. Nenhuma das duas comunidades pode ser considerada um total fracasso, mas ambas devem grande parte do sucesso que obtiveram à fluidez da sociedade americana durante o período em que operaram, e ambas mostraram a mesma tendência para transformar-se, em vez de acabar simplesmente, à medida que a sociedade da região oriental dos Estados Unidos ia se tornando mais estável após a Guerra Civil.

Por combinar teoria e prática de forma tão extensiva, Warren foi sem dúvida o mais importante dos anarquistas individualistas americanos, embora tanto Stephen Pearl Andrews como Lysander Spooner tenham elaborado de forma eloquente sobre as ideias por ele originalmente formuladas. Mais tarde, por influência de William B. Greene, o mutualismo de Proudhon foi introduzido nos Estados Unidos, e sua semelhança com o individualismo nativo foi rapidamente reconhecida. Os proudhonianos continuaram sendo uma pequena seita, mas tanto eles quanto os discípulos de Warren deram uma grande contribuição aos pensamento populista americano, com forte ênfase na reforma monetária.

Alguns anos mais tarde, o principal líder anarquista individualista americano seria Benjamin R. Tucker, que fundou o *Radical Review* em 1878 e, três anos depois, o *Liberty,* publicado até o incêndio que destruiu a gráfica de Tucker em 1907. As ideias de Tucker eram uma síntese deWarren e

Proudhon, com muito pouca coisa de original, e ele é talvez mais importante pelo arrojo que fez do *Liberty* a tribuna do radicalismo nativo americano, conquistando a admiração de H. L. Mencken, George Bernard Shaw (colaborador do *Liberty*) e Walt Whitman, que declarou certa vez: "Eu o amo; ele é corajoso até a medula". Tucker considerava-se um anarquista científico, e continuou firmemente individualista durante toda a sua carreira, opondo-se tanto às escolas coletivistas de anarquismo – por acreditar que a liberdade era incompatível com qualquer tipo de comunismo – quanto aos defensores da propaganda pela ação, que lhe parecia basicamente imoral. Com o desaparecimento do *Liberty,* a tradição do anarquismo individualista nativo chegou virtualmente ao fim. O próprio Tucker sobreviveria ao nosso período, morrendo em Mônaco, em 1939, aos 85 anos. Durante seus últimos anos foi torturado por dúvidas e, embora continuasse acreditando que o anarquismo era "o objetivo em direção ao qual a humanidade avança", duvidava que o caminho para atingir esse objetivo já tivesse sido encontrado.

Como já sugeri, havia poucos contatos diretos entre os anarquistas individualistas nativos e os anarquistas imigrantes. Isso não se devia a qualquer isolamento por parte dos individualistas. Tanto Lysander Spooner como William B. Greene tinham sido membros da Primeira Internacional. Tucker era o autor das primeiras traduções de Bakunin e Proudhon para o inglês e no início mostrara grande entusiasmo por Kropotkin, a cujo julgamento, em Lyon, que só iria acontecer em 1883, dedicou considerável espaço no seu jornal *Liberty*. O que separava Tucker e seus companheiros dos imigrantes anarquistas era o culto à violência que marcou e prejudicou o movimento desde o seu início.

A ascensão do anarquismo imigrante começa com o rompimento entre revolucionários e reformistas do Partido Trabalhista Socialista, em 1880. Esse partido era formado, basicamente, por imigrantes alemães e, como até seus membros mais rebeldes fossem marxistas teóricos, o fato de terem criado Clubes Revolucionários Socialistas em Nova York, Chicago e em outras grandes cidades foi apenas um prelúdio para o aparecimento do anarquismo. O acontecimento que levou os socialistas-revolucionários a ingressar no campo anarquista foi o Congresso Anarquista Internacional de 1881. Nenhum delegado enviado pelos grupos germânicos dos Estados Unidos chegou a participar do Congresso, embora estivessem representados por procuração. Foi talvez a combinação da distância e da imaginação que fez com que esse Congresso assumisse tanta importância aos olhos dos anarquistas americanos. A nova Internacional fundada durante o Congresso não passava, na verdade, de uma entidade fantasma, mas parecia extremamente poderosa para os anarquistas americanos que viviam em Nova York e Chicago. Em consequência, no fim de 1881 havia duas Federações nos Estados Unidos, ambas comprometidas com a Internacional. Uma convenção que reuniu em Chicago socialistas-revolucionários vindos de quatorze cidades do Leste e do Meio-Oeste formou a Associação Internacional de Trabalhadores, também conhecida como Internacional Negra e integrada quase exclusivamente por imigrantes oriundos da Alemanha e do Império Austro-Húngaro. Depois de um longo debate, os socialistas-revolucionários declararam-se contra a atividade política, e as resoluções a que chegaram premeditavam claramente o emprego de violência.

Ao mesmo tempo, em São Francisco, um grupo de americanos nativos liderados por Burnette G. Haskell, formava a Associação Operária, ou Internacional Vermelha, uma sociedade secreta organizada nos moldes do velho sistema conspiratório, constituída por pequenos grupos fechados de nove membros cada um, que também se filiou à Internacional de Londres.

Haskell era um próspero advogado que também apoiava o movimento contra os chineses na Califórnia, e os vínculos que mantinha com o verdadeiro anarquismo eram demasiado frágeis para que pudessem ser levados a sério...

Qualquer dúvida que os socialistas-revolucionários do Leste pudessem ter tido sobre a escolha entre marxismo e anarquismo parece ter sido dissipada com a chegada de Johann Most, em 1882. Most relançou imediatamente o *Die Freiheit* em Nova York e partiu numa *tournée,* discursando em todas as cidades onde houvesse grupos revolucionários. Seu jornalismo arguto, sua oratória brilhante e sua entusiástica defesa da violência, que rivalizava com a de Nechaiev, exerceriam uma influência maligna sobre os acontecimentos futuros.

Na verdade, Most estava de tal modo obcecado pela ideia da violência revolucionária, que secretamente conseguiu um emprego numa fábrica de explosivos de Jersey City, e depois escreveu um extraordinário panfleto intitulado *Revolutionäre Kriegswissenschaft,* que é, na realidade, um manual sobre a fabricação e o uso de bombas, roubo e extorsão em benefício da causa, além de tratar de certos aspectos da toxicologia já bem conhecidos dos Borgias. Acrescentem-se a isso vários artigos publicados no *Die Freiheit* em louvor à dinamite e indicando maneiras fáceis de fabricar a nitroglicerina. Most discutia todos esses assuntos com o sinistro entusiasmo de uma criança travessa e totalmente irresponsável. Jamais chegou a utilizar qualquer um desses métodos, e é provável que nem tenha pretendido fazê-lo, mas recomendava-os aos outros, e sua responsabilidade na tragédia que aconteceria em Chicago, em 1886, foi sem dúvida bastante grande.

Chicago foi o centro onde o anarquismo imigrante deitou raízes mais profundas, sem dúvida pelos violentos conflitos industriais e a notória brutalidade de suas forças policiais, sendo a cidade que mais representantes enviou ao segundo Congresso da Internacional, realizado em Pittsburgh, em 1883. Após as discussões ocorridas no Congresso, o movimento de Chicago cresceu, tanto em número quanto no ritmo de suas atividades. Os grupos anarquistas de Chicago deveriam contar cerca de 3 mil de um total de 6 mil membros anarquistas em toda a América. Eram quase todos alemães e tchecos, mas havia também um vigoroso contingente americano com cerca de 100 integrantes, liderados pelo brilhante orador Albert Parsons. O número de participantes de cada grupo não chega a dar uma ideia sobre a quantidade de pessoas que os anarquistas conseguiam reunir em Chicago entre 1883 e 1886. Isso poderia ser talvez mais bem indicado pelo fato da Internacional ter chegado a publicar cinco jornais na cidade: um diário e dois semanais em alemão; um semanal, boêmio, e um outro, quinzenal, em inglês, *Alarm*. A circulação total dos cinco jornais era superior a 30 mil exemplares. Por influência da Internacional, foi criada uma União Central Trabalhista em 1883, que já no início de 1886 conseguira obter o apoio de quase todas as organizações trabalhistas da cidade.

A Internacional assumiu virtualmente o controle do movimento Oito Horas, lançado na primavera e que levou 65 mil homens à greve ou ao locaute. Enquanto isso, os dois lados iam alimentando sentimentos de violência. A polícia continuava a tratar os manifestantes com extrema brutalidade, e a Internacional insistia na ideia da contraviolência. Em outubro de 1885, a União Central Trabalhista aprovou uma resolução proposta pelo anarquista August Spies:

> Conclamamos a classe assalariada a armar-se para enfrentar seus exploradores com o único argumento realmente eficaz – a violência!

Em 18 de março de 1886, *Die Arbeiter-Zeitung,* o diário alemão da Internacional, declarava:

> Se não nos prepararmos para uma revolução sangrenta, não deixaremos aos nossos filhos nada além de pobreza e escravidão. Preparem-se, portanto! Preparem-se para a Revolução!

À medida que se aproximava o 1º de maio, o centro do conflito passou a ser a McCormick Harvester Works, que havia impedido seus operários de entrar nas dependências da fábrica e contratara fura-greves para substituí-los, além de trezentos pistoleiros da Pinkerton para protegê-los. Os operários continuaram a se reunir regularmente fora da fábrica e, em igual regularidade, a polícia obrigava-os a dispersar-se. No dia 3 de maio a polícia abriu fogo contra a multidão, matando vários homens. No dia seguinte houve um comício de protesto na praça

Haymarket. Começou a chover e a multidão preparava-se para abandonar o local pacificamente, quando duzentos policiais marcharam praça adentro. Mal tinham começado a dispersar os manifestantes quando uma bomba explodiu na praça, lançada de uma das ruas laterais. A polícia começou a atirar contra o povo, alguns operários reagiram e, na confusão, os policiais atingiram seus próprios colegas. Quando tudo terminou, havia sete policiais mortalmente feridos, a maioria devido à explosão, e provavelmente um número três vezes maior de manifestantes mortos, embora seu número exato jamais tenha sido divulgado.

Seguiu-se imediatamente uma grande caçada aos anarquistas, e oito líderes locais, incluindo Parsons, o editor de *Alarm*, e Spies, o editor do *Die Arbeiter-Zeitung*, foram julgados pelo crime. Não houve qualquer tentativa de provar que um deles tivesse lançado a bomba. A promotoria limitou-se a revelar as crenças revolucionárias dos réus e suas declarações a favor da violência, que não eram poucas. Com base nessas provas, os sete foram condenados à morte e quatro chegaram a ser executados na forca. Os sobreviventes seriam libertados alguns anos depois, quando o governador Altgeld ordenou a abertura de um inquérito, não encontrando provas de que nenhum dos acusados estivesse envolvido no lançamento da bomba. Os quatro homens enforcados haviam sido vítimas de um assassinato judicial.

Mas o reconhecimento da injustiça sofrida pelos anarquistas de Chicago, que os transformou em mártires clássicos do movimento trabalhista, tende a obscurecer um ponto importante. Como eu já disse, ninguém chegou a descobrir o autor do atentado de Haymarket. Poderia ter sido um *agent provocateur*, assim como também poderia ter sido um anarquista desconhecido, como sugeriu Frank Harris no romance *A Bomba*, que escreveu baseado no incidente. Mas a bomba jamais teria sido lançada e Parsons, Spies e seus companheiros jamais teriam sido enforcados se não fosse o crescente apelo em favor da violência que inundou os jornais anarquistas de Chicago e – principalmente o *Die Freiheit*, de Most – durante os anos críticos de 1833 a 1886.

O incidente de Chicago marcou o início do preconceito popular dos americanos contra qualquer tipo de anarquismo. Nos anos seguintes, os anarquistas dos Estados Unidos raramente utilizaram a violência, mas, infelizmente, dois dos poucos incidentes em que se envolveram tornaram-se famosos a ponto de aumentar enormemente a devastadora e crescente impopularidade do anarquismo. Em 1892, o russo Alexander Berkman tentou, sem sucesso, matar o financista Henry Clay Frick num ato de vingança contra a matança de grevistas nas mãos dos homens de Pinkerton, durante a greve das indústrias do aço em Homestead. Em 1901, um jovem polonês chamado Leon Czolgosz atirou contra o presidente McKinley, matando-o. Passados sessenta anos, Czolgosz continua sendo uma personagem enigmática. Durante o julgamento, ele afirmou ser um anarquista e manteve uma atitude tão estóica quanto a de Ravachol ou Henry. Mas não pertencia a nenhum grupo anarquista, e fora há pouco denunciado por um jornal de Chicago, *Free Society*, como espião. O mais provável é que Czolgosz fosse um neurótico que, depois de contemplar solitariamente as injustiças do mundo, decidiu realizar um protesto simbólico, matando McKinley, homem relativamente inofensivo, que lhe parecia a personificação do sistema que odiava. O certo é que os esforços um tanto frenéticos da polícia para implicar grupos e personalidades anarquistas célebres como Emma Goldman não tiveram o menor sucesso.

Entretanto, aos olhos de Theodore Roosevelt, que sucedeu McKinley na presidência, Czolgosz tornou-se o anarquista típico, e o incidente provocou o fim de uma bela tradição americana, de conceder asilo aos refugiados políticos sem levar em conta suas opiniões. Naquele ano foi aprovada uma lei proibindo a entrada de anarquistas estrangeiros nos Estados Unidos.

O movimento anarquista americano foi inevitavelmente afetado por essa série de acontecimentos trágicos e sensacionais. O caso Haymarket marcou o fim do breve período durante o qual o anarquismo conseguira reunir um número considerável de adeptos. A Internacional Negra desintegrou-se e quase todos os jornais que publicava acabaram desaparecendo. Os operários americanos nativos mantiveram-se mais indiferentes do que nunca e, a partir de 1887, o anarquismo tornou-se principalmente um movimento de imigrantes e filhos de imigrantes. Mesmo os alemães se afastaram, e foi com grande dificuldade que Most manteve vivo o seu *Die Arbeiter,* que desapareceria depois da sua morte, em 1906. O anarquismo sobreviveu basicamente entre a população judia dos centros maiores e entre os italianos e os refugiados russos que haviam escapado à perseguição czarista. Exceto pela União dos Trabalhadores Russos, com seus 10 mil membros, e por uma grande federação de grupos judeus, o anarquismo passou a ser um movimento de pequenos grupos relativamente isolados. Algumas personalidades dinâmicas – como os russos Emma Goldman e Alexander Berkman, que havia chegado na América logo após a tragédia de Chicago, e o italiano Carlo Tresca – conseguiram manter as doutrinas anarquistas vivas, e foram principalmente esses indivíduos extraordinários os responsáveis pelos melhores jornais anarquistas, como *Mother Earth,* de Goldman, publicado de 1906 a 1917, e o *Blast,* de Berkman, que teve uma vida efêmera mas intensa, que vai de 1916 a 1917. Berkman produziu também um clássico menor da literatura anarquista, *O ABC do anarquismo.* Emma Goldman, com sua oratória emocional, sua enorme coragem e sua generosa defesa das causas populares, pertence a um quadro mais abrangente, que transcende ao movimento anarquista, pois, embora fosse russa de nascimento, representava num sentido amplo as melhores tradições do radicalismo americano. Enfrentou multidões hostis, defendeu a liberdade de expressão, foi presa por lutar pelo controle da natalidade e ajudou a apresentar Ibsen e seus contemporâneos ao público americano.

Durante esse período, muitos anarquistas isolados reuniam os operários imigrantes judeus e italianos em Uniões, e lideravam greves, mas não chegou a surgir um movimento anarcossindicalista autêntico, embora em 1912 o futuro líder comunista William Z. Foster tenha fundado a fracassada Liga Sindicalista da América do Norte, influenciada pela CGT francesa. Depois de 1905, os anarquistas interessados em organizar as forças trabalhistas preferiam ingressar na Operários Industriais do Mundo, que era até certo ponto influenciada pelo sindicalismo francês. Entretanto eles constituíam apenas um de uma série de grupos que integravam aquela confusa organização, e jamais chegaram a controlá-la. Na verdade, a WW, que deve tanto da sua força e de seus métodos às rudes tradições da fronteira americana, foi quando muito um movimento paralelo ao anarquismo, pois continha demasiados elementos marxistas para que pudesse ser verdadeiramente libertário, e sua ideia sobre a criação de uma única União Operária opunha-se fundamentalmente aos ideais, tão ardentemente alimentados pelos anarquistas, de regionalismo e descentralização.

A I Guerra Mundial, a Revolução Russa e a repressão anti-radical, que atingiu seu ponto máximo durante os raids de Palmer, em 1919, influíram negativamente sobre o que restara do anarquismo americano. A Liga contra o Recrutamento Obrigatório, que Emma Goldman e Berkman tinham iniciado durante os anos da guerra, foi proibida em 1917, e vários de seus membros acabaram na prisão. A Revolução de Fevereiro do mesmo ano foi o sinal para que milhares de anarquistas voltassem à Rússia e, em 1919, começou uma série de deportações durante as quais centenas de anarquistas militantes, oriundos principalmente da Europa oriental e da Itália, foram devolvidos aos seus países de origem. Finalmente, surgiu o comunismo que, nos Estados Unidos, como já acontecera em outros países, atraiu muitos dos anarquistas e sindicalistas mais jovens para suas fileiras.

O que sobrou do anarquismo americano durante as décadas entre-guerras entrou na condição comum às seitas que passaram da sua idade de militância, perderam o ímpeto missionário e caíram na inatividade. Ainda havia milhares de anarquistas no país, como até hoje, e continuaram apenas jornais anarquistas como o *Freie Arbeiter Shtinime* e o *L'Adunata dei Refratteri,* italiano. Mas foram os comunistas quem, nos anos da Depressão, tomaram o tipo de iniciativa que no passado os anarquistas teriam tomado, com objetivos bem diferentes. Os grupos anarquistas tornaram-se, em grande parte, círculos sociais e educacionais dedicados ao seu próprio amadurecimento, e nenhuma personalidade nova e brilhante surgiu para ocupar o lugar de Goldman e Berkman, deportados por injúria, ou Benjamin Tucker, auto-exilado no último principado absoluto da Europa.

Mesmo durante o seu declínio, o anarquismo americano produziu uma tragédia que comoveu o mundo, enchendo-o de raiva e admiração. Refiro-me, é claro, ao caso Sacco e Vanzetti. A condenação à morte desses dois amáveis idealistas, sob acusações baseadas em escassas provas de banditismo, e os sete anos de agonia que se seguiram antes que fossem finalmente eletrocutados, numa atitude de desafio aos protestos vindos de todo o mundo, pelo Estado de Massachusetts, em 1927, passaram a fazer parte da história americana e até mesmo da história internacional, e foram tantas vezes descritos que não há necessidade de narrá-los aqui. Não há necessidade de falar também na dignidade com que Sacco e Vanzetti enfrentaram a longa crueldade do processo legal, nem na declaração de Vanzetti ao ouvir a sentença que o condenava à morte, essa declaração que ecoou no coração e na consciência de uma geração de americanos e que parece até hoje destilar, em essência, a fé que fez do anarquismo algo mais do que uma simples doutrina política:

> Se não fosse por isso, eu poderia viver a minha vida conversando nas esquinas com homens zombeteiros. Poderia ter morrido, sem marcas, desconhecido, um fracassado. Agora não somos fracassados. Esta é a nossa carreira e o nosso triunfo. Nunca, em toda a nossa vida, poderíamos ter feito tanto pela tolerância, pela justiça, pela compreensão entre os homens como fizemos agora, por acidente. Nossas palavras – nossas vidas – nosso sofrimento – nada! O sacrifício de nossas vidas – as vidas de um bom sapateiro e de um pobre vendedor de peixes – tudo! O último momento nos pertence – essa agonia é o nosso triunfo!

Epílogo

Situei o término desta história do anarquismo no ano de 1939. Esta data, escolhida propositadamente, assinala a verdadeira morte, na Espanha, do movimento anarquista fundado por Bakunin duas gerações atrás. Na época atual, existem milhares de anarquistas dispersos em pequeno número por muitos países. Existem também grupos e publicações anarquistas, escolas e comunidades anarquistas. Todos, porém, não formam senão uma pálida imagem do movimento anarquista histórico, um fantasma que não inspira nem temor entre os governos nem esperança entre os povos, ou nem mesmo interesse entre os jornalistas.

Seguramente, enquanto movimento, o anarquismo fracassou. Em pouco menos de um século de atuação, ele sequer se aproximou da realização de seu principal objetivo, que era eliminar o Estado e erguer Jerusalém de suas ruínas. A influência que outrora conseguira exercer reduziu-se a quase nada nos últimos quarenta anos, como resultado de uma sucessão de malogros e do esvaziamento gradual da esperança. Não existem sequer quaisquer possibilidades admissíveis de um renascimento do anarquismo tal qual viemos a conhecê-lo depois da criação da Primeira Internacional, em 1864; a história parece sugerir que os movimentos que não conseguem tirar proveito das oportunidades que ela lhes oferece jamais tornam a renascer.

Neste ponto, naturalmente, há que se distinguir entre o movimento anarquista histórico que derivou das conquistas de Bakunin e seus partidários e a ideia anarquista que o inspirou. Esta, sob diversas formas e nomes, achava-se viva mais de dois séculos antes do início do movimento histórico e, posto que as ideias são mais permanentes que organizações e causas, é possível que a essência do anarquismo tenha o poder de dar vida a uma nova forma em outras circunstâncias históricas.

Desse modo, neste capítulo final, tentarei responder às duas seguintes perguntas: por que fracassou o movimento fundado por Bakunin? Existe alguma razão pela qual pudesse a ele sobreviver a ideia do anarquismo, em si algo bem mais amplo?

Os anarquistas sempre se reputaram revolucionários, e em teoria foram-no de fato. Na prática, contudo, o anarquismo organizado dos séculos XIX e XX foi na verdade um movimento mais de revolta que revolucionário; um protesto, uma dedicada resistência à tendência mundial, firmada desde a metade do século XVIII, de centralização política e econômica, com tudo o que esta implica em termos de substituição dos valores pessoais por valores coletivos, e de submissão do indivíduo ao Estado. A autêntica revolução social da idade moderna tem sido, de fato, este processo de centralização para o qual todo o desenvolvimento do progresso científico e tecnológico tem contribuído, e que tem aproximado nações e que atualmente está criando um mundo singular, onde as diferenças fundamentais entre regiões, povos e classes vêm sendo igualadas com uniformidade.

Os anarquistas protestaram contra tal revolução em nome da dignidade e individualidade humanas. Seu protesto foi necessário e, provavelmente, constituiu sua maior façanha. Mas colocou-os na linha de oposição à tendência dominante da história moderna. Mantiveram-se a distância para criticar, e seu idealismo malogrado deu à sua crítica força e agudez. Desafiaram o materialismo da sociedade moderna, sua organização, sua tendência à conformidade e, ao mesmo tempo que almejavam um futuro idílico, defendiam também os aspectos mais positivos de um passado agonizante.

A crítica implacável ao presente sempre foi a grande força dos anarquistas. Foram seus anseios em relação ao passado e ao futuro que os enfraqueceram como movimento, pois buscaram seu apoio principalmente naquelas classes sociais que não se afinavam com a tendência histórica dominante e aproximavam-se do fim de forma inexorável, em influência e em número. Já vimos quantos de seus líderes eram cavalheiros arrependidos e clérigos revoltados contra a Igreja, em nome de um Cristianismo autêntico. Já vimos que as fileiras do movimento eram compostas de artesãos, de camponeses pobres e incultos, de setores miseráveis e insubordinados das classes mais baixas que Shaw denominou de "os pobres desfavorecidos" e que Marx tratou sumariamente como o *Lumpenproletariat*. Num de seus aspectos, o anarquismo tornou-se a grande ascensão dos sem-posses, de todos aqueles que foram excluídos pelo fanatismo do progresso material do século XIX. Cada uma dessas classes lutou a sua maneira pela independência e individualidade, mas, mesmo nos anos de 1860, quando começaram a reunir-se sob a bandeira preta do anarquismo, já estavam sendo desbancados, em consequência de profundas mudanças na estrutura da sociedade, na distribuição das riquezas e nos modos de produção.

Da mesma forma, os países e as regiões onde o anarquismo fez-se mais forte foram aqueles em que a indústria era menos desenvolvida e em que o pobre era mais pobre. No momento em que o progresso tragou as pátrias modelares do anarquismo, em que os trabalhadores das fábricas substituíram os artesãos, em que os aristocratas se desligaram da terra e foram absorvidos pela nova plutocracia, o anarquismo começou a perder as suas principais fontes de sustentação.

Enquanto isso, fracassava em ganhar a simpatia das classes que se envolviam mais de perto com a tendência à centralização e à uniformidade. Burocratas, homens de negócios e comerciantes forneceram alguns reforços à causa anarquista, a despeito de Marx tê-la rejeitado por considerá-la um fenômeno *petit-bourgeois*. Mesmo entre os trabalhadores da indústria, os anarquistas conquistaram vitórias apenas temporárias e limitadas. É verdade que os trabalhadores fabris de Barcelona continuaram sob liderança anarquista até 1939, mas eram na maior parte camponeses andaluzos que deixaram as terras por força da extrema pobreza. Também é verdade que o anarcossindicalismo dominou por um longo período o movimento sindicalista francês e desempenhou um importante papel nos movimentos trabalhistas holandês e italiano. Mas esses foram triunfos discutíveis, visto que o sindicalismo de fato representou uma conciliação com a tendência à centralização. Como sugeriu Malatesta, ele procurou imitar muito de perto as formas políticas e industriais da época, contrapondo às organizações poderosas do Estado e da indústria as organizações poderosas dos trabalhadores, que por fim afastaram-se do anarquismo para fazerem parte de uma ordem centralista a que eles a princípio resistiram. A CGT francesa passou do controle anarquista para as mãos de reformistas como Jouhaux e, ao final, para as mãos dos comunistas. Mesmo a CGT, sempre atraída pelo reformismo, colocou seus líderes no governo espanhol, e parece haver poucas dúvidas de que, se a República sobrevivesse, seguiria o mesmo rumo que a CGT francesa: sua aliança com a UGT socialista, em 1938, foi um sinal da direção para a qual seguia. Assim, em última análise, o movimento anarquista sofreu uma derrota quase completa nas suas tentativas de conquistar os trabalhadores da indústria.

Sofreu também com a fraqueza de suas próprias táticas revolucionárias. A ação anarquista, que teve a virtude da espontaneidade, teve também a fraqueza de uma ausência quase absoluta de coordenação. Não resta dúvida de que, na consciência dos anarquistas mais conspiradores, existiram programas para a grande estratégia que definitivamente abarcaria a revolução social milenar. Mas a história das revoltas anarquistas mostra tão-somente uma confusão desnorteadora de pequenas insurreições, atos individuais de violência e greves que, por vezes, concorreram para manter a sociedade num estado de tensão, mas que não alcançaram resultado duradouro. As rebeliões anarquistas típicas foram insurreições regionais, como as de Benevento, Saragoza e Lyon, facilmente sufocadas devido ao seu isolamento e cujo fracasso levou ao descrédito a causa anarquista, aos olhos da população como um todo. É verdade que, na Espanha, existiu algo semelhante a uma situação revolucionária depois que os anarquistas e seus aliados da CNT derrotaram a rebelião dos generais na Catalunha e no Levante, no início da Guerra Civil

Espanhola. Mas o resultado foi imputado aos anarquistas, e não produzido por eles, e a ausência de coesão organizacional impediu-os de conservar as vantagens que haviam obtido; em poucos meses a revolução escapou de suas mãos. Por toda a parte, com efeito, os anarquistas mostraram ser rebeldes diletantes altamente individualistas, mas em nenhuma ocasião demonstraram qualquer capacidade para o desempenho sistemático que vence e consolida uma revolução.

Ligada ao malogro dos anarquistas como agentes revolucionários estava a fraqueza de suas propostas práticas para a sociedade que resultaria de sua revolução hipotética. Houve muita sinceridade na sua recusa de fazer planos meticulosos para o mundo novo que esperavam criar, mas sua relutância em elaborar propostas definidas levou-os a produzir uma visão obscura e impertinente de uma sociedade idílica, onde o instinto de solidariedade capacitaria o homem a criar uma multiplicidade de relacionamentos cooperativos inconcebível no presente escravizado. Pessoas de mentalidade rudimentar e evangélica como os camponeses andaluzos poderiam compreender essa visão e dar-lhe vida por meio de seus anseios milenares pelo reino de Deus na Terra, onde todos os homens viveriam em verdadeira fraternidade. Intelectuais e artistas também poderiam compreendê-la como um tipo de mito funcional em torno do qual suas próprias fantasias e reflexões cristalizar-se-iam. Mas as pessoas comuns das classes média e operária, influenciadas pelo factualismo do século XIX, rejeitaram a visão anarquista porque esta, ao contrário das concepções proféticas de H. G. Wells, carecia de concretismo e precisão tranquilizadores, que elas desejavam.

Outro aspecto perturbador do futuro anarquista está no fato de a sua realização ser indefinidamente adiada para o dia milenar do acerto de contas; foi uma espécie de paraíso burguês revolucionário, e esperava-se que se fizesse o jejum até a hora da refeição. Os anarquistas que seguiram Bakunin e Kropotkin foram absolutistas políticos e sociais, e demonstraram um desdém permanente e inesgotável à reforma gradativa ou a certos tipos de melhorias das condições de trabalho e de salários que os sindicatos reivindicavam, e que empregadores generosos ofereciam. Acreditavam que conquistas como essas deveriam ser temporárias e ilusórias, e que apenas no milênio anarquista os pobres realmente melhorariam de vida. Muitos dos pobres pensavam de outra maneira e seguiram os reformistas. Até que ponto estavam certos – ou até que ponto estavam errados os anarquistas – em termos puramente materiais, foi demonstrado pela mudança radical no caráter do capitalismo moderno, que levou a uma ampliação notável do padrão de vida e da perspectiva de lazer no mundo ocidental, e também à aparição dos benefícios proporcionados pelo Estado, que insidiosamente enfraqueceram a força do ressentimento.

Desse modo, o movimento anarquista não conseguiu apresentar ao Estado ou à economia capitalista uma alternativa que convencesse, de maneira efetiva, um grande setor da população mundial. Fracassou também em competir eficazmente com outros movimentos radicais que foram seus contemporâneos históricos; as variações do marxismo na esquerda e as variações do fascismo na direita.

Inicialmente, durante os anos de 1870 e o início de 80, os anarquistas levaram vantagem sobre os marxistas nos países latinos, mas, após esse tempo, exceto na Espanha, recuaram ante os fortes partidos políticos e sindicatos criados primeiro pelos social-democratas e depois pelos comunistas. A organização dos marxistas foi mais unificada, eficaz e segura, e suas promessas mais concretas e imediatas; estavam preparados para lutar por metas reformistas, e propunham em seu dogma de ditadura do proletariado aquela ilusão de poder exercido sem consentir em responsabilidade, que antes induzira os trabalhadores a buscar no sufrágio universal uma panaceia universal. A todas essas vantagens marxistas por fim somou-se o sucesso da revolução bolchevista, que colocou em desvantagem definitiva os anarquistas, que não concretizaram nenhuma revolução; o fascínio da Rússia durou o suficiente para afastar do anarquismo aqueles elementos radicais entre os jovens de países como a França e a Itália, de onde haviam saído seus mais devotos militantes.

No que diz respeito ao fascismo e ao nazismo, manifestações rudes e primitivas do impulso centralizador que marca nossa época, o movimento anarquista mostrou-se incapaz de combatê-los com eficácia nos países que eles dominaram e invadiram, embora anarquistas isolados amiúde se fizessem reconhecer através de um heroísmo abnegado. Apenas na Espanha o anarquismo organizado preparou uma firme resistência, e mesmo lá, a despeito de um grande número de partidários, desmoronou com impressionante rapidez no dia em que o general Yaguë e sua coluna entraram em Barcelona, sem que uma só fábrica entrasse em greve e sem que uma única barricada fosse levantada nas ruas. Essa foi a última e a maior derrota do movimento anarquista histórico. Nesse dia, virtualmente deixou de existir como uma causa viva. Restaram tão-somente anarquistas e a ideia anarquista.

Mas será tal registro tão inteiramente negativo? Com efeito, o movimento anarquista alcançou êxitos limitados e regionais quando se contentou em deixar o futuro a si próprio, experimentando aplicar as ideias libertárias a problemas imediatos e concretos. A tomada das fábricas e dos serviços públicos em Barcelona, a criação efetiva de coletividades de camponeses na Espanha rural e na Ucrânia makhinovista, os movimentos pela educação adulta e juvenil na Espanha antes da Guerra Civil, as instituições de ajuda mútua criadas pelos anarquistas judeus na Inglaterra e nos Estados Unidos — todas essas realizações podem ter sido modestas, se comparadas com os grandes objetivos revolucionários do movimento anarquista em suas fases mais otimistas, mas mostraram um aspecto concreto do libertarianismo que, ao menos, esboçou uma alternativa à tendência totalitária.

Tais exemplos esparsos dos esforços construtivos anarquistas, contudo, não oferecem mais que sugestões. Não provam que uma sociedade inteiramente anarquista como, por exemplo, Kropotkin concebeu, possa vir a existir e, nesse caso, ser eficaz. Mostram apenas que em determinadas circunstâncias, limitadas e favoráveis, métodos espontâneos de organização das relações econômicas e industriais revelaram-se no mínimo tão práticos quanto os métodos autoritários.

O mesmo vale para o movimento anarquista histórico. As causas perdidas podem ser as melhores – e normalmente são –, mas uma vez perdidas jamais tornarão a triunfar. E isso, provavelmente, é tudo o que tem a seu favor. Pois as causas são como os homens, e deveríamos permitir que morressem tranquilamente, para que o lugar por elas deixado fosse ocupado por novos movimentos que, talvez, viessem a aprender tanto com suas virtudes quanto com suas fraquezas.

Mas as ideias não envelhecem, desde que se mantenham livres do peso cumulativo da insensatez humana coletiva que, ao final, destrói o melhor dos movimentos. E quando voltamos à ideia anarquista constatamos que ela não apenas é mais antiga que o movimento anarquista histórico, como também se estendeu muito além de seus limites. Godwin, Tolstoi, Stirner, Thoreau fizeram suas contribuições para a ideia anarquista a distância, e mesmo em oposição ao movimento. E vestígios dessa ideia encontram-se não apenas no anarquismo organizado, mas também em movimentos como o populismo russo e norte-americano, o federalismo espanhol e o agrarianismo mexicano. Ela forneceu aos nacionalistas indianos a técnica da resistência passiva, que venceu o grande conflito contra os soberanos ingleses. Ajudou, ainda, a inspirar alguns movimentos que nos nossos dias ergueram-se corajosamente como resistência à tendência totalitária, como *os kibbutzim* israelenses, o movimento comunitário aldeão na Índia e os sindicatos cooperativistas dos Estados Unidos.

Mas existe uma maneira mais geral e mais profunda pela qual a ideia anarquista pode manter um objetivo e uma função no nosso mundo moderno. Admitir a existência e a força autoritária do movimento com vistas à centralização universal que ainda hoje domina o mundo não é aceitá-las. Se os valores humanos devem sobreviver, faz-se necessário perturbar a meta totalitária de um mundo uniforme com um contra-ideal, e este existe precisamente na visão da pura liberdade que inspirou os escritores anarquistas e quase-anarquistas de Winstanley no século XVII. Evidentemente, não se pode convertê-la em realidade de imediato e, tratando-se de um ideal, é provável que jamais se converta. Mas a própria presença de um conceito de pura liberdade pode ajudar-nos a avaliar nossa condição e compreender nossas aspirações; pode ajudar-nos a defender as liberdades que ainda preservamos contra novas intromissões do Estado centralizador; pode ajudar-nos a conservar e até a expandir as áreas onde os valores pessoais ainda atuam; pode ajudar na tarefa urgente da simples sobrevivência, de sobreviver às décadas críticas que advirão até que o movimento de centralização do mundo perca sua força, a exemplo de todos os movimentos históricos, e as forças morais, que dependem de escolha e julgamento individuais, possam reafirmar-se em meio à sua corrupção.

O ideal anarquista pode melhor preencher essa finalidade, como teriam concordado seus primeiros expoentes, mais pelo impacto de suas verdades sobre mentes receptivas, do que pela elaboração de formas obsoletas de organização ou pela imitação de métodos insurrecionais que fracassaram até mesmo no passado. Pode-se encontrar a herança que o anarquismo legou ao mundo moderno em algumas vidas inspiradoras de abnegação e devoção, como as de Malatesta e Louise Michel, mas, acima de tudo, no incitamento ao retorno à visão natural e moral da sociedade que encontramos nos escritos de Godwin e Tolstoi, de Proudhon e Kropotkin, e no estímulo que esses escritores deram ao gosto pela livre escolha e pelo julgamento livre, o qual a maioria dos homens, induzida insidiosamente pela sociedade moderna, trocou por bens materiais e pela ilusão da segurança. Os grandes anarquistas pedem-nos que sejamos independentes como uma geração de príncipes, para tornarmo-nos conscientes da justiça como uma chama interna, e para aprendermos que as pequenas e calmas vozes de nossos corações falam com maior sinceridade que os coros de propaganda que diariamente assaltam nossos ouvidos. "Olhe nas profundezas do seu próprio ser", disse Peter Arshinov, o amigo de Makhno. "Busque a verdade e compreenda-a por si mesmo. Ela não se encontra em nenhuma outra parte."

Nessa insistência em que a liberdade e a auto-realização moral são interdependentes, e, pois, uma não pode viver sem a outra, repousa o princípio fundamental do autêntico anarquismo.

Post-scriptum

O *Anarquismo* foi escrito em 1960 e 1961 e publicado em 1962. Escolhi como data final do livro o ano de 1939, quando terminou a Guerra Civil Espanhola e o mais expressivo de todos os movimentos anarquistas históricos foi extinto. Por conseguinte, pareceu-me um ponto apropriado no tempo para terminar um levantamento como este, pois entre 1939 e 1961 o anarquismo não desempenhou nenhum papel notável nos assuntos de qualquer país. Dessa década em diante, porém, as ideias do anarquismo tornaram a emergir, rejuvenescidas, para estimular os jovens em idade e espírito a tumultuar o *establishment* da direita ou da esquerda.

Não descartei a possibilidade de um desdobramento como esse ao escrever o livro que, à exceção deste *post-scriptum* sobre desenvolvimentos recentes, optei por deixar inalterado. Tornei claro, então, meu ponto de vista de que o movimento anarquista autêntico, que se originou das ações organizadas e inspiradoras de Michael Bakunin nos anos de 1860, deixou de ter qualquer relevância no mundo moderno, e acrescentei: "Nem mesmo existe qualquer possibilidade admissível de um renascimento do anarquismo tal qual viemos a conhecê-lo depois da criação da Primeira Internacional de 1864". Nesse ponto eu discutia o anarquismo como um movimento estruturado existente em um período histórico determinado – um movimento que, como os partidos políticos que ele afirmou rejeitar, desenvolveu suas próprias ortodoxias de pensamento, sua própria rigidez de ação; um movimento que se dividiu em facções tão acerbadamente conflitantes quanto as que dividiram o Cristianismo em seu início.

O que vimos na última década, em escala quase mundial, não foi uma restauração desse movimento anarquista histórico, com todo o seu martirológio e suas contra-senhas; de fato, ele sobrevive como uma espécie de crença fóssil preservada principalmente por merceeiros italianos e viticultores dos Estados Unidos, por marmoristas em Carrara e por refugiados espanhóis, envelhecendo e reduzindo-se rapidamente no México e no Languedoc. O fenômeno de significado contemporâneo foi algo bem diferente, um renascimento autônomo da ideia anarquista, cujo extraordinário poder de renovação espontânea, como observei no prólogo à edição original deste livro, deve-se à ausência de formas fixas de dogma, à sua variabilidade e, portanto, à sua adaptabilidade.

Por ser na sua essência um feixe antidogmático e não estruturado de atitudes relacionadas, que para existir não depende de nenhuma organização permanente, o anarquismo pode florescer quando as circunstâncias são favoráveis e, em seguida, como uma planta de deserto, continuar latente por estações e até mesmo por anos, esperando pelas chuvas que o farão desabrochar. Ao contrário de uma crença política comum, na qual um partido-igreja torna-se veículo do dogma, não necessita de um movimento para levá-lo avante; muitos de seus mentores importantes foram homens solitários, pessoas empenhadas como Godwin e Stirner, e mesmo Proudhon, que se recusou a ratificar a opinião de que tivesse inventado um "sistema", ou que um partido deveria ser estruturado segundo seus princípios. E o que aconteceu durante o renascimento do anarquismo nos anos recentes foi uma explosão de ideias que continham as doutrinas libertárias essenciais e os métodos associados a elas, bem distante dos vestígios das velhas organizações anarquistas, criando novos tipos de movimentos, novas formas de ação radical, mas reproduzindo num grau surpreendente de crença – mesmo entre os jovens que mal conhecem o significado da palavra *anarquismo* – as ideias essenciais de uma desejável reforma da sociedade, que têm sido doutrinadas pelos pensadores fecundos da tradição libertária, que vão de Winstanley, no século XVII, a escritores como Herbert Read e Paul Goodman, em nosso tempo.

O intervalo entre 1939 e o início dos anos 60 será descrito com brevidade, mas não negligenciado, visto que durante o nadir do anarquismo surgiram certas tendências que se tornaram ainda mais acentuadas no neo-anarquismo, a partir de 1960.

A eclosão da II Guerra Mundial, que se seguiu à vitória do general Franco na Espanha, completou a derrocada do anarquismo enquanto movimento internacional – um processo que começara em 1917. À época em que o exército alemão efetivou suas conquistas na Europa, os únicos anarquistas em liberdade e ativos encontravam-se na Inglaterra, nos Estados Unidos, na Suécia, na Suíça e nos Estados latino-americanos mais liberais. Os países que produziram os movimentos históricos mais importantes – França e Espanha, Rússia e Itália – viviam sob regimes totalitários que tornaram impossível a atuação aberta; além disso, era tal a estagnação à qual o desânimo levou os anarquistas europeus após a capitulação de Barcelona, que eles desempenharam apenas um pequeno papel no movimento de resistência à ocupação alemã entre 1939 e 1945.

A inércia do movimento estendeu-se até os espanhóis, que nos anos 30 pareceram ser a grande esperança de uma revolução libertária bem-sucedida. Depois de 1939, poucos grupos militantes da FAI sustentaram uma breve luta de guerrilhas nas montanhas de Andaluzia; houve algumas incursões nos Pirineus da França, mas de consequências pouco significativas, e o anarquismo espanhol reduziu-se a um movimento de refugiados enquistados nas lembranças do passado. Mesmo recentemente, com a crescente inquietação na própria Espanha, há pouca evidência de que os anarquistas refugiados – ou anarquistas dentro do país – tenham exercido alguma influência significativa no movimento de resistência emergente.

Durante a II Guerra Mundial, foi inesperadamente nos países de língua inglesa que o anarquismo mostrou maior vitalidade no sentido de interpretar a tradição de novas maneiras; as interpretações mais criativas, entretanto, vieram dos escritores libertários que não integravam o movimento organizado e, em grande medida, nos anos 40, o mundo literário de Londres, Nova York, São Francisco, repetiu o que havia ocorrido em Paris durante os anos de 1890. A Inglaterra tornou-se, durante certo período, o autêntico centro do pensamento anarquista fecundo.

O velho jornal de Kropotkin, *Freedom,* foi reativado, e este autor, que foi um de seus editores, fundou também uma revista literária, *Now,* para a qual contribuíram ingleses, americanos e franceses refugiados, e escritores belgas simpatizantes do anarquismo. Estabeleceu-se um forte vínculo entre os remanescentes do velho movimento surrealista, liderado por André Breton, e os intelectuais anarquistas da Inglaterra e dos Estados Unidos. Neste país, o anarquismo foi representado não apenas pelos panfletos de propaganda tradicionalmente dirigidos e, havia muito, organizados em italiano, espanhol e iídiche, mas também por periódicos semiliterários, como *Retort, Why* e, o mais importante, *Politics,* cujo editor, Dwight MacDonald, considerava-se anarquista. O anarquismo converteu-se na crença dominante em algumas das escolas dos jovens poetas de língua inglesa nos anos 40, como os neo-apocalípticos e os neo-românticos na Inglaterra e o movimento pré-beatnik em São Francisco; em tais círculos, alguns escritores particularmente empenhados no anarquismo tornaram-se figuras-chave – Herbert Read, Alex Comfort e George Woodcock, na Inglaterra; Kenneth Rexroth, Paul Goodman e Robert Duncan, nos Estados Unidos; e Denise Levertov, primeiro na Inglaterra e depois nos Estados Unidos.

Durante os anos de 1940, as perspectivas anarquistas foram ampliadas em duas importantes direções. Desde Kropotkin, os teóricos libertários procuraram relacionar suas doutrinas com as ciências humanas atuais, e aproximadamente na metade do século XX o papel que a biologia teve nas investigações do autor de *Mutual Aid* foi assumido pela psicologia. Alex Comfort escreveu sobre a psicologia do poder *(Authority and Delinquency in the Modern State,* 1950), e Herbert Read aplicou as descobertas de Freud, Jung e Adler à crítica estética e política; os ensinamentos de Erich Fromm (particularmente *O Medo* à *Liberdade)* e de Wilhelm Reich (principalmente quando aplicados aos problemas libertários nos ensaios de Marie Louise Berneri) despertaram sobremaneira o interesse dos intelectuais anarquistas da época. O outro novo ponto de partida foi um forte reconhecimento da necessidade de um novo tipo de educação, de modo a que os homens pudessem suportar e aceitar a liberdade, e quanto a esse aspecto o *Education through art* e o *The Education of Free Men* de Herbert Read não apenas tiveram um efeito amplo e profundo sobre os métodos de ensino nas escolas de diversos países, como também ofereceram aos anarquistas uma nova técnica revolucionária; por meio da transformação das escolas, com a substituição da educação dos sentidos pela educação do espírito, como Read ensinou, ainda podia ser alcançado o tipo de transformação pacífica da sociedade com o qual os anarquistas havia muito sonhavam.

O fim da II Guerra Mundial ocasionou uma tímida renovação no movimento anarquista em suas linhas tradicionais em quase todos os países, com exceção daqueles dominados pelos comunistas e pelos ditadores de direita, em especial Espanha e Portugal, mas foi em grande parte uma reunião de veteranos. O Congresso da Primeira Internacional, por muitos anos realizado em Berna, em 1946 comemorou o 70º aniversário da morte de Bakunin; com exceção de dois delegados da França, que atravessaram a fronteira ilegalmente, e do presente escritor, que viajou da Inglaterra, foi assistido inteiramente por representantes das três regiões de língua suíça, e pelos italianos, alemães, poloneses e franceses, que representavam a ninguém mais que eles próprios, já que haviam sobrevivido à guerra como refugiados, na Suíça. O Congresso foi um ato sem consequências, visto que a partir dele não surgiu nenhuma organização. Os congressos posteriores, em Paris, Carrara e outros lugares, também não conseguiram apresentar uma cooperação internacional significativa entre os anarquistas e, embora as federações nacionais tivessem aparecido na França, Inglaterra, Itália e outros países, não reassumiram a importância que seus predecessores haviam conquistado antes da Revolução Russa.

A ideia anarquista, contudo, por fim surgiu, e, notadamente, fora de grupos e federações que conservam a tradição derivada de Bakunin e Malatesta. A década de 60 foi decisiva. Os anos 50, a década da juventude prudente e carreirista, foi um período de hibernação das ideias anarquistas. O anarquismo talvez tenha contribuído um pouco para a filosofia eclética dos poetas e romancistas *beat,* mas apenas ao cabo de década começou a brotar um renovado interesse pela doutrina como uma totalidade. De súbito a ideia pareceu estar de novo no ar, desenvolvendo-se em duas direções.

A primeira teve interesse acadêmico. O anarquismo clássico recuou no passado o suficiente para tornar-se objeto de estudo para os historiadores e, a partir da metade dos anos 50, na França, Inglaterra e Estados Unidos, começaram a ser publicadas as biografias dos grandes mentores do anarquismo, e também as primeiras abordagens históricas objetivas do movimento – a primeira delas, incompleta, foi a *Histoire de l'Anarquie,* de Alain Sergent e Claude Harmel, em 1949; depois a definitiva *Histoire du Mouvement Anarchiste en France,* de Jean Maitron, em 1955; a primeira edição deste livro, em 1962; e *The Anarchists*, de James Joll, em 1964, seguido pelo *L'Anarchisme,* restrito e tendencioso, mas relatado com vivacidade, de Daniel Guérin, em 1965.

Paralelamente a essa atividade dos estudiosos, que nas duas décadas passadas produziu livros respeitáveis sobre as ideias e os acontecimentos anarquistas que foram raros no passado, o próprio anarquismo ressurgiu – em formas diluídas e consistentes – como uma crença política que foi estendendo-se com rapidez entre os jovens e, em particular, entre intelectuais e estudantes, em diversos países europeus e americanos.

Tal qual a nova esquerda, em suas aplicações mais amplas, o movimento a que se poderia chamar de neo-anarquismo teve em verdade duas raízes; em parte brotou da experiência dos que se envolveram nas campanhas de direitos civis nos Estados Unidos, já nos meados da década de 50, e em parte dos enérgicos protestos contra o armamento nuclear na Inglaterra, ao longo dos primeiros anos de 60. Alguns intelectuais e ativistas anarquistas da década de 40, como Herbert Read, Alex Comfort e Laurie Hislam, estabeleceram relações entre o anarquismo clássico e os jovens que empunharam faixas da Campanha pelo Desarmamento Nuclear e sua derivação mais militante, o Comitê dos Cem. No interior do Comitê dos Cem, como sempre ocorre quando o pacifismo militante confronta um governo irremediavelmente preocupado com os preparativos de guerra, surgiu espontaneamente o sentimento de oposição ao Estado – ou seja, um sentimento anarquista ainda não rotulado – e de debates sobre métodos de ação direta propiciados pelos anarquistas. Como resultado, pequenos grupos de jovens foram surgindo por toda a Inglaterra, sem muita consciência das tradições do movimento anarquista histórico, e aliando-se aos veteranos que ainda dirigiam o *Freedom*.

Os anarquistas – tanto no novo quanto no velho sentido – tornaram-se um elemento com voz ativa na vida política inglesa; poucos, se comparados aos partidos políticos mais fortes, mas mais numerosos e influentes como jamais chegaram a sê-lo na Inglaterra do passado. Suas atividades incluíram desde atentados terroristas da *Angry Brigade* (que, com a característica moderação britânica, não causou uma morte sequer) até a fundação, por Colin Ward, de uma revista mensal, *Anarchy*, que durante uma década superou quaisquer jornais publicados por anarquistas desde os anos de 1890, quando houve as revistas literárias libertárias em Paris. Através de *Anarchy*, mais flexível e madura em seus enfoques do que qualquer publicação literária americana do novo radicalismo, os neo-anarquistas britânicos estabeleceram ligações ramificadoras nas universidades, conquistaram uma nova geração de escritores simpatizantes, como Alan Sillitoe, Colin MacInnes e Maurice Cranston, e até mesmo firmaram vínculos entre as áreas profissionais, em especial entre arquitetura e planejamento urbano, onde as velhas ideias anarquistas de descentralismo e de conciliação das vidas rural e urbana despertaram vivo interesse. Enquanto os jovens rebeldes ingleses dos anos 30 uniram-se aos comunistas, na década de 60 inclinavam-se a tornar-se anarquistas. Atente-se para a variação: tornar-se, não vincular-se; uma mudança de sensibilidade, não a aquisição de uma entrada para um grande baile.

Sem dúvida, um dos fatores que popularizaram o anarquismo entre os jovens – e não apenas entre os estudantes – foi sua oposição às culturas da Europa ocidental, Estados Unidos, Japão e Rússia, que se tornavam cada vez mais tecnológicas.

Nesse contexto, tende-se a esquecer – porque os anarquistas ortodoxos nunca o aceitaram – que o principal indivíduo mediador foi Aldous Huxley, cuja experimentação com drogas psicodélicas, cujo pacifismo e reconhecimento dos perigos da explosão demográfica, da devastação ecológica e da manipulação psicológica colaboraram para formar uma visão que antecipou muitos elementos da "contracultura" dos anos 60 e início dos 70. Em *Admirável Mundo Novo,* durante a década de 30, Huxley já havia apresentado a primeira visão de alerta sobre o tipo de existência insensível e materialista que poderia gerar uma sociedade dominada pela centralização tecnológica. No seu "Prefácio" à edição de 1946 do romance, Huxley concluiu que apenas através da descentralização e da simplificação radical em termos econômicos, e da política "kropotkiniana e cooperativa", poder-se-iam evitar os perigos latentes nas tendências sociais modernas. Em seus escritos posteriores, como *Ends and Means, Brave New World Revisited* e o romance *After Many a Summer,* Huxley reconheceu explicitamente a validade da crítica anarquista à sociedade tal como existia, e seu último romance, *Island,* representa a maior aproximação da utopia anarquista jamais conseguida por um escritor, desde que William Morris escreveu *News from Nowhere.*

Por vezes, e em particular nos Estados Unidos, o amplo interesse pelas ideias libertárias também resultou na sua deturpação, de modo que, com frequência, o anarquismo antes aparece como, apenas, um elemento que se pode descrever como um clima de rebelião, um sistema de pensamento revoltoso, do que como uma nova ideologia revolucionária. Há quem veja nela uma mescla de leninismo e do marxismo do início, com vestígios da psicologia não ortodoxa de Reich e de R. D. Laing, com evocações dos movimentos comunitários dos tempos da fronteira americana, e amiúde com muitos ingredientes de misticismo, neobudismo e cristianismo tolstoiano. Essa recusa em aceitar uma linha teórica definida, expressa num antagonismo bastante difundido contra o pensamento estruturado, e a tendência a rejeitar não apenas o historicismo, mas também a própria história, significam que nenhum dos líderes de tais rebeliões de estudantes americanos, como as de Columbia e Berkeley, ou as revoltas estudantis da Alemanha, ou ainda os militantes entre os Zengakuren no Japão, pode num sentido global ser chamado de anarquista, embora grande parte deles sem dúvida tivesse lido Bakunin, assim como Marx e Che Guevara; nas fileiras de tais movimentos houve um espectro de envolvimento intelectual que ia de raros anarquistas convictos e esclarecidos a muitos adeptos temporários, cujas motivações foram mais anárquicas que anarquistas, produtos antes da frustração que do pensamento. É significativo que nenhum desses movimentos tenha produzido uma única obra teórica no campo do pensamento anarquista comparável às produzidas nos períodos iniciais por Proudhon, Kropotkin ou mesmo Herbert Read.

Movimentos como esse de fato não podem ser chamados de anarquistas, visto não preencherem os critérios que, já vimos, são necessários: apresentar uma crítica libertária e consistente da sociedade tal qual ela é, uma contravisão de uma sociedade justa possível, e meios de passar de uma para a outra. Ao mesmo tempo, em todos esses movimentos, que fortemente rejeitam tanto os velhos partidos da esquerda quanto a estrutura política vigente, o interesse pelo anarquismo foi forte e compreensível. Sempre, no espírito, na persistência, na espontaneidade, na flexibilidade teórica, na simplicidade da vida, no amor e no ódio como componentes complementares e indispensáveis na ação social e individual, o anarquismo atrai aqueles que rejeitam a impessoalidade das instituições poderosas e os cálculos pragmáticos dos partidos políticos. Em termos de organização social, a negação anarquista do Estado e a persistência no descentralismo e nas responsabilidades populares encontraram eco num movimento contemporâneo que reivindica que a democracia não seja representativa, mas participante, e que sua ação seja direta. A recorrência do tema de controle de indústrias pelos trabalhadores em tantos manifestos de radicalismo contemporâneos mostra uma influência duradoura das ideias que Proudhon transmitiu aos anarcos-sindicalistas. Na revolta de 1968 em Paris, na qual os líderes da Federação Anarquista Francesa declararam não terem tido nenhuma influência enquanto organização, essa tradição surgiu do passado de modo surpreendente, quando os trabalhadores não apenas faziam greve, mas também ocupavam as fábricas; na França, a despeito de um longo e sufocante controle dos sindicatos pelo aparato comunista, as lembranças do passado, quando os anarquistas os dirigiam como órgãos de luta, não estão enterradas muito fundo, e a classe trabalhadora francesa militante é ainda, em grande medida, inspirada – qualquer que seja sua filiação partidária – por um voto de fé na capacidade dos trabalhadores de gerir seus próprios interesses, que deriva menos de algumas ideias sobre as quais Marx escreveu, do que do *De la Capacité Politique des Classes Ouvrières,* de Proudhon.

Os acontecimentos de 1968 na França podem, com efeito, ser considerados como típicos da emergência espontânea das ideias e das táticas anarquistas numa situação na qual os atores, em sua maior parte, não se reputavam anarquistas, e pouco conhecimento possuíam da história do anarquismo ou dos textos literários clássicos. Os intelectuais de uma geração mais velha, que representaram publicamente o anarquismo na França, não desempenharam nenhum papel na inspiração do acontecimento. Certos grupos de estudantes dissidentes anarquistas estavam na ativa, e houve elementos anarquistas entre os situacionistas e os líderes do movimento de 22 de março. Todavia, nem sempre foi fácil determinar até que ponto as ideias sobre conselhos de trabalhadores, por exemplo, derivaram das teorias comunistas da esquerda alemã, que por certo influenciaram os situacionistas, e até que ponto afastaram-se das tradições anarcossindicalistas sobreviventes.

O espetáculo da bandeira preta do anarquismo desfraldada ao lado da bandeira vermelha do socialismo sobre a Sorbonne e Bourse era, com efeito, um símbolo da atitude eclética em relação às doutrinas revolucionárias que inspiraram a maior parte dos estudantes e trabalhadores rebeldes que não pertenciam aos *groupuscules* sectários de maoístas e trotskistas, que estavam quase inteiramente desligados do espírito do movimento. Em consequência, houve alguns momentos confusos, em particular quando os demagogos de ocasião, apoderando-se do charme romântico do passado, apresentaram-se, como o fez Daniel Cohn-Bendit, como herdeiros de Bakunin. Cohn-Bendit revelou a falsidade de suas reivindicações anarquistas quando declarou, no clímax dos distúrbios de Paris: "Exigimos a liberdade de expressão dentro da universidade, mas negamo-la aos pró-americanos". Em outras palavras: liberdade para alguns, mas para outros a negação dela.

Foi entre os combatentes não festejados do movimento de Maio de 1968 que o espírito anarquista amiúde apareceu em suas formas mais puras, e lembramo-nos especialmente de um cartaz anônimo como a expressão de tudo o que era bom e idealista nos movimentos da juventude dos anos 60. "A sociedade da alienação deve ser varrida da história. Nós estamos inventando um mundo novo e original. A imaginação está tomando o poder!" Observe-se a escolha das palavras: não são homens que tomam o poder, ou partidos que tomam o poder, ou mesmo estudantes que tomam o poder, mas a *imaginação!* Essa, sem dúvida, é a única tomada de poder que poderia ter lugar sem corrupção!

A própria palavra *imaginação* leva-nos ao que foi talvez a mais admirável manifestação de anarquismo ressurgente dos últimos anos – aquela que se associou aos provos e aos kabouters da Holanda. Os provos foram francamente anarquistas, confirmando a herança recebida dos líderes anarquistas pacifistas holandeses do passado, Domela Nieuwenhuis e Bart de Ligt. Seu nome – provos – resultou da contração de *provocação* e foi precisamente por meio da provocação, na forma de demonstrações tumultuosas, acontecimentos excêntricos, formas originais de ajuda mútua, e até mesmo distúrbios, que eles propuseram-se a despertar o povo da aceitação passiva do estado de bem-estar. O que eles faziam era dar às doutrinas e à prática de rebelião um novo traço característico, de tal modo que a perda da esperança de algum dia alcançar o paraíso libertário – que no íntimo consumia todos os anarquistas – tornou-se à sua maneira uma arma a ser utilizada para incitar os governos a mostrarem seus verdadeiros rostos. O fraco provoca; os fortes desgastam-se contra a própria vontade.

O movimento Provo dissolveu-se em 1967; os kabouters (ou Goblins – "duendes") apareceram no início da década de 70 com o propósito construtivo de mudar a sociedade a partir de seu interior sem esperar o momento de a revolução transformar-se de mito em realidade, e captaram de tal maneira a imaginação da população de Amsterdam, que, à época das eleições municipais de junho de 1970, esteve em condições de eleger cinco delegados num conselho de 45 membros.

Um dos aspectos admiráveis do neo-anarquismo contemporâneo – e mesmo do anarquismo tradicional, na medida em que o velho movimento expandiu-se (o que por certo ocorreu na Inglaterra) como resultado das tendências atuais – está em ter-se convertido, a exemplo de tantos movimentos de protesto modernos, numa tendência da juventude e, em especial, dos jovens da classe média. Essa tendência mostrou-se evidente até o início dos anos 60. Em 1962, o jornal britânico anarquista *Freedom* realizou um interessante levantamento das profissões de seus leitores. Apenas 15% deles pertenciam a grupos tradicionais de trabalhadores e camponeses; dos 85% dos trabalhadores não manuais, o maior grupo consistia de professores e estudantes, além de muitos arquitetos e médicos, assim como de pessoas empregadas nas artes, ciências e jornalismo. Mais significativa ainda foi a variação dos grupos de idade entre os jovens: 45% dos leitores com mais de 60 anos eram trabalhadores manuais, contra 23% dos que se achavam na casa dos 30 anos e 10% na dos 20. Proporções muito próximas seriam encontradas nos movimentos anarquistas e neo-anarquistas na maior parte dos países ocidentais. O novo libertarianismo é essencialmente uma revolta – não dos desprivilegiados, mas dos privilegiados que perceberam a futilidade da opulência como meta; é uma forte reminiscência do movimento de nobres culpados da Rússia durante o século XIX.

Provavelmente, de fato, a única região do mundo onde ainda existe um movimento neo-anarquista entre os desprivilegiados é a Índia. Ghandi, em muitas ocasiões, declarou-se anarquista – à sua maneira – e criou, em parte com suas leituras de Tolstoi e Kropotkin e em parte fundamentado nas tradições comunitárias indianas, o plano de uma sociedade descentralizada baseada em comunidades rurais autônomas. Porque os partidários de Ghandi no Congresso amavam demasiado o poder, sua Índia aldeã não chegou a tornar-se realidade, mas um dos mais importantes movimentos anarquistas contemporâneos é o *sardovaya,* movimento liderado por Vinova Bhave e Jayapratash Narayan, que procurou transformar em realidade o sonho de Ghandi por meio da *gramdan* – posse comunitária da terra. Por volta de 1969, 140 mil aldeias – um quinto das aldeias da Índia – declararam-se a favor da *gramdan,* e conquanto isso ainda representa antes gestos frustrados que uma realização concreta, representa também, talvez, o maior comprometimento com as ideias anarquistas básicas no mundo contemporâneo.

Embora, sem dúvida, possamos considerar algumas mudanças gerais nas formas das relações sociais como consequência dos movimentos libertários contemporâneos, e em especial de uma intensificação do envolvimento dos trabalhadores nas tomadas de decisão em seu trabalho e no desenvolvimento de formas de democracia mais diretas e sensíveis às condições modernas, é pouco provável que o resultado global será uma sociedade inteiramente não governamental, com a qual os libertários sonharam tanto no presente quanto no passado. O valor do anarquismo provavelmente residirá em primeiro lugar na sua força como ideia inspiradora, uma visão estimulante, cuja verdadeira importância foi formulada por Herbert Read, o poeta anarquista, ao examinar a própria vida e seu significado – e também a relevância do anarquismo – no livro que concluiu pouco antes de sua morte, em 1968, The Cult of Sincerity:

"Minha compreensão da história da cultura convenceu-se de que a sociedade ideal é um ponto num horizonte distante. Nós nos movemos resolutos na sua direção, mas nunca o alcançaremos. Contudo, é com paixão que devemos entregar-nos à luta que nos chama".

G. W., Vancouver, julho de 1973.

Coleção L&PM POCKET

540. **É fácil matar** – Agatha Christie
541. **O pai Goriot** – Balzac
542. **Brasil, um país do futuro** – Stefan Zweig
543. **O processo** – Kafka
544. **O melhor de Hagar 4** – Dik Browne
545. **Por que não pediram a Evans?** – Agatha Christie
546. **Fanny Hill** – John Cleland
547. **O gato por dentro** – William S. Burroughs
548. **Sobre a brevidade da vida** – Sêneca
549. **Geraldão (1)** – Glauco
550. **Piratas do Tietê (2)** – Laerte
551. **Pagando o pato** – Ciça
552. **Garfield de bom humor (6)** – Jim Davis
553. **Conhece o Mário? vol.1** – Santiago
554. **Radicci 6** – Iotti
555. **Os subterrâneos** – Jack Kerouac
556.(1).**Balzac** – François Taillandier
557.(2).**Modigliani** – Christian Parisot
558.(3).**Kafka** – Gérard-Georges Lemaire
559.(4).**Júlio César** – Joël Schmidt
560. **Receitas da família** – J. A. Pinheiro Machado
561. **Boas maneiras à mesa** – Celia Ribeiro
562.(9).**Filhos sadios, pais felizes** – R. Pagnoncelli
563.(10).**Fatos & mitos** – Dr. Fernando Lucchese
564. **Ménage à trois** – Paula Taitelbaum
565. **Mulheres!** – David Coimbra
566. **Poemas de Álvaro de Campos** – Fernando Pessoa
567. **Medo e outras histórias** – Stefan Zweig
568. **Snoopy e sua turma (1)** – Schulz
569. **Piadas para sempre (1)** – Visconde da Casa Verde
570. **O alvo móvel** – Ross Macdonald
571. **O melhor do Recruta Zero (2)** – Mort Walker
572. **Um sonho americano** – Norman Mailer
573. **Os broncos também amam** – Angeli
574. **Crônica de um amor louco** – Bukowski
575.(5).**Freud** – René Major e Chantal Talagrand
576.(6).**Picasso** – Gilles Plazy
577.(7).**Gandhi** – Christine Jordis
578. **A tumba** – H. P. Lovecraft
579. **O príncipe e o mendigo** – Mark Twain
580. **Garfield, um charme de gato (7)** – Jim Davis
581. **Ilusões perdidas** – Balzac
582. **Esplendores e misérias das cortesãs** – Balzac
583. **Walter Ego** – Angeli
584. **Striptiras (1)** – Laerte
585. **Fagundes: um puxa-saco de mão cheia** – Laerte
586. **Depois do último trem** – Josué Guimarães
587. **Ricardo III** – Shakespeare
588. **Dona Anja** – Josué Guimarães
589. **24 horas na vida de uma mulher** – Stefan Zweig
591. **Mulher no escuro** – Dashiell Hammett
592. **No que acredito** – Bertrand Russell
593. **Odisseia (1): Telemaquia** – Homero
594. **O cavalo cego** – Josué Guimarães
595. **Henrique V** – Shakespeare
596. **Fabulário geral do delírio cotidiano** – Bukowski
597. **Tiros na noite 1: A mulher do bandido** – Dashiell Hammett
598. **Snoopy em Feliz Dia dos Namorados! (2)** – Schulz
600. **Crime e castigo** – Dostoiévski
601. **Mistério no Caribe** – Agatha Christie
602. **Odisseia (2): Regresso** – Homero
603. **Piadas para sempre (2)** – Visconde da Casa Verde
604. **À sombra do vulcão** – Malcolm Lowry
605.(8).**Kerouac** – Yves Buin
606. **E agora são cinzas** – Angeli
607. **As mil e uma noites** – Paulo Caruso
608. **Um assassino entre nós** – Ruth Rendell
609. **Crack-up** – F. Scott Fitzgerald
610. **Do amor** – Stendhal
611. **Cartas do Yage** – William Burroughs e Allen Ginsberg
612. **Striptiras (2)** – Laerte
613. **Henry & June** – Anaïs Nin
614. **A piscina mortal** – Ross Macdonald
615. **Geraldão (2)** – Glauco
616. **Tempo de delicadeza** – A. R. de Sant'Anna
617. **Tiros na noite 2: Medo de tiro** – Dashiell Hammett
618. **Snoopy em Assim é a vida, Charlie Brown! (3)** – Schulz
619. **1954 – Um tiro no coração** – Hélio Silva
620. **Sobre a inspiração poética (Íon) e ...** – Platão
621. **Garfield e seus amigos (8)** – Jim Davis
622. **Odisseia (3): Ítaca** – Homero
623. **A louca matança** – Chester Himes
624. **Factótum** – Bukowski
625. **Guerra e Paz: volume 1** – Tolstói
626. **Guerra e Paz: volume 2** – Tolstói
627. **Guerra e Paz: volume 3** – Tolstói
628. **Guerra e Paz: volume 4** – Tolstói
629.(9).**Shakespeare** – Claude Mourthé
630. **Bem está o que bem acaba** – Shakespeare
631. **O contrato social** – Rousseau
632. **Geração Beat** – Jack Kerouac
633. **Snoopy: É Natal! (4)** – Charles Schulz
634. **Testemunha da acusação** – Agatha Christie
635. **Um elefante no caos** – Millôr Fernandes
636. **Guia de leitura (100 autores que você precisa ler)** – Organização de Léa Masina
637. **Pistoleiros também mandam flores** – David Coimbra

638. **O prazer das palavras** – vol. 1 – Cláudio Moreno
639. **O prazer das palavras** – vol. 2 – Cláudio Moreno
640. **Novíssimo testamento: com Deus e o diabo, a dupla da criação** – Iotti
641. **Literatura Brasileira: modos de usar** – Luís Augusto Fischer
642. **Dicionário de Porto-Alegrês** – Luís A. Fischer
643. **Clô Dias & Noites** – Sérgio Jockymann
644. **Memorial de Isla Negra** – Pablo Neruda
645. **Um homem extraordinário e outras histórias** – Tchékhov
646. **Ana sem terra** – Alcy Cheuiche
647. **Adultérios** – Woody Allen
651. **Snoopy: Posso fazer uma pergunta, professora? (5)** – Charles Schulz
652.(10). **Luís XVI** – Bernard Vincent
653. **O mercador de Veneza** – Shakespeare
654. **Cancioneiro** – Fernando Pessoa
655. **Non-Stop** – Martha Medeiros
656. **Carpinteiros, levantem bem alto a cumeeira & Seymour, uma apresentação** – J.D.Salinger
657. **Ensaios céticos** – Bertrand Russell
658. **O melhor de Hagar 5** – Dik e Chris Browne
659. **Primeiro amor** – Ivan Turguêniev
660. **A trégua** – Mario Benedetti
661. **Um parque de diversões da cabeça** – Lawrence Ferlinghetti
662. **Aprendendo a viver** – Sêneca
663. **Garfield, um gato em apuros (9)** – Jim Davis
664. **Dilbert (1)** – Scott Adams
666. **A imaginação** – Jean-Paul Sartre
667. **O ladrão e os cães** – Naguib Mahfuz
669. **A volta do parafuso** *seguido de* **Daisy Miller** – Henry James
670. **Notas do subsolo** – Dostoiévski
671. **Abobrinhas da Brasilônia** – Glauco
672. **Geraldão (3)** – Glauco
673. **Piadas para sempre (3)** – Visconde da Casa Verde
674. **Duas viagens ao Brasil** – Hans Staden
676. **A arte da guerra** – Maquiavel
677. **Além do bem e do mal** – Nietzsche
678. **O coronel Chabert** *seguido de* **A mulher abandonada** – Balzac
679. **O sorriso de marfim** – Ross Macdonald
680. **100 receitas de pescados** – Sílvio Lancellotti
681. **O juiz e seu carrasco** – Friedrich Dürrenmatt
682. **Noites brancas** – Dostoiévski
683. **Quadras ao gosto popular** – Fernando Pessoa
685. **Kaos** – Millôr Fernandes
686. **A pele de onagro** – Balzac
687. **As ligações perigosas** – Choderlos de Laclos
689. **Os Lusíadas** – Luís Vaz de Camões
690.(11). **Átila** – Éric Deschodt
691. **Um jeito tranquilo de matar** – Chester Himes
692. **A felicidade conjugal** *seguido de* **O diabo** – Tolstói
693. **Viagem de um naturalista ao redor do mundo** – vol. 1 – Charles Darwin
694. **Viagem de um naturalista ao redor do mundo** – vol. 2 – Charles Darwin
695. **Memórias da casa dos mortos** – Dostoiévski
696. **A Celestina** – Fernando de Rojas
697. **Snoopy: Como você é azarado, Charlie Brown! (6)** – Charles Schulz
698. **Dez (quase) amores** – Claudia Tajes
699. **Poirot sempre espera** – Agatha Christie
701. **Apologia de Sócrates** *precedido de* **Êutifron e** *seguido de* **Críton** – Platão
702. **Wood & Stock** – Angeli
703. **Striptiras (3)** – Laerte
704. **Discurso sobre a origem e os fundamentos da desigualdade entre os homens** – Rousseau
705. **Os duelistas** – Joseph Conrad
706. **Dilbert (2)** – Scott Adams
707. **Viver e escrever** (vol. 1) – Edla van Steen
708. **Viver e escrever** (vol. 2) – Edla van Steen
709. **Viver e escrever** (vol. 3) – Edla van Steen
710. **A teia da aranha** – Agatha Christie
711. **O banquete** – Platão
712. **Os belos e malditos** – F. Scott Fitzgerald
713. **Libelo contra a arte moderna** – Salvador Dalí
714. **Akropolis** – Valerio Massimo Manfredi
715. **Devoradores de mortos** – Michael Crichton
716. **Sob o sol da Toscana** – Frances Mayes
717. **Batom na cueca** – Nani
718. **Vida dura** – Claudia Tajes
719. **Carne trêmula** – Ruth Rendell
720. **Cris, a fera** – David Coimbra
721. **O anticristo** – Nietzsche
722. **Como um romance** – Daniel Pennac
723. **Emboscada no Forte Bragg** – Tom Wolfe
724. **Assédio sexual** – Michael Crichton
725. **O espírito do Zen** – Alan W.Watts
726. **Um bonde chamado desejo** – Tennessee Williams
727. **Como gostais** *seguido de* **Conto de inverno** – Shakespeare
728. **Tratado sobre a tolerância** – Voltaire
729. **Snoopy: Doces ou travessuras? (7)** – Charles Schulz
730. **Cardápios do Anonymus Gourmet** – J.A. Pinheiro Machado
731. **100 receitas com lata** – J.A. Pinheiro Machado
732. **Conhece o Mário?** vol.2 – Santiago
733. **Dilbert (3)** – Scott Adams
734. **História de um louco amor** *seguido de* **Passado amor** – Horacio Quiroga
735.(11). **Sexo: muito prazer** – Laura Meyer da Silva
736.(12). **Para entender o adolescente** – Dr. Ronald Pagnoncelli
737.(13). **Desembarcando a tristeza** – Dr. Fernando Lucchese
738. **Poirot e o mistério da arca espanhola & outras histórias** – Agatha Christie
739. **A última legião** – Valerio Massimo Manfredi
741. **Sol nascente** – Michael Crichton
742. **Duzentos ladrões** – Dalton Trevisan
743. **Os devaneios do caminhante solitário** – Rousseau

744. **Garfield, o rei da preguiça (10)** – Jim Davis
745. **Os magnatas** – Charles R. Morris
746. **Pulp** – Charles Bukowski
747. **Enquanto agonizo** – William Faulkner
748. **Aline: viciada em sexo (3)** – Adão Iturrusgarai
749. **A dama do cachorrinho** – Anton Tchékhov
750. **Tito Andrônico** – Shakespeare
751. **Antologia poética** – Anna Akhmátova
752. **O melhor de Hagar 6** – Dik e Chris Browne
753.(12).**Michelangelo** – Nadine Sautel
754. **Dilbert (4)** – Scott Adams
755. **O jardim das cerejeiras** *seguido de* **Tio Vânia** – Tchékhov
756. **Geração Beat** – Claudio Willer
757. **Santos Dumont** – Alcy Cheuiche
758. **Budismo** – Claude B. Levenson
759. **Cleópatra** – Christian-Georges Schwentzel
760. **Revolução Francesa** – Frédéric Bluche, Stéphane Rials e Jean Tulard
761. **A crise de 1929** – Bernard Gazier
762. **Sigmund Freud** – Edson Sousa e Paulo Endo
763. **Império Romano** – Patrick Le Roux
764. **Cruzadas** – Cécile Morrisson
765. **O mistério do Trem Azul** – Agatha Christie
768. **Senso comum** – Thomas Paine
769. **O parque dos dinossauros** – Michael Crichton
770. **Trilogia da paixão** – Goethe
773. **Snoopy: No mundo da lua! (8)** – Charles Schulz
774. **Os Quatro Grandes** – Agatha Christie
775. **Um brinde de cianureto** – Agatha Christie
776. **Súplicas atendidas** – Truman Capote
779. **A viúva imortal** – Millôr Fernandes
780. **Cabala** – Roland Goetschel
781. **Capitalismo** – Claude Jessua
782. **Mitologia grega** – Pierre Grimal
783. **Economia: 100 palavras-chave** – Jean-Paul Betbèze
784. **Marxismo** – Henri Lefebvre
785. **Punição para a inocência** – Agatha Christie
786. **A extravagância do morto** – Agatha Christie
787.(13).**Cézanne** – Bernard Fauconnier
788. **A identidade Bourne** – Robert Ludlum
789. **Da tranquilidade da alma** – Sêneca
790. **Um artista da fome** *seguido de* **Na colônia penal e outras histórias** – Kafka
791. **Histórias de fantasmas** – Charles Dickens
796. **O Uraguai** – Basílio da Gama
797. **A mão misteriosa** – Agatha Christie
798. **Testemunha ocular do crime** – Agatha Christie
799. **Crepúsculo dos ídolos** – Friedrich Nietzsche
802. **O grande golpe** – Dashiell Hammett
803. **Humor barra pesada** – Nani
804. **Vinho** – Jean-François Gautier
805. **Egito Antigo** – Sophie Desplancques
806.(14).**Baudelaire** – Jean-Baptiste Baronian
807. **Caminho da sabedoria, caminho da paz** – Dalai Lama e Felizitas von Schönborn
808. **Senhor e servo e outras histórias** – Tolstói
809. **Os cadernos de Malte Laurids Brigge** – Rilke
810. **Dilbert (5)** – Scott Adams
811. **Big Sur** – Jack Kerouac
812. **Seguindo a correnteza** – Agatha Christie
813. **O álibi** – Sandra Brown
814. **Montanha-russa** – Martha Medeiros
815. **Coisas da vida** – Martha Medeiros
816. **A cantada infalível** *seguido de* **A mulher do centroavante** – David Coimbra
819. **Snoopy: Pausa para a soneca (9)** – Charles Schulz
820. **De pernas pro ar** – Eduardo Galeano
821. **Tragédias gregas** – Pascal Thiercy
822. **Existencialismo** – Jacques Colette
823. **Nietzsche** – Jean Granier
824. **Amar ou depender?** – Walter Riso
825. **Darmapada: A doutrina budista em versos**
826. **J'Accuse...! – a verdade em marcha** – Zola
827. **Os crimes ABC** – Agatha Christie
828. **Um gato entre os pombos** – Agatha Christie
831. **Dicionário de teatro** – Luiz Paulo Vasconcellos
832. **Cartas extraviadas** – Martha Medeiros
833. **A longa viagem de prazer** – J. J. Morosoli
834. **Receitas fáceis** – J. A. Pinheiro Machado
835.(14).**Mais fatos & mitos** – Dr. Fernando Lucchese
836.(15).**Boa viagem!** – Dr. Fernando Lucchese
837. **Aline: Finalmente nua!!! (4)** – Adão Iturrusgarai
838. **Mônica tem uma novidade!** – Mauricio de Sousa
839. **Cebolinha em apuros!** – Mauricio de Sousa
840. **Sócios no crime** – Agatha Christie
841. **Bocas do tempo** – Eduardo Galeano
842. **Orgulho e preconceito** – Jane Austen
843. **Impressionismo** – Dominique Lobstein
844. **Escrita chinesa** – Viviane Alleton
845. **Paris: uma história** – Yvan Combeau
846.(15).**Van Gogh** – David Haziot
848. **Portal do destino** – Agatha Christie
849. **O futuro de uma ilusão** – Freud
850. **O mal-estar na cultura** – Freud
853. **Um crime adormecido** – Agatha Christie
854. **Satori em Paris** – Jack Kerouac
855. **Medo e delírio em Las Vegas** – Hunter Thompson
856. **Um negócio fracassado e outros contos de humor** – Tchékhov
857. **Mônica está de férias!** – Mauricio de Sousa
858. **De quem é esse coelho?** – Mauricio de Sousa
860. **O mistério Sittaford** – Agatha Christie
861. **Manhã transfigurada** – L. A. de Assis Brasil
862. **Alexandre, o Grande** – Pierre Briant
863. **Jesus** – Charles Perrot
864. **Islã** – Paul Balta
865. **Guerra da Secessão** – Farid Ameur
866. **Um rio que vem da Grécia** – Cláudio Moreno
868. **Assassinato na casa do pastor** – Agatha Christie
869. **Manual do líder** – Napoleão Bonaparte
870.(16).**Billie Holiday** – Sylvia Fol
871. **Bidu arrasando!** – Mauricio de Sousa
872. **Os Sousa: Desventuras em família** – Mauricio de Sousa

874. **E no final a morte** – Agatha Christie
875. **Guia prático do Português correto – vol. 4** – Cláudio Moreno
876. **Dilbert (6)** – Scott Adams
877(17). **Leonardo da Vinci** – Sophie Chauveau
878. **Bella Toscana** – Frances Mayes
879. **A arte da ficção** – David Lodge
880. **Striptiras (4)** – Laerte
881. **Skrotinhos** – Angeli
882. **Depois do funeral** – Agatha Christie
883. **Radicci 7** – Iotti
884. **Walden** – H. D. Thoreau
885. **Lincoln** – Allen C. Guelzo
886. **Primeira Guerra Mundial** – Michael Howard
887. **A linha de sombra** – Joseph Conrad
888. **O amor é um cão dos diabos** – Bukowski
890. **Despertar: uma vida de Buda** – Jack Kerouac
891(18). **Albert Einstein** – Laurent Seksik
892. **Hell's Angels** – Hunter Thompson
893. **Ausência na primavera** – Agatha Christie
894. **Dilbert (7)** – Scott Adams
895. **Ao sul de lugar nenhum** – Bukowski
896. **Maquiavel** – Quentin Skinner
897. **Sócrates** – C.C.W. Taylor
899. **O Natal de Poirot** – Agatha Christie
900. **As veias abertas da América Latina** – Eduardo Galeano
901. **Snoopy: Sempre alerta! (10)** – Charles Schulz
902. **Chico Bento: Plantando confusão** – Mauricio de Sousa
903. **Penadinho: Quem é morto sempre aparece** – Mauricio de Sousa
904. **A vida sexual da mulher feia** – Claudia Tajes
905. **100 segredos de liquidificador** – José Antonio Pinheiro Machado
906. **Sexo muito prazer 2** – Laura Meyer da Silva
907. **Os nascimentos** – Eduardo Galeano
908. **As caras e as máscaras** – Eduardo Galeano
909. **O século do vento** – Eduardo Galeano
910. **Poirot perde uma cliente** – Agatha Christie
911. **Cérebro** – Michael O'Shea
912. **O escaravelho de ouro e outras histórias** – Edgar Allan Poe
913. **Piadas para sempre (4)** – Visconde da Casa Verde
914. **100 receitas de massas light** – Helena Tonetto
915(19). **Oscar Wilde** – Daniel Salvatore Schiffer
916. **Uma breve história do mundo** – H. G. Wells
917. **A Casa do Penhasco** – Agatha Christie
919. **John M. Keynes** – Bernard Gazier
920(20). **Virginia Woolf** – Alexandra Lemasson
921. **Peter e Wendy** seguido de **Peter Pan em Kensington Gardens** – J. M. Barrie
922. **Aline: numas de colegial (5)** – Adão Iturrusgarai
923. **Uma dose mortal** – Agatha Christie
924. **Os trabalhos de Hércules** – Agatha Christie
926. **Kant** – Roger Scruton
927. **A inocência do Padre Brown** – G.K. Chesterton
928. **Casa Velha** – Machado de Assis
929. **Marcas de nascença** – Nancy Huston
930. **Aulete de bolso**
931. **Hora Zero** – Agatha Christie
932. **Morte na Mesopotâmia** – Agatha Christie
934. **Nem te conto, João** – Dalton Trevisan
935. **As aventuras de Huckleberry Finn** – Mark Twain
936(21). **Marilyn Monroe** – Anne Plantagenet
937. **China moderna** – Rana Mitter
938. **Dinossauros** – David Norman
939. **Louca por homem** – Claudia Tajes
940. **Amores de alto risco** – Walter Riso
941. **Jogo de damas** – David Coimbra
942. **Filha é filha** – Agatha Christie
943. **M ou N?** – Agatha Christie
945. **Bidu: diversão em dobro!** – Mauricio de Sousa
946. **Fogo** – Anaïs Nin
947. **Rum: diário de um jornalista bêbado** – Hunter Thompson
948. **Persuasão** – Jane Austen
949. **Lágrimas na chuva** – Sergio Faraco
950. **Mulheres** – Bukowski
951. **Um pressentimento funesto** – Agatha Christie
952. **Cartas na mesa** – Agatha Christie
954. **O lobo do mar** – Jack London
955. **Os gatos** – Patricia Highsmith
956(22). **Jesus** – Christiane Rancé
957. **História da medicina** – William Bynum
958. **O Morro dos Ventos Uivantes** – Emily Brontë
959. **A filosofia na era trágica dos gregos** – Nietzsche
960. **Os treze problemas** – Agatha Christie
961. **A massagista japonesa** – Moacyr Scliar
963. **Humor do miserê** – Nani
964. **Todo o mundo tem dúvida, inclusive você** – Édison de Oliveira
965. **A dama do Bar Nevada** – Sergio Faraco
969. **O psicopata americano** – Bret Easton Ellis
970. **Ensaios de amor** – Alain de Botton
971. **O grande Gatsby** – F. Scott Fitzgerald
972. **Por que não sou cristão** – Bertrand Russell
973. **A Casa Torta** – Agatha Christie
974. **Encontro com a morte** – Agatha Christie
975(23). **Rimbaud** – Jean-Baptiste Baronian
976. **Cartas na rua** – Bukowski
977. **Memória** – Jonathan K. Foster
978. **A abadia de Northanger** – Jane Austen
979. **As pernas de Úrsula** – Claudia Tajes
980. **Retrato inacabado** – Agatha Christie
981. **Solanin (1)** – Inio Asano
982. **Solanin (2)** – Inio Asano
983. **Aventuras de menino** – Mitsuru Adachi
984(16). **Fatos & mitos sobre sua alimentação** – Dr. Fernando Lucchese
985. **Teoria quântica** – John Polkinghorne
986. **O eterno marido** – Fiódor Dostoiévski
987. **Um safado em Dublin** – J. P. Donleavy
988. **Mirinha** – Dalton Trevisan
989. **Akhenaton e Nefertiti** – Carmen Seganfredo e A. S. Franchini

990. **On the Road – o manuscrito original** – Jack Kerouac
991. **Relatividade** – Russell Stannard
992. **Abaixo de zero** – Bret Easton Ellis
993.(24). **Andy Warhol** – Mériam Korichi
995. **Os últimos casos de Miss Marple** – Agatha Christie
996. **Nico Demo: Aí vem encrenca** – Mauricio de Sousa
998. **Rousseau** – Robert Wokler
999. **Noite sem fim** – Agatha Christie
1000. **Diários de Andy Warhol (1)** – Editado por Pat Hackett
1001. **Diários de Andy Warhol (2)** – Editado por Pat Hackett
1002. **Cartier-Bresson: o olhar do século** – Pierre Assouline
1003. **As melhores histórias da mitologia: vol. 1** – A.S. Franchini e Carmen Seganfredo
1004. **As melhores histórias da mitologia: vol. 2** – A.S. Franchini e Carmen Seganfredo
1005. **Assassinato no beco** – Agatha Christie
1006. **Convite para um homicídio** – Agatha Christie
1008. **História da vida** – Michael J. Benton
1009. **Jung** – Anthony Stevens
1010. **Arsène Lupin, ladrão de casaca** – Maurice Leblanc
1011. **Dublinenses** – James Joyce
1012. **120 tirinhas da Turma da Mônica** – Mauricio de Sousa
1013. **Antologia poética** – Fernando Pessoa
1014. **A aventura de um cliente ilustre** *seguido de* **O último adeus de Sherlock Holmes** – Sir Arthur Conan Doyle
1015. **Cenas de Nova York** – Jack Kerouac
1016. **A corista** – Anton Tchékhov
1017. **O diabo** – Leon Tolstói
1018. **Fábulas chinesas** – Sérgio Capparelli e Márcia Schmaltz
1019. **O gato do Brasil** – Sir Arthur Conan Doyle
1020. **Missa do Galo** – Machado de Assis
1021. **O mistério de Marie Rogêt** – Edgar Allan Poe
1022. **A mulher mais linda da cidade** – Bukowski
1023. **O retrato** – Nicolai Gogol
1024. **O conflito** – Agatha Christie
1025. **Os primeiros casos de Poirot** – Agatha Christie
1027.(25). **Beethoven** – Bernard Fauconnier
1028. **Platão** – Julia Annas
1029. **Cleo e Daniel** – Roberto Freire
1030. **Til** – José de Alencar
1031. **Viagens na minha terra** – Almeida Garrett
1032. **Profissões para mulheres e outros artigos feministas** – Virginia Woolf
1033. **Mrs. Dalloway** – Virginia Woolf
1034. **O cão da morte** – Agatha Christie
1035. **Tragédia em três atos** – Agatha Christie
1037. **O fantasma da Ópera** – Gaston Leroux
1038. **Evolução** – Brian e Deborah Charlesworth

1039. **Medida por medida** – Shakespeare
1040. **Razão e sentimento** – Jane Austen
1041. **A obra-prima ignorada** *seguido de* **Um episódio durante o Terror** – Balzac
1042. **A fugitiva** – Anaïs Nin
1043. **As grandes histórias da mitologia greco-romana** – A. S. Franchini
1044. **O corno de si mesmo & outras historietas** – Marquês de Sade
1045. **Da felicidade** *seguido de* **Da vida retirada** – Sêneca
1046. **O horror em Red Hook e outras histórias** – H. P. Lovecraft
1047. **Noite em claro** – Martha Medeiros
1048. **Poemas clássicos chineses** – Li Bai, Du Fu e Wang Wei
1049. **A terceira moça** – Agatha Christie
1050. **Um destino ignorado** – Agatha Christie
1051.(26). **Buda** – Sophie Royer
1052. **Guerra Fria** – Robert J. McMahon
1053. **Simons's Cat: as aventuras de um gato travesso e comilão – vol. 1** – Simon Tofield
1054. **Simons's Cat: as aventuras de um gato travesso e comilão – vol. 2** – Simon Tofield
1055. **Só as mulheres e as baratas sobreviverão** – Claudia Tajes
1057. **Pré-história** – Chris Gosden
1058. **Pintou sujeira!** – Mauricio de Sousa
1059. **Contos de Mamãe Gansa** – Charles Perrault
1060. **A interpretação dos sonhos: vol. 1** – Freud
1061. **A interpretação dos sonhos: vol. 2** – Freud
1062. **Frufru Rataplã Dolores** – Dalton Trevisan
1063. **As melhores histórias da mitologia egípcia** – Carmem Seganfredo e A.S. Franchini
1064. **Infância. Adolescência. Juventude** – Tolstói
1065. **As consolações da filosofia** – Alain de Botton
1066. **Diários de Jack Kerouac – 1947-1954**
1067. **Revolução Francesa – vol. 1** – Max Gallo
1068. **Revolução Francesa – vol. 2** – Max Gallo
1069. **O detetive Parker Pyne** – Agatha Christie
1070. **Memórias do esquecimento** – Flávio Tavares
1071. **Drogas** – Leslie Iversen
1072. **Manual de ecologia (vol.2)** – J. Lutzenberger
1073. **Como andar no labirinto** – Affonso Romano de Sant'Anna
1074. **A orquídea e o serial killer** – Juremir Machado da Silva
1075. **Amor nos tempos de fúria** – Lawrence Ferlinghetti
1076. **A aventura do pudim de Natal** – Agatha Christie
1078. **Amores que matam** – Patricia Faur
1079. **Histórias de pescador** – Mauricio de Sousa
1080. **Pedaços de um caderno manchado de vinho** – Bukowski
1081. **A ferro e fogo: tempo de solidão (vol.1)** – Josué Guimarães
1082. **A ferro e fogo: tempo de guerra (vol.2)** – Josué Guimarães
1084.(17). **Desembarcando o Alzheimer** – Dr. Fernando Lucchese e Dra. Ana Hartmann

1085. **A maldição do espelho** – Agatha Christie
1086. **Uma breve história da filosofia** – Nigel Warburton
1088. **Heróis da História** – Will Durant
1089. **Concerto campestre** – L. A. de Assis Brasil
1090. **Morte nas nuvens** – Agatha Christie
1092. **Aventura em Bagdá** – Agatha Christie
1093. **O cavalo amarelo** – Agatha Christie
1094. **O método de interpretação dos sonhos** – Freud
1095. **Sonetos de amor e desamor** – Vários
1096. **120 tirinhas do Dilbert** – Scott Adams
1097. **200 fábulas de Esopo**
1098. **O curioso caso de Benjamin Button** – F. Scott Fitzgerald
1099. **Piadas para sempre: uma antologia para morrer de rir** – Visconde da Casa Verde
1100. **Hamlet (Mangá)** – Shakespeare
1101. **A arte da guerra (Mangá)** – Sun Tzu
1104. **As melhores histórias da Bíblia (vol.1)** – A. S. Franchini e Carmen Seganfredo
1105. **As melhores histórias da Bíblia (vol.2)** – A. S. Franchini e Carmen Seganfredo
1106. **Psicologia das massas e análise do eu** – Freud
1107. **Guerra Civil Espanhola** – Helen Graham
1108. **A autoestrada do sul e outras histórias** – Julio Cortázar
1109. **O mistério dos sete relógios** – Agatha Christie
1110. **Peanuts: Ninguém gosta de mim... (amor)** – Charles Schulz
1111. **Cadê o bolo?** – Mauricio de Sousa
1112. **O filósofo ignorante** – Voltaire
1113. **Totem e tabu** – Freud
1114. **Filosofia pré-socrática** – Catherine Osborne
1115. **Desejo de status** – Alain de Botton
1118. **Passageiro para Frankfurt** – Agatha Christie
1120. **Kill All Enemies** – Melvin Burgess
1121. **A morte da sra. McGinty** – Agatha Christie
1122. **Revolução Russa** – S. A. Smith
1123. **Até você, Capitu?** – Dalton Trevisan
1124. **O grande Gatsby (Mangá)** – F. S. Fitzgerald
1125. **Assim falou Zaratustra (Mangá)** – Nietzsche
1126. **Peanuts: É para isso que servem os amigos (amizade)** – Charles Schulz
1127(27). **Nietzsche** – Dorian Astor
1128. **Bidu: Hora do banho** – Mauricio de Sousa
1129. **O melhor do Macanudo Taurino** – Santiago
1130. **Radicci 30 anos** – Iotti
1131. **Show de sabores** – J.A. Pinheiro Machado
1132. **O prazer das palavras** – vol. 3 – Cláudio Moreno
1133. **Morte na praia** – Agatha Christie
1134. **O fardo** – Agatha Christie
1135. **Manifesto do Partido Comunista (Mangá)** – Marx & Engels
1136. **A metamorfose (Mangá)** – Franz Kafka
1137. **Por que você não se casou... ainda** – Tracy McMillan
1138. **Textos autobiográficos** – Bukowski
1139. **A importância de ser prudente** – Oscar Wilde
1140. **Sobre a vontade na natureza** – Arthur Schopenhauer
1141. **Dilbert (8)** – Scott Adams
1142. **Entre dois amores** – Agatha Christie
1143. **Cipreste triste** – Agatha Christie
1144. **Alguém viu uma assombração?** – Mauricio de Sousa
1145. **Mandela** – Elleke Boehmer
1146. **Retrato do artista quando jovem** – James Joyce
1147. **Zadig ou o destino** – Voltaire
1148. **O contrato social (Mangá)** – J.-J. Rousseau
1149. **Garfield fenomenal** – Jim Davis
1150. **A queda da América** – Allen Ginsberg
1151. **Música na noite & outros ensaios** – Aldous Huxley
1152. **Poesias inéditas & Poemas dramáticos** – Fernando Pessoa
1153. **Peanuts: Felicidade é...** – Charles M. Schulz
1154. **Mate-me por favor** – Legs McNeil e Gillian McCain
1155. **Assassinato no Expresso Oriente** – Agatha Christie
1156. **Um punhado de centeio** – Agatha Christie
1157. **A interpretação dos sonhos (Mangá)** – Freud
1158. **Peanuts: Você não entende o sentido da vida** – Charles M. Schulz
1159. **A dinastia Rothschild** – Herbert R. Lottman
1160. **A Mansão Hollow** – Agatha Christie
1161. **Nas montanhas da loucura** – H.P. Lovecraft
1162(28). **Napoleão Bonaparte** – Pascale Fautrier
1163. **Um corpo na biblioteca** – Agatha Christie
1164. **Inovação** – Mark Dodgson e David Gann
1165. **O que toda mulher deve saber sobre os homens: a afetividade masculina** – Walter Riso
1166. **O amor está no ar** – Mauricio de Sousa
1167. **Testemunha de acusação & outras histórias** – Agatha Christie
1168. **Etiqueta de bolso** – Celia Ribeiro
1169. **Poesia reunida (volume 3)** – Affonso Romano de Sant'Anna
1170. **Emma** – Jane Austen
1171. **Que seja em segredo** – Ana Miranda
1172. **Garfield sem apetite** – Jim Davis
1173. **Garfield: Foi mal...** – Jim Davis
1174. **Os irmãos Karamázov (Mangá)** – Dostoiévski
1175. **O Pequeno Príncipe** – Antoine de Saint-Exupéry
1176. **Peanuts: Ninguém mais tem o espírito aventureiro** – Charles M. Schulz
1177. **Assim falou Zaratustra** – Nietzsche
1178. **Morte no Nilo** – Agatha Christie
1179. **Ê, soneca boa** – Mauricio de Sousa
1180. **Garfield a todo o vapor** – Jim Davis
1181. **Em busca do tempo perdido (Mangá)** – Proust
1182. **Cai o pano: o último caso de Poirot** – Agatha Christie
1183. **Livro para colorir e relaxar** – Livro 1
1184. **Para colorir sem parar**
1185. **Os elefantes não esquecem** – Agatha Christie

1186. **Teoria da relatividade** – Albert Einstein
1187. **Compêndio da psicanálise** – Freud
1188. **Visões de Gerard** – Jack Kerouac
1189. **Fim de verão** – Mohiro Kitoh
1190. **Procurando diversão** – Mauricio de Sousa
1191. **E não sobrou nenhum e outras peças** – Agatha Christie
1192. **Ansiedade** – Daniel Freeman & Jason Freeman
1193. **Garfield: pausa para o almoço** – Jim Davis
1194. **Contos do dia e da noite** – Guy de Maupassant
1195. **O melhor de Hagar 7** – Dik Browne
1196. (29). **Lou Andreas-Salomé** – Dorian Astor
1197. (30). **Pasolini** – René de Ceccatty
1198. **O caso do Hotel Bertram** – Agatha Christie
1199. **Crônicas de motel** – Sam Shepard
1200. **Pequena filosofia da paz interior** – Catherine Rambert
1201. **Os sertões** – Euclides da Cunha
1202. **Treze à mesa** – Agatha Christie
1203. **Bíblia** – John Riches
1204. **Anjos** – David Albert Jones
1205. **As tirinhas do Guri de Uruguaiana 1** – Jair Kobe
1206. **Entre aspas (vol.1)** – Fernando Eichenberg
1207. **Escrita** – Andrew Robinson
1208. **O spleen de Paris: pequenos poemas em prosa** – Charles Baudelaire
1209. **Satíricon** – Petrônio
1210. **O avarento** – Molière
1211. **Queimando na água, afogando-se na chama** – Bukowski
1212. **Miscelânea septuagenária: contos e poemas** – Bukowski
1213. **Que filosofar é aprender a morrer e outros ensaios** – Montaigne
1214. **Da amizade e outros ensaios** – Montaigne
1215. **O medo à espreita e outras histórias** – H.P. Lovecraft
1216. **A obra de arte na era de sua reprodutibilidade técnica** – Walter Benjamin
1217. **Sobre a liberdade** – John Stuart Mill
1218. **O segredo de Chimneys** – Agatha Christie
1219. **Morte na rua Hickory** – Agatha Christie
1220. **Ulisses (Mangá)** – James Joyce
1221. **Ateísmo** – Julian Baggini
1222. **Os melhores contos de Katherine Mansfield** – Katherine Mansfied
1223. (31). **Martin Luther King** – Alain Foix
1224. **Millôr Definitivo: uma antologia de *A Bíblia do Caos*** – Millôr Fernandes
1225. **O Clube das Terças-Feiras e outras histórias** – Agatha Christie
1226. **Por que sou tão sábio** – Nietzsche
1227. **Sobre a mentira** – Platão
1228. **Sobre a leitura *seguido do* Depoimento de Céleste Albaret** – Proust
1229. **O homem do terno marrom** – Agatha Christie
1230. (32). **Jimi Hendrix** – Franck Médioni
1231. **Amor e amizade e outras histórias** – Jane Austen
1232. **Lady Susan, Os Watson e Sanditon** – Jane Austen
1233. **Uma breve história da ciência** – William Bynum
1234. **Macunaíma: o herói sem nenhum caráter** – Mário de Andrade
1235. **A máquina do tempo** – H.G. Wells
1236. **O homem invisível** – H.G. Wells
1237. **Os 38 estratagemas: manual secreto da arte da guerra** – Anônimo
1238. **A mina de ouro e outras histórias** – Agatha Christie
1239. **Pic** – Jack Kerouac
1240. **O habitante da escuridão e outros contos** – H.P. Lovecraft
1241. **O chamado de Cthulhu e outros contos** – H.P. Lovecraft
1242. **O melhor de Meu reino por um cavalo!** – Edição de Ivan Pinheiro Machado
1243. **A guerra dos mundos** – H.G. Wells
1244. **O caso da criada perfeita e outras histórias** – Agatha Christie
1245. **Morte por afogamento e outras histórias** – Agatha Christie
1246. **Assassinato no Comitê Central** – Manuel Vázquez Montalbán
1247. **O papai é pop** – Marcos Piangers
1248. **O papai é pop 2** – Marcos Piangers
1249. **A mamãe é rock** – Ana Cardoso
1250. **Paris boêmia** – Dan Franck
1251. **Paris libertária** – Dan Franck
1252. **Paris ocupada** – Dan Franck
1253. **Uma anedota infame** – Dostoiévski
1254. **O último dia de um condenado** – Victor Hugo
1255. **Nem só de caviar vive o homem** – J.M. Simmel
1256. **Amanhã é outro dia** – J.M. Simmel
1257. **Mulherzinhas** – Louisa May Alcott
1258. **Reforma Protestante** – Peter Marshall
1259. **História econômica global** – Robert C. Allen
1260. (33). **Che Guevara** – Alain Foix
1261. **Câncer** – Nicholas James
1262. **Akhenaton** – Agatha Christie
1263. **Aforismos para a sabedoria de vida** – Arthur Schopenhauer
1264. **Uma história do mundo** – David Coimbra
1265. **Ame e não sofra** – Walter Riso
1266. **Desapegue-se!** – Walter Riso
1267. **Os Sousa: Uma família do barulho** – Mauricio de Sousa
1268. **Nico Demo: O rei da travessura** – Mauricio de Sousa
1269. **Testemunha de acusação e outras peças** – Agatha Christie
1270. (34). **Dostoiévski** – Virgil Tanase
1271. **O melhor de Hagar 8** – Dik Browne
1272. **O melhor de Hagar 9** – Dik Browne
1273. **O melhor de Hagar 10** – Dik e Chris Browne

1274. **Considerações sobre o governo representativo** – John Stuart Mill
1275. **O homem Moisés e a religião monoteísta** – Freud
1276. **Inibição, sintoma e medo** – Freud
1277. **Além do princípio de prazer** – Freud
1278. **O direito de dizer não!** – Walter Riso
1279. **A arte de ser flexível** – Walter Riso
1280. **Casados & descasados** – August Strindberg
1281. **Da Terra à Lua** – Júlio Verne
1282. **Minhas galerias e meus pintores** – Kahnweiler
1283. **A arte do romance** – Virginia Woolf
1284. **Teatro completo v. 1: As aves da noite** seguido de **O visitante** – Hilda Hilst
1285. **Teatro completo v. 2: O verdugo** seguido de **A morte do patriarca** – Hilda Hilst
1286. **Teatro completo v. 3: O rato no muro** seguido de **Auto da barca de Camiri** – Hilda Hilst
1287. **Teatro completo v. 4: A empresa** seguido de **O novo sistema** – Hilda Hilst
1289. **Fora de mim** – Martha Medeiros
1290. **Divã** – Martha Medeiros
1291. **Sobre a genealogia da moral: um escrito polêmico** – Nietzsche
1292. **A consciência de Zeno** – Italo Svevo
1293. **Células-tronco** – Jonathan Slack
1294. **O fim do ciúme e outros contos** – Proust
1295. **A jangada** – Júlio Verne
1296. **A ilha do dr. Moreau** – H.G. Wells
1297. **Ninho de fidalgos** – Ivan Turguêniev
1298. **Jane Eyre** – Charlotte Brontë
1299. **Sobre gatos** – Bukowski
1300. **Sobre o amor** – Bukowski
1301. **Escrever para não enlouquecer** – Bukowski
1302. **222 receitas** – J. A. Pinheiro Machado
1303. **Reinações de Narizinho** – Monteiro Lobato
1304. **O Saci** – Monteiro Lobato
1305. **Memórias da Emília** – Monteiro Lobato
1306. **O Picapau Amarelo** – Monteiro Lobato
1307. **A reforma da Natureza** – Monteiro Lobato
1308. **Fábulas** seguido de **Histórias diversas** – Monteiro Lobato
1309. **Aventuras de Hans Staden** – Monteiro Lobato
1310. **Peter Pan** – Monteiro Lobato
1311. **Dom Quixote das crianças** – Monteiro Lobato
1312. **O Minotauro** – Monteiro Lobato
1313. **Um quarto só seu** – Virginia Woolf
1314. **Sonetos** – Shakespeare
1315. (35).**Thoreau** – Marie Berthoumieu e Laura El Makki
1316. **Teoria da arte** – Cynthia Freeland
1317. **A arte da prudência** – Baltasar Gracián
1318. **O louco** seguido de **Areia e espuma** – Khalil Gibran
1319. **O profeta** seguido de **O jardim do profeta** – Khalil Gibran
1320. **Jesus, o Filho do Homem** – Khalil Gibran
1321. **A luta** – Norman Mailer
1322. **Sobre o sofrimento do mundo e outros ensaios** – Schopenhauer
1323. **Epidemiologia** – Rodolfo Sacacci
1324. **Japão moderno** – Christopher Goto-Jones
1325. **A arte da meditação** – Matthieu Ricard
1326. **O adversário secreto** – Agatha Christie
1327. **Pollyanna** – Eleanor H. Porter
1328. **Espelhos** – Eduardo Galeano
1329. **A Vênus das peles** – Sacher-Masoch
1330. **O 18 de brumário de Luís Bonaparte** – Karl Marx
1331. **Um jogo para os vivos** – Patricia Highsmith
1332. **A tristeza pode esperar** – J.J. Camargo
1333. **Vinte poemas de amor e uma canção desesperada** – Pablo Neruda
1334. **Judaísmo** – Norman Solomon
1335. **Esquizofrenia** – Christopher Frith & Eve Johnstone
1336. **Seis personagens em busca de um autor** – Luigi Pirandello
1337. **A Fazenda dos Animais** – George Orwell
1338. **1984** – George Orwell
1339. **Ubu Rei** – Alfred Jarry
1340. **Sobre bêbados e bebidas** – Bukowski
1341. **Tempestade para os vivos e para os mortos** – Bukowski
1342. **Complicado** – Natsume Ono
1343. **Sobre o livre-arbítrio** – Schopenhauer
1344. **Uma breve história da literatura** – John Sutherland
1345. **Você fica tão sozinho às vezes que até faz sentido** – Bukowski
1346. **Um apartamento em Paris** – Guillaume Musso
1347. **Receitas fáceis e saborosas** – José Antonio Pinheiro Machado
1348. **Por que engordamos** – Gary Taubes
1349. **A fabulosa história do hospital** – Jean-Noël Fabiani
1350. **Voo noturno** seguido de **Terra dos homens** – Antoine de Saint-Exupéry
1351. **Doutor Sax** – Jack Kerouac
1352. **O livro do Tao e da virtude** – Lao-Tsé
1353. **Pista negra** – Antonio Manzini
1354. **A chave de vidro** – Dashiell Hammett
1355. **Martin Eden** – Jack London
1356. **Já te disse adeus, e agora, como te esqueço?** – Walter Riso
1357. **A viagem do descobrimento** – Eduardo Bueno
1358. **Náufragos, traficantes e degredados** – Eduardo Bueno
1359. **O retrato do Brasil** – Paulo Prado
1360. **Maravilhosamente imperfeito, escandalosamente feliz** – Walter Riso

lepmeditores
www.lpm.com.br
o site que conta tudo

IMPRESSÃO:

PALLOTTI
GRÁFICA

Santa Maria - RS | Fone: (55) 3220.4500
www.graficapallotti.com.br